UTB

Eine Arbeitsgemeinschaft der Verlage

Böhlau Verlag · Wien · Köln · Weimar
Verlag Barbara Budrich · Opladen · Farmington Hills
facultas.wuv · Wien
Wilhelm Fink · München
A. Francke Verlag · Tübingen und Basel
Haupt Verlag · Bern · Stuttgart · Wien
Julius Klinkhardt Verlagsbuchhandlung · Bad Heilbrunn
Mohr Siebeck · Tübingen
Nomos Verlagsgesellschaft · Baden-Baden
Ernst Reinhardt Verlag · München · Basel
Ferdinand Schöningh · Paderborn · München · Wien · Zürich
Eugen Ulmer Verlag · Stuttgart
UVK Verlagsgesellschaft · Konstanz, mit UVK/Lucius · München
Vandenhoeck & Ruprecht · Göttingen · Oakville
vdf Hochschulverlag AG an der ETH Zürich

Jörg Hardy / Christoph Schamberger

Logik der Philosophie

Einführung in die Logik und Argumentationstheorie

Vandenhoeck & Ruprecht

Dr. Jörg Hardy ist Privatdozent für Philosophie an der Freien Universität Berlin, Professurvertreter an der Westfälischen Wilhelms-Universität Berlin, Professorial Fellow an der Russian Christian Academy for Humanities, St. Petersburg und Wissenschaftlicher Leiter der Stiftung Menschenwürde weltweit, Düsseldorf.
Christoph Schamberger M.A. war von 2006 bis 2011 wissenschaftlicher Mitarbeiter am Lehrstuhl für Philosophie der Universität Passau.

Online-Angebote oder elektronische Ausgaben sind erhältlich unter www.utb-shop.de

Bibliografische Information der Deutschen Nationalbibliothek

Die Deutsche Nationalbibliothek verzeichnet diese Publikation in der Deutschen Nationalbibliografie; detaillierte bibliografische Daten sind im Internet über http://dnb.d-nb.de abrufbar.

Umschlaggestaltung: Atelier Reichert, Stuttgart
Satz: ® Hubert & Co, Göttingen
Druck und Bindung: CPI Books GmbH, Ulm

UTB-Band-Nr. 3627
ISBN 978-3-8252-3627-4 **(UTB-Bestellnummer)**

Inhalt

Einleitung 9

Teil I: Philosophie und formale Logik 13

1. Was ist Philosophie? Ein Vorschlag 13
   1.1 Wie Selbstverständlichkeiten zu Rätseln werden 13
   1.2 Die philosophische Perspektive 15
   1.3 Das stillschweigende Wissen 16
   1.4 Die Wörter 17
   1.5 Drei Merkmale philosophischer Fragen 18
   1.6 Philosophische Begriffsanalyse 19
   1.7 Von der Begriffsanalyse zur logischen Analyse 22
   1.8 Logik und gedankliche Autonomie 23
   1.9 Begriffsanalyse als Konfliktlösungsvorbereitung 25
   1.10 Wie wird man Philosoph? Ein Programm 28
   1.11 Kritik und Verteidigung 31
   1.12 Weshalb Konsistenz so wichtig ist 33

2. Was ist formale Logik? 37
   2.1 Logische Gültigkeit 39
   2.2 Gegenbeispiele 46
   2.3 Sein-Sollen-Fehlschluss 49
   2.4 Intensionaler Fehlschluss 51

Teil II: Aussagenlogik 55

3. Wahrheitstafeln 59
   3.1 Wahrheitsbedingungen 60
   3.2 Ausfüllen von Wahrheitstafeln 71
   3.3 Logische Wahrheit 77

4. Aussagenlogische Formalisierung 81
   4.1 Aussagen 82
   4.2 Konjunktion 84
   4.3 Disjunktion 88
   4.4 Negation 91
   4.5 Konditional 93

4.6 Bikonditional ... 95
4.7 Formalisierung von Argumenten ... 96

5. Aussagenlogischer Kalkül des natürlichen Schließens ... 103
5.1 Modus ponens ... 104
5.2 Modus tollens ... 108
5.3 Kettenschluss ... 109
5.4 Kontraposition ... 109
5.5 Negations-Beseitigung ... 111
5.6 Negationseinführung ... 112
5.7 Konjunktions-Beseitigung ... 118
5.8 Konjunktions-Einführung ... 118
5.9 Disjunktiver Syllogismus ... 120
5.10 Disjunktions-Einführung ... 121
5.11 Bikonditional-Beseitigung ... 122
5.12 Bikonditional-Einführung ... 123
5.13 De Morgan'sche Gesetze ... 124
5.14 Konditional-Ersetzung ... 125
5.15 Kommutation ... 125

6. Beweise mit Zusatzannahmen ... 128
6.1 Konditional-Einführung ... 128
6.2 Linke Beweisspalte ... 130
6.3 Reductio ad absurdum ... 132

7. Baumkalkül ... 143

Teil III: Prädikatenlogik ... 151

8. Prädikatenlogische Formalisierung ... 155
8.1 Namen ... 155
8.2 Prädikate ... 157
8.3 Quantoren ... 163
8.4 Allaussagen ... 168
8.5 Beziehungen ... 174
8.6 Formeln mit mehreren Quantoren ... 175
8.7 Prädikatenlogik und Philosophie ... 176

9. Verhältnis zwischen Aussagen- und Prädikatenlogik ... 177

10. Prädikatenlogischer Kalkül des natürlichen Schließens ... 179
10.1 Quantorentausch ... 179
10.2 Allquantor-Beseitigung ... 181
10.3 Existenzquantor-Beseitigung ... 182
10.4 Existenzquantor-Einführung ... 185
10.5 Allquantor-Einführung ... 187

10.6 Prädikatenlogischer Kettenschluss 192
10.7 Kontraposition 193
10.8 Die Wahl der Formalisierung 194
10.9 Unterschiede zwischen Aussagen- und Prädikatenlogik 196

Teil IV: Meisterargumente 203

11. Das Wiedererinnerungs-Argument in Platons *Phaidon* 203
11.1 Das Glücksargument des Phaidon 204
11.2 Das Wissensargument 206
11.3 Das Argument zugunsten eines vorgeburtlichen Wissenserwerbs 210
11.4 Kommentar: Quod (non) erat demonstrandum oder: Argumente mit unvermeidlich hypothetischen Konklusionen 212

12. Niemals trügt der Schein? – Ein staunenswertes Argument in Platons *Theaitet* 213

13. Wissen und Erklärungen im *Theaitet* 216
13.1 Wissen und wahre Meinungen vor Gericht 216
13.2 Ein Traum über Wissen und Erklärungen 219

Anhang 223

Musterlösungen 223

Lehrbücher zur Logik und Argumentationstheorie 248

Verzeichnis der Symbole, Wahrheitstafeln und Regeln 249

Register 253

Wir sollten nicht zu Feinden von Argumenten werden, auf die Art,
wie andere zu Menschenfeinden werden.
Kann es doch kein größeres Übel für jemanden geben,
als wenn er zum Feind von Argumenten wird.
Platon: *Phaidon*, 89d

Der Zweck der Philosophie ist
die logische Klärung der Gedanken.
Ludwig Wittgenstein: *Tractatus logico-philosophicus* 4.112

Wir werden von so manchen Despoten – etwa von Institutionen,
Überzeugungen oder auch Neurosen – beherrscht,
die wir aus dem Weg räumen können,
wenn wir sie analysieren und verstehen.
Isaiah Berlin: *Two Concepts of Freedom*

Einleitung

Einer unserer Freunde ist Geigenbauer. Während einer langen Zeit hatte er die Angewohnheit, viele Werkzeuge zu sammeln, die ihm interessant zu sein schienen. Später zog er in eine andere Stadt, richtete sich dort eine neue Werkstatt ein und konnte nur das Nötigste mitnehmen. Da wurde ihm klar, dass er nur vergleichsweise wenige, aber wirklich gute Werkzeuge benötigt, um seine Aufgaben zu bewältigen. Von diesem Freund haben wir uns beim Schreiben dieses Buches inspirieren lassen.

Die Versuchung ist groß, Lehrbücher der Logik mit vielen technischen Details zu überfrachten. Die Autoren dieser Einführung verfolgen ein bescheidenes Ziel: Wir stellen einige grundlegende Überlegungen über das philosophische Nachdenken vor und geben eine Einführung in die elementare Logik, genauer: in die klassische Aussagen- und Prädikatenlogik erster Stufe. Dabei beschränken wir uns auf die Verfahren, die man braucht, um philosophische Argumente zu analysieren, ihre Struktur zu verstehen und zu erkennen, ob ein Argument gültig ist.

Metalogische Beweise sind für dieses bescheidene Ziel ebenso entbehrlich wie ausführliche Erläuterungen zum Verhältnis von Semantik und Syntax. Selbst auf die Behandlung der Identitätsrelation kann man verzichten. Mit anderen Worten: Diese Einführung ist technisch minimalistisch; sie stellt nur die logischen Verfahren vor, die für ein erfolgreiches Argumentieren und für das genaue Verständnis philosophischer Texte wichtig sind. Philosophische oder gar mathematische Kenntnisse werden nicht vorausgesetzt.

Der Ausdruck „Logik" wird gegenwärtig meist im Sinne von „formaler Logik" verstanden. Die formale Logik untersucht die Bedingungen, unter denen ein Argument allein aufgrund seiner *Form* deduktiv gültig ist. Diese Bedingungen lassen sich in der Form von logischen Regeln darstellen. Nicht nur Philosophen folgen diesen Regeln; Naturwissenschaftler begründen ihre Theorien durch gültige Argumente ebenso wie Geisteswissenschaftler. In der Philosophie spielen Argumente jedoch eine besondere Rolle, die wir im ersten Teil dieses Buches erläutern: Die (formale) Logik ist eine grundlegende philosophische Disziplin, und zwar in dem einfachen Sinne, dass man in jeder anderen philosophischen Disziplin von der Logik Gebrauch macht. Deshalb ist es so wichtig, Logik-Kenntnisse schon zu Beginn des Philosophie-Studiums zu erwerben.

In einem weiteren Sinne des Ausdrucks „Logik" gehört zur Logik auch eine Methodenlehre, d.h. eine Lehre von den Verfahrensweisen, mit deren Hilfe man wissenschaftliche Erkenntnisse gewinnt. Dieser Bereich wird heute zumeist der Wissenschaftstheorie zugeordnet. So trägt eines der einflussreichsten wissenschaftstheoretischen Bücher des 20. Jahrhunderts den Titel *Logik der Forschung*. Karl Popper behandelt die Verfahren empirischer Wissenschaften. Andere Wissenschaftstheoretiker untersuchen die spezifischen Methoden bestimmter Fächer, so etwa die „Logik der Sozialwissenschaften". In der Philosophie haben sich viele Schulen etabliert, die ihrem eigenen Anspruch nach spezifische Methoden verwenden, so etwa die analytische, hermeneutische, transzendentalphilosophische, phänomenologische oder existentialistische Philosophie. Freilich gibt es *ein* Verfahren, das alle miteinander teilen: Philosophen argumentieren. Sie begründen ihre Thesen, indem sie diese Thesen auf andere Annahmen zurückführen, die sie für wahr halten. Genau das ist die Idee des Argumentierens: der Wahrheitstransfer zwischen Annahmen. Auch andere Wissenschaftler argumentieren, wenn sie ihre Theorien begründen. Philosophische Argumente haben allerdings spezifische Merkmale, auf die wir im ersten Kapitel näher eingehen.

Der Titel dieses Buches, *Logik der Philosophie,* nimmt mit Absicht beide Bedeutungen von „Logik" auf: Zum einen stellen wir hier die formale Logik, genauer gesagt: den Kalkül des natürlichen Schließens in dem Umfang vor, der nach unseren Erfahrungen in der akademischen Lehre für die philosophische Arbeit erforderlich ist. Zum anderen schlagen wir einige Überlegungen über die Verfahrensweise des philosophischen Nachdenkens vor, und in diesem Sinne geht es in diesem Buch auch um die Methodenlehre der Philosophie.

Das Buch gliedert sich in vier Teile: In Teil I erläutern wir einige Merkmale des Philosophierens und die Bedeutung der formalen Logik für die Philosophie. In Teil II behandeln wir die klassische, zweiwertige Aussagenlogik: Zuerst führen wir die Wahrheitstafeln ein, dann zeigen wir, wie man Argumente formalisiert, d.h. die logische Form eines Arguments ermittelt. Anschließend stellen wir eine künstliche Sprache vor: den Kalkül des natürlichen Schließens. Schließlich kommen wir zum Baumkalkül, der bisweilen einfachere Beweise erlaubt. In Teil III geht es um die klassische Prädikatenlogik erster Stufe. In Teil IV stellen wir einige Meisterargumente vor, in deren Kommentierung wir auf einige Aspekte der logischen Dramaturgie philosophischer Argumente aufmerksam machen. So werden in diesem Lehrbuch Logik und Argumentationstheorie miteinander verknüpft. Die logischen Regeln und Verfahren werden wir schrittweise einführen und motivieren, um zu zeigen, weshalb es sinnvoll ist, Argumente zu formalisieren und deren logische Struktur zu analysieren. Deshalb erörtern wir auch Fragen, die in der *Philosophie der Logik* diskutiert werden.[1]

In unseren Lehrveranstaltungen haben wir oft folgende Beobachtungen gemacht: Viele Studierende verfügen über ausgezeichnete intuitive Fähigkeiten, die logische Struktur von Argumenten zu erkennen und zu kommentieren, haben jedoch einige Schwierigkeiten mit der Anwendung der formalen Logik. Umgekehrt bereitet die

1 In Lehrbüchern zur Philosophie der Logik werden die einschlägigen Fragen gründlicher behandelt. Empfehlenswert sind vor allem Susan Haack: *Philosophy of Logics*, Cambridge 1978, und Stephen Read: *Philosophie der Logik. Eine Einführung*, Reinbek 1997.

Analyse philosophischer Originaltexte auch denen, die über gute formal-logische Fähigkeiten verfügen, oftmals große Schwierigkeiten. Die logische Analyse philosophischer Argumente erfordert eine Kombination dieser Fähigkeiten. Um das Erlernen dieser kombinierten Fähigkeiten zu erleichtern, verbinden wir in diesem Buch die Darstellung der formalen Logik stets mit der Analyse real existierender Argumente und stellen in Teil IV einige exemplarische, ausführliche logische Analysen klassischer Texte vor.

Idealerweise lesen Sie dieses Buch parallel zu einem ein- oder zweisemestrigen Logik-Kurs. Manche Dozenten verwenden in ihren Lehrveranstaltungen zum Teil andere logische Symbole, da sich im deutschen Sprachraum kein einheitlicher Standard durchgesetzt hat. Das sollte aber keine große Verwirrung bereiten. An die Unterschiede werden Sie sich schnell gewöhnen. Inhaltlich und strukturell ist die klassische Logik überall gleich.

In der Konzeption des Buchs haben wir uns an den aktuellen Studienordnungen für das Fach Philosophie orientiert. Diese Einführung richtet sich vor allem an Bachelor-Studierende. Sie eignet sich aber auch zum Selbststudium. Wir hoffen, dass der Text mühelos zu lesen ist. Indes ist eine kleine Warnung geboten: Auch dann, wenn Sie den Eindruck haben, alles verstanden zu haben, heißt das noch nicht, dass Sie die logischen Verfahren in der Praxis beherrschen. Deshalb finden Sie meist am Ende jedes Kapitels zahlreiche Übungsaufgaben, die Sie schriftlich lösen sollten. Die Aufgaben dienen zwei Zielen: Einerseits sollten die Leser den Kalkül des natürlichen Schließens und den Baumkalkül anzuwenden lernen. Andererseits sollten sie philosophische Argumente selbstständig analysieren.

Zu allen Aufgaben bieten wir im Anhang Musterlösungen.

Das auffälligste Merkmal der modernen Logik ist ihr Symbolismus. Die logische Symbolsprache ist der Mathematik ähnlich. Wer schlechte Erinnerungen an die Schulmathematik hat, möge sich davon jedoch bitte nicht entmutigen lassen. Tatsächlich konfrontieren wir Sie mit nur sieben Symbolen und rund 25 Schlussregeln, die zum Nachschlagen am Ende des Buches verzeichnet sind. Damit ist diese künstliche Sprache viel leichter zu erlernen als eine Fremdsprache. Am besten ist es, sich die Symbole und Schlussregeln rasch einzuprägen: Dann gehen die Übungen leicht von der Hand und machen Spaß.

Abschließend machen wir Sie auf die Homepage zu diesem Buch aufmerksam. Unter www.utb-mehr-wissen.de finden Sie als Fortsetzung zu Teil IV einige besonders anspruchsvolle Meisterargumente, die Ihren logischen Scharfsinn herausfordern werden. Außerdem informieren wir dort über die Fehler dieses Buchs, die wir trotz sorgfältigster Prüfung nicht vermeiden konnten. Zögern Sie nicht, uns über die Homepage zu kontaktieren, wenn Ihnen weitere Fehler auffallen.

Wir danken Frau Dr. Ulrike Gießmann-Bindewald und Frau Birthe Schulz-Kullig vom Verlag Vandenhoeck & Ruprecht für ihre kontinuierliche Ermunterung, an dem Projekt weiterzuarbeiten, und für bedeutende Verbesserungsvorschläge. Für unermüdliche, unzählige Korrekturen danken wir Anna-Katharina Brinker, Eva Grage und Friederike Trotier.

Teil I: Philosophie und formale Logik

1. Was ist Philosophie? Ein Vorschlag

1.1 Wie Selbstverständlichkeiten zu Rätseln werden

Philosophen sind vor allem Experten für Selbstverständlichkeiten, die sie durch höchst allgemeine Fragen in staunenswerte Rätsel verwandeln, die sie durch die Analyse unseres Sprachgebrauchs wiederum zu lösen versuchen. Selbstverständlichkeiten (jedenfalls diejenigen, die wir hier meinen) kommen in der Sprache, d.h. im gewöhnlichen Sprachgebrauch zum Ausdruck. Sie erkennen diese Selbstverständlichkeiten unter anderem daran, dass Sie mit der Hilfe vertrauter Wörter problemlos, ohne Anstrengung und Verwunderung in vielen Situationen über sie sprechen können – und von Ihren Mitmenschen sogleich verstanden werden.[1]

Philosophen stellen die allgemeinsten Fragen, die wir stellen können. Solche Fragen lauten etwa: Was ist Bedeutung? Was ist Wissen? Was ist Moral? Was ist Freiheit? Was ist Gerechtigkeit? Was sind Handlungen? Was ist Zeit? Durch solche höchst allgemeinen *Fragen* machen Philosophen Selbstverständlichkeiten zu philosophischen *Themen*. Freilich beschäftigen sich Philosophen auch mit speziellen Fragen, so etwa damit, welche Handlungen moralisch geboten sind, ob man Pornographie verbieten sollte (wir kommen auf dieses Beispiel später zu sprechen), ob das Problem der jeweils gegenwärtig logisch unentscheidbaren Aussagen über zukünftige Ereignisse, die sowohl eintreten als auch ausbleiben können, eine Einschränkung des logischen Zweiwertigkeitsprinzips erfordert, ob Werbeplakate Kunst sind oder ob man exakte Grenzen des Gebrauchs vager Prädikate angeben kann. Auch diese Fragen haben ihren spezifisch philosophischen Sinn *innerhalb* einer philosophischen Theorie über einen bestimmten Gegenstandsbereich, so etwa den Bereich der Moral, der Logik oder der Kunst, den die Philosophen erst kraft ihrer höchst allgemeinen Fragen (Was ist X?) *als* diesen Gegenstandsbereich erschließen. Insofern sind die speziellen philosophischen Fragen ihrerseits logische Töchter der allgemei-

1 Philosophen beschäftigen sich nicht ausschließlich mit Sachverhalten, die zunächst selbstverständlich scheinen. In der angewandten Philosophie, speziell der angewandten Ethik, aber auch in der Wissenschaftstheorie und der Philosophie der Logik befassen Philosophen sich auch mit sehr speziellen Sachverhalten, die sich keineswegs von selbst verstehen. Aber Philosophen sind, wie gesagt, vor allem auch Experten für die Erklärung von Sachverhalten, die zunächst wie Selbstverständlichkeiten erscheinen.

nen Fragen, die einen Gegenstandsbereich zu einem *philosophischen Thema* machen.

Sobald ein Phänomen zu einem philosophischen Thema geworden ist, verliert es seine Selbstverständlichkeit und wird zu einem staunenswerten *Rätsel*. Wenn Philosophen den Versuch unternehmen, ihre besonderen Fragen zu beantworten, möchten sie das zunächst Selbstverständliche mit Hilfe der Analyse der Sprache *genauer* verstehen. Sie mögen einwenden, dass Themen wie Gott und Unsterblichkeit, die gewiss zu den großen Themen der Philosophie gehören, keine Selbstverständlichkeiten wie Raum und Zeit, Handlungen und Moral sind. Nun, auch Gott und Unsterblichkeit sind in dem hier relevanten Sinne Selbstverständlichkeiten, nämlich in dem Sinne, dass viele Menschen, vor allem Philosophen, ganz selbstverständlich über diese Themen reden und eine recht klare, vertraute Vorstellung von Gott und Unsterblichkeit haben.

Was sind (philosophisch interessante) Selbstverständlichkeiten? Wie werden diese Selbstverständlichkeiten durch philosophische Fragen zu Rätseln, die es zu verstehen gilt? Und wie beantworten die Philosophen ihre Fragen durch eine Analyse unseres Sprachgebrauchs?

Tatsachen, Handlungsweisen, Gewohnheiten, Gebräuche – alle diese Sachverhalte können Selbstverständlichkeiten sein. Selbstverständlichkeiten sind Sachverhalte, die, wenn man sie aus einer vertrauten Perspektive betrachtet, *problemlos* sind, dem Verständnis also keine Schwierigkeiten bereiten und sich deshalb, wie man im Deutschen sagt, von selbst verstehen. Was selbstverständlich ist, erfordert keine besondere Aufmerksamkeit und Anstrengung. Dennoch können Selbstverständlichkeiten unsere besondere Aufmerksamkeit auf sich ziehen und uns in Erstaunen versetzen, nämlich dann, wenn wir sie genau *verstehen* und erklären wollen.

Führen wir uns einige Selbstverständlichkeiten vor Augen. Es versteht sich von selbst, dass wir denken und unsere Gedanken mitteilen können. Es versteht sich von selbst, dass wir etwas wissen, unsere Wissensansprüche auch korrigieren und etwas Neues lernen können. Es versteht sich von selbst, dass wir Zeit erleben, so dass wir jetzt, in diesem (und jedem anderen) Augenblick (unseres Lebens, das wir *als* ein Leben *er*leben) eine Gegenwart erleben und vergangene und (jedenfalls mögliche) zukünftige Ereignisse mit dieser Gegenwart verknüpfen können. Es versteht sich von selbst, dass wir handeln können, mit unseren Handlungen bestimmte Ziele verfolgen und unsere Handlungen einen Sinn haben. Es versteht sich von selbst, dass wir mit einem freien Willen handeln, wenn wir jedenfalls keinem Zwang willfahren. Solange wir etwas für selbstverständlich halten, nehmen wir die Dinge, wie sie sind, und sind zufrieden mit den Meinungen, die wir über sie haben. Eben das macht Selbstverständlichkeiten aus. Philosophen nennen solche Selbstverständlichkeiten auch Phänomene.

Wir können uns freilich auch *fragen*, ob wir wirklich *wissen*, was wir *meinen*, wenn wir mit Selbstverständlichkeit Wörter gebrauchen, mit denen wir uns auf bestimmte Phänomene beziehen. Wenn wir das tun, machen wir das zuvor Selbstverständliche und auch unsere Meinungen ausdrücklich zum Thema. Die Phänomene verlieren dann ihre Selbstverständlichkeit und werden zum Gegenstand von Erklärungen und Hypothesen. Oftmals erkennen wir allererst durch Fragen, dass die Dinge nie so selbstverständlich waren, wie sie zu sein schienen. Wenn wir Fragen stellen, verändern wir unsere kognitive Einstellung gegenüber den Phänomenen; wir nehmen jetzt eine *kritische*, prüfende Einstellung ein.

1.2 Die philosophische Perspektive

Wenn wir eine philosophische Perspektive einnehmen, also philosophische Fragen stellen, begeben wir uns in eine (artifizielle) größtmögliche gedankliche *Distanz* zu den Phänomenen. Wir können zwischen speziellen, vergleichsweise allgemeinen, und höchst allgemeinen philosophischen Fragen unterscheiden.

Betrachten wir ein Beispiel: Zu den klassischen Themen der Philosophie gehört das Thema Bedeutung. Wenn wir das Wort „Bedeutung" in einem ganz speziellen Sinne, d.h. in einem speziellen Kontext verwenden – und das ist bekanntlich der Normalfall –, dann ist seine Bedeutung klar und unproblematisch. Stellen Sie sich vor: Sie unternehmen eine Reise nach Südkorea. Sie kommen auf dem Flughafen Seoul an, sehen dort unvertraute Zeichen auf Leuchttafeln und fragen Ihren orts- und sprachkundigen Begleiter: Was bedeutet das?

Ihr Begleiter, der die Zeichen kennt, antwortet Ihnen: Das eine Zeichen bedeutet „Willkommen", das andere „Ausgang". Etwas später sehen Sie während des Besuchs eines Tempels einen Schrein mit einem religiösen Symbol und fragen: Was bedeutet das? Die Antwort lautet: Das ist ein Zeichen für die Ewigkeit. Sie haben schon etwas Koreanisch gelernt, können einige Zeilen in einer Zeitung lesen, stoßen auf ein unbekanntes Wort und fragen sich, was dieses Wort bedeutet. Sie schauen im zweisprachigen Wörterbuch nach und bekommen dort eine – in den meisten Fällen – ausreichende Antwort. Sie wissen jetzt, was dieses Wort in dem Kontext des jeweiligen Satzes und Textes (einer bestimmten Textsorte) bedeutet.

All die eben genannten Fragen nach der Bedeutung von Zeichen sind spezielle Fragen, die in einen bestimmten Erfahrungskontext eingebettet sind. Mit solchen Fragen bezieht man sich auf spezielle Gegenstände oder Sachverhalte. Sie fragen sich, was bedeutet dieses Schild, dieses Wort, dieses Symbol, diese Geste? Sie können freilich auch allgemeinere Fragen stellen, die sich nicht auf spezielle Zeichen und deren Bedeutungen, sondern auf Eigenschaften beziehen, die verschiedenen Arten von Zeichen gemeinsam sind. So kann man beispielsweise fragen, welche Bedeutung Symbole und Gesten haben. Für die Bedeutung eines Symbols kommt es auf bestimmte Formen und Farben an. Die Hand zu heben bekommt eine besondere Bedeutung innerhalb der sozialen und rechtlichen Situation einer Versteigerung oder einer nicht geheimen Abstimmung.

Wir können noch einen weiteren Schritt der Verallgemeinerung gehen: Wir können uns höchst allgemein fragen: Was *ist* überhaupt Bedeutung? Was ist ein Zeichen? Oder: Was heißt es, dass ein Zeichen etwas bedeutet? Was heißt es, eine Bedeutung zu erkennen und zu verstehen? Fragen dieser Art sind philosophische Fragen. Auch diese Fragen nehmen ihren Ausgang von unseren jeweils speziellen Erfahrungen mit vertrauten Phänomenen.

Wenn wir philosophische Fragen stellen, verfremden wir den gewöhnlichen, vertrauten Blick auf die Phänomene und tun so, als *wüssten* wir nicht, was das ist – die Bedeutung von Wörtern oder Symbolen, das Wissen über Tatsachen oder die Erfahrung zeitlicher Veränderung. Das ist freilich eine artifizielle Perspektive; wir können sie nur imaginieren. Mit der philosophischen Sicht auf zunächst vertraute Phänomene nehmen wir auch eine bestimmte Einstellung zu uns selbst, zu unseren eigenen Meinungen ein; wir machen unsere allgemeinen Meinungen *ausdrücklich* zum Thema und führen uns vor Augen, was wir (zumeist stillschweigend) über die Gegenstände philosophischer Fragen zu wissen meinen.

1.3 Das stillschweigende Wissen

Variieren wir unser Beispiel: Während Ihres Aufenthalts in Korea haben Sie die Erfahrung gemacht, dass es möglich ist, auch die Bedeutung von Zeichen zu verstehen, die Ihnen zunächst fremd und rätselhaft erschienen. Um die Bedeutung vieler, zunächst fremder, unverständlicher und rätselhafter Zeichen zu erkennen, mussten Sie Fragen stellen. Sie haben Ihre Begleiter und Gesprächspartner gefragt: Was bedeutet dieses Zeichen? Oder Sie haben in Ihrem zweisprachigen Wörterbuch nachgeschlagen und schließlich verstanden, was ein bestimmtes Wort bedeutet.

Als Sie Ihre Gesprächspartner gefragt oder ins Wörterbuch geschaut haben, sind Sie davon ausgegangen, dass Sie in der Tat verstehen können, was diese Zeichen bedeuten. Wenn Sie von dieser (berechtigten) Annahme ausgehen, dass Sie *wissen, was* das *ist* – die Bedeutung eines Zeichens –, dann haben Sie eine sehr allgemeine Meinung über den allgemeinen Sachverhalt namens „Bedeutung". Sie mögen nicht ausdrücklich *wissen*, dass Sie diese Meinung haben, aber Sie *haben* sie. Glaubten Sie nicht zu wissen, was die Bedeutung eines Zeichens im Allgemeinen ist, könnten Sie nicht danach fragen, welche Bedeutung Ihnen zunächst fremde, unvertraute, unverständliche Zeichen haben. Und Sie könnten nicht davon ausgehen, dass Sie die richtigen Antworten auf diese Fragen wiederum *verstehen* können. In der Tat: Sie glauben zu wissen, was Bedeutung ist, denn Sie *fragen* nach der Bedeutung unvertrauter Zeichen und Sie *verstehen* die Antworten, die Sie bekommen, und *wissen* im Ergebnis Ihres Verstehens, was diese neuen, zunächst unvertrauten Zeichen bedeuten – und deshalb haben Sie wiederum eine entsprechende allgemeine Annahme über das, was *Verstehen* ist, und auch über das, was *Wissen* ist.

Wenn Sie Phänomene wie Bedeutung, Verstehen und Wissen genauer verstehen wollen, stellen Sie philosophische Fragen, so etwa die Frage, was Bedeutung ist. Diese Frage können Sie mit Ihrem Wissen um die Bedeutung ganz bestimmter Zeichen alleine nicht beantworten. Dennoch müssen Sie auf das, was Sie über die

Bedeutung bestimmter Zeichen wissen, zurückgreifen, um diese höchst allgemeine, eben philosophische Frage (jedenfalls versuchsweise, mit der Hilfe bestimmter allgemeiner Annahmen, also hypothetisch) beantworten zu können.

Sie gehen ja davon aus, dass die Bedeutungen verschiedener Zeichen etwas gemeinsam haben, nämlich das Allgemeine, was Sie stets *auch* meinen, wenn Sie sagen, dass ein bestimmtes Zeichen etwas ganz Bestimmtes *bedeutet*. Sie gebrauchen stets dasselbe Wort „Bedeutung" resp. das zweistellige Prädikat „Zeichen x bedeutet den Sachverhalt y". (Prädikate sind Ausdrücke, die eine Eigenschaft, Tätigkeit oder Beziehung bezeichnen.) Offenbar gibt es Bedingungen für den jeweils angemessenen Gebrauch dieser Wörter, die das zum Ausdruck bringen, was Sie in *jedem* Falle meinen, wenn Sie auf eine für sich selbst und ihre Gesprächspartner verständliche Weise jeweils sagen: „Zeichen x bedeutet den Sachverhalt y".

Wenn Sie nun *genau* wissen möchten, was Sie in *jedem* dieser Fälle meinen, dann stellen Sie sich die Frage „Was *ist* Bedeutung?" und versuchen diese Frage zu beantworten. Mit anderen Worten: Philosophische Fragen zielen auf die Angabe der allgemeinen Bedingungen des jeweils besonderen Gebrauchs bestimmter Wörter, die als Prädikate von Sätzen fungieren. Wenn Sie eine Frage dieser Art beantworten, verwandeln Sie ihr stillschweigendes Wissen über *allgemeine* Sachverhalte in ein ausdrückliches Wissen.

1.4 Die Wörter

Variieren wir noch einmal unser Beispiel (und sprechen diesmal aus der Perspektive der ersten Person): Ich bin erst seit einem Tag in Seoul und treffe am Frühstückstisch im Hotel jemanden, der mich fragt, ob ich weiß, wie die Hauptstadt Nordirlands heißt, ob ich Beethovens Neunte Symphonie kenne, ob ich den Zimmernachbarn in meinem Hotel kenne, ob ich weiß, was die physikalische Größe Arbeit ist, ob die Quadratwurzel der Zahl 2 irrational ist und ob ich weiß, wie man Go spielt. Das sind spezielle Fragen, in denen stets dasselbe zentrale Wort (Prädikat) auftaucht, nämlich „wissen" bzw. „kennen". Um die Beispielserie abzuschließen, fügen wir einen sehr speziellen Gebrauch von „wissen" noch hinzu. Ich frage meinen Gesprächspartner, der mir die eben genannten Fragen stellt, ob er denn gar nicht weiß, dass es sehr unhöflich ist, jemandem so viele Fragen auf einmal zu stellen.

Aus Höflichkeit beantworte ich jedoch alle Fragen: Die Hauptstadt Nordirlands heißt Belfast. Ich kenne Beethovens Neunte Symphonie. Ich habe sie oft gehört, noch gestern Abend im Hotelzimmer. Ich kenne auch den Zimmernachbarn. Als ich gestern Abend die Neunte Symphonie auf der recht bescheidenen Musikanlage meines Hotelzimmers hörte, kam er herüber und beschwerte sich über die Musik, die ihm den Schlaf raube. Die physikalische Größe Arbeit ist der Quotient aus Kraft und Weg. Die Quadratwurzel der Zahl 2 ist irrational. Ich weiß, wie man Go spielt, spiele es aber nicht sehr gut. Über diese vielen richtigen Antworten freut sich mein Gesprächspartner, und deshalb beantwortet er auch meine Frage: „Entschuldigen

Sie bitte die vielen Fragen. Ich wusste nicht, dass dies unhöflich ist. Hier gilt es als Zeichen der Höflichkeit, wenn man einem Fremden viele Fragen stellt, die er aller Voraussicht nach richtig beantworten kann. Das bedeutet, dass man ihn für einen klugen Menschen hält." Ich antworte: „Vielen Dank, jetzt kenne ich auch einen wichtigen kulturellen Unterschied. Bei uns zuhause halten sich die Menschen meistens gegenseitig leider nicht für klug und stellen am liebsten Fragen, die ihre Gesprächspartner aller Voraussicht nach nicht beantworten können."

In den vielen verschiedenen Fragen ist in unterschiedlicher Weise von „wissen" oder „kennen" die Rede. Einige Fragen sind Informationsfragen. Wenn ich sie beantworten kann, verfüge ich über ein entsprechendes aktuelles Faktenwissen. Die Kenntnis, die ich von der Neunten Symphonie habe, ist von anderer Art. Sie besteht in einer Vertrautheit mit Dingen, die man im Englischen „knowledge by aquaintance" nennt. Zu wissen, wie man Go spielt, ist ein dispositionales Wissen, ein „knowing how to", über das man verfügt, wenn man eine Praxis in einem bestimmten Grade beherrscht. Die Regeln des Go zu kennen, reicht dafür nicht aus; ich muss das Spiel in bestimmten Situationen beherrschen und eine gewisse Spielstärke besitzen. Das Wissen über die physikalische Größe Arbeit ist das Wissen über ein physikalisches Gesetz. Wenn ich allerdings nichts Genaueres darüber sagen könnte, würden wir wohl zögern, zu sagen, dass ich wirklich weiß, was physikalische Arbeit ist. Ich könnte ja auch lediglich davon gehört haben, ohne den Sachverhalt wirklich zu verstehen. Das Wissen über die Irrationalität der Quadratwurzel der Zahl 2 ist sehr elementares mathematisches Wissen. Auch in diesem Falle würde mein Gesprächspartner wohl erwarten, dass ich den Begriff der Irrationalität definieren kann. Um einen ganz besonderen Typ von Wissen geht es in der letzten Frage. Wenn man fragt, ob eine bestimmte Handlung höflich oder unhöflich ist, dann fragt man nach einem bestimmten normativen Wissen; man fragt danach, ob es bestimmte soziale Konventionen gibt und ob jemand diesen Konventionen folgt oder nicht.

1.5 Drei Merkmale philosophischer Fragen

1. Die allgemeinsten Fragen, die wir stellen können, sind philosophische Fragen. Das sprachliche Muster solcher Fragen lautet „Was ist etwas?" oder „Was ist X?". So lauten denn auch die Fragen, die Sokrates, der Gründervater der abendländischen Philosophie, in Platons Dialogen stellt und nach dem Zeugnis des Aristoteles geradezu erfunden hat. Wer fragt, was Bedeutung, Wissen oder Zeit ist, möchte wissen, was Bedeutung, Wissen und Zeit im Allgemeinen sind. Das Ziel solcher Fragen ist die Erklärung eines allgemeinen Sachverhalts.
2. Philosophische Fragen entstehen durch eine größtmögliche gedankliche Distanz zu den Phänomenen und sind nicht in bestimmte Handlungskontexte eingebunden. Sie beziehen sich nicht auf ganz bestimmte Erfahrungen, sondern auf die allgemeinen Bedingungen, unter denen wir Erfahrungen machen.

3. Philosophische Fragen lassen sich durch Erfahrungen alleine nicht beantworten. Freilich beschäftigen sich auch die Philosophen mit der beobachtbaren, erfahrbaren Welt. Philosophen gehen mit Erfahrungen aber auf eine besondere Weise um: Sie untersuchen die allgemeinen, zumeist stillschweigenden Überzeugungen, die wir Menschen über bestimmte Themen haben, und die *Art und Weise*, in der wir über bestimmte Phänomene sprechen und nachdenken.[2]

Den Auftakt zur philosophischen Verwunderung bildet das *Verfremden* der vertrauten *Wörter*; wir nehmen eine gedanklich distanzierte Einstellung gegenüber den Wörtern ein und tun so, als verstünden wir nicht, was es heißt, dass jemand die Bedeutung eines Zeichens *versteht*, oder dass jemand wirklich *weiß*, dass Belfast die Hauptstadt Nordirlands ist. Mit dem Verfremden der vertrauten Wörter lösen wir die philosophischen Fragen aus, und mit der Hilfe der Wörter, genauer gesagt: der Analyse unseres allgemeinen Wortgebrauchs, *beantworten* wir diese Fragen auch – indem wir philosophische Theorien bilden.

Philosophen beantworten ihre Fragen durch die spezifisch philosophische, höchst allgemeine und gleichwohl exakte Analyse der Art und Weise, in der wir über die Themen unserer allgemeinsten Fragen *sprechen*. Diese Verfahrensweise wird von einigen Philosophen auch als „Begriffsanalyse" oder „conceptual analysis" bezeichnet. Wir sprechen hier ebenfalls von „Begriffsanalyse", gebrauchen diesen Ausdruck allerdings in einem weiten Sinne, der nicht mit dem Bekenntnis zu einer bestimmten philosophischen Schule verbunden ist.[3]

1.6 Philosophische Begriffsanalyse

Wenn wir Begriffe bzw. den Gebrauch bestimmter Begriffe in philosophischer Weise analysieren, so untersuchen wir, wie bestimmte Begriffe funktionieren, und das heißt: wie wir mit bestimmten Begriffen unsere Erfahrungen etwa mit Bedeutungen, Zeit, Wissensansprüchen und Handlungen im Großen und Ganzen organisieren. Das heißt nicht, dass wir alle dieselben Meinungen über philosophische Themen hätten. Im Gegenteil: Es gibt wohl kein Thema, über das Philosophen sich nicht streiten. Aber der höchst allgemeine begriffliche Rahmen, d.h. der grundlegende Zusammenhang der allgemeinen Meinungen, die den begrifflichen Hintergrund unserer Erfahrungen bilden, ist für die Mitglieder einer Sprachgemeinschaft

2 Nach Jay F. Rosenberg (*Philosophieren. Ein Handbuch für Anfänger*, Frankfurt/M. 2006, S. 21) geht es im Philosophieren „um ein Erforschen der Methoden, mit deren Hilfe wir nach Fakten suchen, um die Gründe und Rechtfertigungen, aufgrund deren wir sie behaupten, und um die Erforschung der Begriffe, mit denen wir Fakten beschreiben. … Philosophen [denken] nicht einfach über die Welt nach … Sie denken über das Denken über die Welt nach."

3 In unserer Charakterisierung einer philosophischen Begriffsanalyse folgen wir Überlegungen von Ludwig Wittgenstein und Peter Strawson (vgl. vor allem Peter Strawson: *Einzelding und logisches Subjekt*, Stuttgart 1972.), Der hier skizzierte Zusammenhang zwischen Begriffsanalyse, logischer Analyse und gedanklicher Selbstbestimmung ist jedoch unser eigener Vorschlag.

in einem recht weiten Umfang durchaus derselbe, nämlich in dem Umfang, der eben den begrifflichen *Rahmen* bildet, *innerhalb* dessen wir dieselben Themen wie etwa Bedeutung, Wissen, Moral oder Freiheit gleichwohl auf *unterschiedliche* Weise näher *interpretieren* können. Zu diesem begrifflichen Rahmen gehören etwa die Ideen der Handlung, der Rationalität (oder Vernunft), des Wollens, der Person und der Existenz raum-zeitlich lokalisierbarer Einzeldinge.

Philosophische Begriffsanalyse hat eine generelle, soziale und auch eine – in der Philosophie der Logik bislang kaum beachtete – individuelle, persönliche Dimension. Betrachten wir zunächst die generelle Dimension (und Funktion) der Begriffsanalyse.

Wenn wir in philosophischer Weise über ein bestimmtes Thema nachdenken, analysieren wir den Gebrauch der Begriffe, mit denen wir über dieses Thema sprechen. Begriffe sind Wörter, die als Prädikate von Sätzen fungieren. Begriffe bzw. Prädikate zu analysieren heißt, den Gebrauch der Sätze (bzw. Satzmengen) zu analysieren, in denen ein bestimmtes Prädikat vorkommt. Wenn wir Begriffe analysieren, möchten wir erkennen, unter welchen allgemeinen Bedingungen wir bestimmte Prädikate bzw. die entsprechenden Sätze (und Satzmengen) gebrauchen. So können wir etwa die Begriffe „frei", „gerecht" oder „wissen" bzw. die Bedeutung der entsprechenden Nomina „Freiheit", „Gerechtigkeit" oder „Wissen" analysieren, um zu erkennen, unter welchen allgemeinen Bedingungen wir diese Wörter (als Prädikate von Satzmengen) gebrauchen. Wir suchen dann nach den *gemeinsamen* Bedingungen unseres Wortgebrauchs, d.h. nach den Bedingungen, die in all unseren vielfältigen, je verschiedenen, situationsabhängigen Gebrauchsweisen eines Prädikats die gleichen sind.

Blicken wir zum Beispiel auf die wohlvertraute Rede von Handlungen. Personen führen Handlungen aus, so etwa in folgenden Beispielsätzen: Elvira singt ein Lied. John sucht in Barcelona nach seinem Ford. Jörg segelt mit der „Ghost" von Hamburg nach Honolulu. Ulla erfindet ein extrem schwieriges Sudoku-Rätsel. Maria übersetzt „Anna Karenina" ins Sanskrit.

Solche Handlungen sind absichtliche, überlegte Handlungen. Was heißt es zu handeln? Mit anderen Worten: Was ist eine Handlung? Handlungen beruhen auf Überlegungen und Entscheidungen; sie entspringen dem Wollen einer Person. Die Idee des Wollens hängt mit einer Reihe weiterer Ideen zusammen. Wir verstehen uns als Personen, die *Urheber* ihrer Handlungen sind. Mit anderen Worten: Etwas zu wollen heißt, sich aufgrund eigener Überlegungen *selbst* für eine bestimmte Handlung entschieden zu haben. Mit „wollen" und „entscheiden" ist ein wichtiger normativer Begriff verknüpft: Verantwortung. Wir schreiben den Urhebern von Handlungen Verantwortung zu. Verantwortlich ist, wer das, was er getan hat, auch tun wollte. Würden wir nur das tun, wozu uns andere Personen zwingen oder wozu uns unabwendbare und unüberwindbare äußere Einflüsse drängen, und könnten wir niemals selbst zwischen alternativen Handlungsmöglichkeiten wählen, hätten Begriffe wie „Handeln", „Wollen" und „Entscheiden" keinen Sinn. Sie erfüllten keine Funktion in der Organisation unserer Erfahrungen. Wir kennen aber die

Erfahrung, frei und zuweilen auch unfrei, also unter Zwang, zu handeln, und weil wir diese Erfahrungen kennen, verfügen wir über entsprechende Begriffe, um sie gedanklich ordnen zu können.

Wenn wir von dem Begriff der Handlung ausgehen, können wir den Zusammenhang mit den anderen Begriffen grob auf die folgende Weise darstellen: Wenn wir uns für eine bestimmte Handlung entscheiden, haben wir einen bestimmten handlungswirksamen Wunsch. Wenn wir einen handlungswirksamen Wunsch haben, dann *wollen* wir eine bestimmte Handlung ausführen. Wenn wir etwas tun wollen, haben wir uns aus bestimmten *Gründen* für eine Handlung entschieden. Gründe für Handlungen sind Meinungen über wünschenswerte Handlungen. Wenn wir etwas begründen, halten wir bestimmte Meinungen für wahr oder falsch und können Meinungen so miteinander verknüpfen, dass die Wahrheit bestimmter Meinungen (der jeweiligen Gründe) auf andere Meinungen übergeht. Meinungen begründen zu können bedeutet, die Idee der Wahrheit und ebenfalls die Idee der logischen Folgerung (oder: der logischen Implikation) zu kennen.

Fassen wir zusammen: Die Idee der Handlung ist mit den Ideen des Wollens, des Entscheidens, der Wahrheit, der logischen Folgerung, der Bedeutung und der Regel verknüpft. Eine Idee wie etwa die Idee der Handlung zu kennen heißt, eine Meinung über einen allgemeinen Sachverhalt wie den allgemeinen Sachverhalt des Handelns zu haben und das entsprechende Prädikat „handeln“ in vielen einzelnen Fällen in derselben allgemeinen Weise, d. h. mit derselben Funktion zu gebrauchen.[4]

Wenn wir weiteren begrifflichen Verbindungen nachgehen, werden wir erkennen, dass die Fähigkeit, sich mit Gründen für eine bestimmte Handlung entscheiden zu können, auch die Fähigkeit erfordert, sich Möglichkeiten, nämlich mögliche Handlungsspielräume und mögliche Folgen, vorstellen zu können. Die Idee des Handelns ist in dieser Weise mit der Idee alternativer Möglichkeiten verknüpft. Die Ideen der Handlung und der Meinung hängen wiederum von einer fundamentalen Idee ab, von der Idee der *Person*. Nur Personen haben die Fähigkeiten, von denen wir eben unter den Begriffen des Handels, Wollens und Verstehens gesprochen haben. Personen sind Wesen, die leibliche und mentale (bzw. seelische) Eigenschaften haben. Wenn wir uns die (philosophische) Frage stellen, wie beides miteinander zusammenhängt, so haben wir das Leib-Seele-Problem (neu) entdeckt.

---

4 Einen bestimmten Begriff zu verwenden heißt nicht in jedem Falle, dass die Sprecher stets ein ganz bestimmtes *Wort* (linguistisch: Lexem) gebrauchen. Derselbe Begriff kann in verschiedenen Wörtern (freien Lexemen) sprachlich zum Ausdruck kommen. In unseren Beispielen verwenden Sprecher auch dann den Begriff der Handlung, wenn sie Verben wie „singen“, „suchen“, „segeln“, „erfinden“ oder „übersetzen“ gebrauchen. Die Vorgänge, die man meint, wenn man solche Verben gebraucht, fallen (aus begriffsanalytischer Sicht) unter den Begriff der Handlung – ganz einfach deshalb, weil es sich in all diesen Vorgängen der Sache nach so verhält, dass Personen handeln. Das Wort „Handlung“ ist, als sprachlicher Ausdruck, ein Kollektivsingular, mit dem man sich summarisch auf all diese Vorgänge beziehen kann. Der philosophisch relevante *Begriff* der Handlung erfüllt eine allgemeine, logische Funktion in der begrifflichen Organisation unserer Erfahrungen mit all den je speziellen Handlungen, auf die wir uns dann beziehen, wenn wir in ganz bestimmten praktischen Kontexten die oben genannten Wörter gebrauchen.

Die Beziehungen zwischen den allgemeinen Meinungen, mit denen wir unsere Erfahrungen organisieren, sind logische Beziehungen. Sie sind einerseits *formale* Beziehungen, weil aus einer oder mehreren Meinungen wiederum andere Meinungen logisch folgen. Und sie sind andererseits auch *inhaltlich* gehaltvolle und inhaltlich informative Beziehungen. Der inhaltliche Zusammenhang zwischen unseren allgemeinen Meinungen besteht darin, dass solche Meinungen ebenfalls eine minimale Information darüber enthalten, *was* bestimmte Sachverhalte wie etwa Handlungen oder Gründe *sind*. Das unterscheidet die Beziehungen, die wir auf der Ebene der philosophischen Begriffsanalyse thematisieren, von den Beziehungen zwischen Annahmen, die wir in der logischen Analyse der Gültigkeit von Argumenten untersuchen. In der Logik kommt es ausschließlich auf formale Beziehungen an.

Wenn Sie die genannten Begriffe (Wörter, Prädikate) gebrauchen, so teilen Sie die allgemeinen Meinungen über die entsprechenden Sachverhalte mit anderen Personen, die diese Begriffe ebenfalls gebrauchen. Auf der Grundlage dieses gemeinsamen Sprachgebrauchs können die verschiedenen Sprecher einer Sprachgemeinschaft wiederum ganz unterschiedliche, spezielle, *inhaltlich reichhaltigere* Überzeugungen über Handlungen, Entscheiden, Wollen, Verantwortung, Wahrheit etc. bilden. Die inhaltlich reicheren Überzeugungen bzw. Theorien bewegen sich auf einer *mittleren* Ebene der Allgemeinheit (und der Abstraktion), die zwischen den höchst allgemeinen Begriffsverknüpfungen und dem je speziellen Sprachgebrauch einer individuellen Person liegt.[5]

1.7 Von der Begriffsanalyse zur logischen Analyse

Die Meinungen, in denen wir von einem bestimmten Prädikat Gebrauch machen, stehen zueinander in logischen Beziehungen: So kann ein Satz einen anderen logisch implizieren. Das heißt, dass eine bestimmte Meinung aus anderen logisch folgt. Ebenso können bestimmte Aussagen miteinander vereinbar oder einander entgegengesetzt sein. Wenn wir die Beziehungen zwischen Sätzen über einen bestimmten Sachverhalt verstehen, so verstehen wir die Beziehungen zwischen den *Meinungen*, die wir über einen bestimmten Sachverhalt haben. Das heißt: Wir verstehen den *genauen Gehalt* dieser (zumeist stillschweigenden, also nicht expliziten) Meinungen.

Wenn wir bestimmte Meinungen zueinander in Beziehung setzen, machen wir von logischen Ausdrücken Gebrauch, so etwa dann, wenn wir annehmen, dass eine bestimmte Meinung dann wahr ist, wenn *andere* Meinungen wahr sind, bestimmte Meinungen zueinander passen, also gemeinsam wahr sein können, oder etwa

5 Freilich ist es möglich, dass andere Philosophen auch den hier genannten Zusammenhang der Begriffe, die um das Zentrum der Handlung kreisen, anders rekonstruieren. Auch das gehört zur unabschließbar demokratischen Pluralität der Philosophie. Jede begriffsanalytische Rekonstruktion ist ein Vorschlag zur Diskussion.

annehmen, dass eine bestimmte Meinung wahr ist und die ihr entgegengesetzte Meinung deshalb nicht wahr sein kann. Logische Ausdrücke sind Wörter wie „wenn - dann", „genau dann - wenn", „und", „oder", „nicht", „alle(s)" und „einige(s)". Wir verfügen über eine recht zuverlässige, intuitive Fähigkeit des logisch korrekten Gebrauchs dieser Wörter. Wenn wir sie korrekt verwenden, verknüpfen wir unsere Meinungen zu logisch gültigen Argumenten.

Ein Argument besteht aus einer oder mehreren Prämissen und einer Konklusion. Die Konklusion ist die jeweils zu begründende Annahme. Die Prämissen sind die Annahmen, aus denen die Konklusion folgt. Von „Annahmen" ist hier in dem weiteren Sinne von Sätzen die Rede. Auch die Konklusion eines Arguments ist in diesem weiteren Sinne eine Annahme. In einem engeren logischen Sinne versteht man unter Annahmen beliebige Formeln eines Beweises, aus denen wiederum andere Formeln abgeleitet werden.

Die logischen Beziehungen zwischen Annahmen werden durch den Gebrauch logischer Ausdrücke geschaffen. Diese Beziehungen sind formale Beziehungen, d. h. Beziehungen, die von dem Inhalt der Annahmen unabhängig sind. Die entscheidende logische Beziehung ist diejenige der logischen Implikation oder logischen Folgerung: Eine Annahme *A* impliziert eine andere Annahme *B*, wenn die Wahrheit von *B* in der Wahrheit von *A* enthalten ist. Implikation bedeutet Wahrheitstransfer: Wenn eine Annahme *A* eine andere Annahme *B* impliziert, dann wird, falls *A* wahr ist, die Wahrheit von *A* nach *B* übertragen. So impliziert die Annahme „Alle sind für ihre Handlungen verantwortlich" den Satz „Sokrates ist für seine Handlungen verantwortlich". Der Wahrheitstransfer wird einzig und allein durch die logische *Form* eines Arguments gewährleistet, d. h. durch die formalen Beziehungen zwischen den Annahmen eines Arguments.

Wenn wir den Zusammenhang von Meinungen über ein bestimmtes Thema genau kennen, können wir prüfen, ob sich eine bestimmte Meinung mit anderen Meinungen auf eine formal korrekte Weise überhaupt begründen lässt. Das ist der Schritt von der philosophischen Begriffsanalyse zur logischen Analyse einzelner Argumente. In der logischen Analyse ermitteln wir die logischen Beziehungen zwischen den Meinungen oder Annahmen, die zusammen ein Argument bilden - und wissen dann ganz genau, *wie* bestimmte Meinungen miteinander verknüpft sind.

1.8 Logik und gedankliche Autonomie

Das philosophische Denken und die logische Analyse haben ebenfalls eine personale, individuelle Dimension. Wenn wir bestimmte Meinungen haben, so haben wir Gründe für diese Meinungen, genauer gesagt: Meinungen, die als Gründe für andere Meinungen fungieren. Diese Tatsache ist dann von besonderer Bedeutung, wenn wir den Anspruch erheben, etwas zu *wissen*. Die Meinungen, die wir als Wissen auszeichnen, sind Meinungen, die sich auf Gründe, also andere Meinungen, stützen, die uns besonders sicher und zuverlässig zu sein scheinen.

Wenn wir etwas wissen, dann haben wir uns eine bestimmte Meinung unter den jeweils *bestmöglichen* Bedingungen gebildet. Meinungen, die wir uns auf eine jeweils bestmögliche Weise gebildet haben, nennen wir auch dann Wissen, wenn wir uns durchaus vorstellen können, dass wir solche Meinungen unter noch besseren Bedingungen des Nachdenkens gegebenenfalls korrigieren würden. Solange wir etwas zu wissen glauben, sind wir der Meinung, dass wir uns eine bestimmte Meinung unter den jeweils bestmöglichen Bedingungen gebildet haben. Wir wissen, dass sich aus der Addition der Zahlen 7 und 5 die Zahl 12 ergibt, wenn wir unsere einmal erlernten elementaren arithmetischen Fähigkeiten erfolgreich anzuwenden vermögen. Wenn wir wissen, dass die Gleichung 5 + 7 = 12 das Ergebnis der korrekten Anwendung der Additionsregel ist, so wissen wir auch, dass wir uns die Meinung, dass es sich so verhält, unter den bestmöglichen (in diesem Falle sogar idealen) Bedingungen gebildet haben. Zu den jeweils bestmöglichen Bedingungen des Nachdenkens gehört nun in jedem Fall das logisch korrekte Nachdenken, dessen Ergebnisse sich in die Form logisch gültiger Argumente gießen lassen.

Wie gesagt: Unsere Meinungen bilden einen Zusammenhang, und die Meinungen, die wir als Wissen auszeichnen, sind solche, die wir uns unter den jeweils bestmöglichen Bedingungen gebildet haben. Das sind die beiden elementaren, auf den ersten Blick trivialen und auf den zweiten Blick faszinierenden und aufklärungsbedürftigen Beobachtungen, die eine genuin philosophische Analyse, genauer: die logische Analyse philosophischer Argumente, attraktiv erscheinen lassen. Denn: Wir kennen selbstverständlich nicht alle Meinungen, die wir tatsächlich haben, und vor allem die Meinungen, die uns besonders wichtig sind, mit der Genauigkeit, in der wir sie (jedenfalls grundsätzlich) zu kennen wünschen.

Wir wissen nicht immer ganz *genau*, welche logischen Beziehungen zwischen unseren in einem bestimmten Bereich jeweils relevanten Meinungen bestehen. Aber wir *möchten* es wissen. Das trifft auch auf die Auseinandersetzung mit den Meinungen anderer Menschen zu: Wir wissen nicht immer ganz genau, welchen Zusammenhang von Gründen die Meinungen anderer Menschen bilden. Aber wir möchten es wissen – jedenfalls dann, wenn wir selber ein großes Interesse an der Auseinandersetzung mit den Meinungen anderer Menschen haben und diese Meinungen verstehen und prüfen wollen. Das ist in besonderer Weise dann der Fall, wenn wir uns mit den Argumenten von Autoren philosophischer Texte auseinandersetzen.

Wenn wir unseren Wortgebrauch analysieren, verschaffen wir uns ausdrücklich Klarheit über unsere eigenen Meinungen – wir wissen dann, was wir über ein bestimmtes Thema meinen und werden auf die stillschweigenden Implikationen unserer Meinungen aufmerksam. Wenn wir unsere eigenen Meinungen und Gründe genau kennen, können wir gute und weniger gute Gründe unterscheiden und viele Irrtümer korrigieren, die sich unbemerkt in unsere Meinungen eingeschlichen haben.

Das allgemeine und doch genaue philosophische Nachdenken gibt uns die Möglichkeit, unsere eigene Meinungsbildung in einer wünschenswerten Weise zu lenken und zu kontrollieren. Denn nur dann, wenn wir möglichst genau wissen, was wir über bestimmte Themen meinen, können wir in einer insgesamt wünschenswerten Weise über unsere Meinungen *verfügen* und unsere Meinungsbildung erfolgreich lenken.[6]

Mit anderen Worten: Das philosophische Nachdenken ist auch ein Instrument der gedanklichen Selbstbestimmung und der eigenen *gedanklichen Freiheit*. Das gilt, wie gesagt, auch für die Auseinandersetzung mit den Meinungen anderer Personen. Wenn wir Argumente analysieren, also den Begründungszusammenhang der Meinungen anderer Personen verstehen, können wir diese Meinungen mit guten Gründen übernehmen oder sie mit guten Gründen kritisieren. Die Analyse von Argumenten schützt uns vor gedanklicher Manipulation. Das philosophische Nachdenken hat auch eine praktische, handlungsorientierende Bedeutung: Wenn wir uns über unsere Meinungen zu Themen, die für unsere gedanklich selbstbestimmte Lebensführung wichtig sind, bestmögliche Klarheit verschaffen, haben wir die Möglichkeit, unsere Handlungen von einem Wissen über unsere Meinungen leiten zu lassen.

Wenn Sie unseren Überlegungen zum philosophischen Staunen und Nachdenken zustimmen, dürften Sie an der „Logik der Philosophie" interessiert sein, deren minimales technisches Handwerk wir Ihnen in diesem Einführungsbuch vorstellen. Um Ihr Interesse noch ein wenig mehr zu wecken, möchten wir Ihnen eine weitere Überlegung über den praktischen Nutzen der logischen Analyse vorschlagen.

1.9 Begriffsanalyse als Konfliktlösungsvorbereitung

Betrachten wir noch einmal das Beispiel des absichtlichen, überlegten, keinem Zwang willfahrenden und insofern einem freien Willen entspringenden Handelns: In der Geschichte der Philosophie hat sich der folgende theoretische Konflikt herausgebildet: Wie kann der freie Wille damit vereinbart werden, dass das gesamte natürliche Geschehen kausalgesetzlich determiniert ist? Der freie Wille, so scheint es, ist ein unbedingter Wille; ein Wille, der durch keinerlei vorhergehende Bedingungen festgelegt ist. Ein freier Wille muss aus sich selbst heraus in den Lauf der Welt eingreifen können. Freiheit ist also, so scheint es, eine in jeder Hinsicht unbedingte Freiheit. Aber so kann es nicht sein. Wäre der freie Wille in jeder Hinsicht unbedingt, gäbe es auch keine Bedingungen des Wünschens, Abwägens und Entscheidens, die ihn als einen ganz bestimmten Willen festlegen. Eine Person bildet sich einen bestimmten Willen nun aber durch ihre abwägenden Überlegungen, und auch dies sind Bedingungen, die einen Willen festlegen (oder: determinieren). Ein gänzlich unbedingter Wille wäre der (unmögliche) Wille von niemandem.

Die scheinbare Unvereinbarkeit zwischen der Annahme der Willensfreiheit und der Tatsache, dass alle Ereignisse (auch Entscheidungen) physikalisch beschreib-

6 Erläutert wird diese These in: Jörg Hardy: *Jenseits der Täuschungen – Selbsterkenntnis und Selbstbestimmung mit Sokrates*, Göttingen 2011, S. 341–405.

baren Gesetzen folgen, ist ein Konflikt auf einer *theoretischen* Ebene. Diesen Konflikt kann man lösen, wenn man sich fragt: Was ist das eigentlich, der Wille? Oder: das Wollen? Welchen Willen brauchen wir, um die Ideen der Urheberschaft, der Entscheidung und der Verantwortlichkeit verstehen zu können?

Solche theoretischen Konflikte kann man mit Hilfe der Begriffsanalyse offenbar lösen. Jemand, der an dem lebensweltlichen Sinn der philosophischen Begriffsanalyse zweifelt, wird aber vielleicht sagen: „Gut, auf einer sehr allgemeinen, theoretischen Ebene mögen philosophische Fragen ihren Sinn haben. Außerhalb der Philosophie haben sie aber keinen guten Sinn. Philosophische Untersuchungen können uns in der Bewältigung von Konflikten über Sachverhalte, die keine philosophische Theorie über das Leben, sondern vielmehr unser wirkliches Leben betreffen, keine Hilfe leisten, so etwa im Falle von Konflikten über die Freiheit, die nicht diejenige des Willens, sondern diejenige von Bürgern einer politischen Gemeinschaft ist. Hier kann uns die Philosophie nicht helfen." Dass es nicht so ist, möchten wir an einem letzten Beispiel zeigen. Von Freiheit können wir in einem handlungstheoretischen Sinne reden. In der Hauptsache reden wir von Freiheit freilich in einem anderen, politischen Sinne. Auch über diese Freiheit haben wir bestimmte Meinungen und auch diese Meinungen werden in einem Konfliktfalle zum Thema. Wir können uns leicht Situationen vorstellen, in denen man fragt, was das eigentlich ist – demokratische Freiheit.

Stellen Sie sich vor: Politiker, die einen Staat regieren und einmal Platons „Staat" (den Dialog *Politeia*) gelesen und gründlich missverstanden haben, sind davon überzeugt, dass es demokratisch ist, wenn wenige auserwählte und selbsternannte Staatslenker die politischen Geschäfte regeln und von dem Großteil der Bevölkerung nicht kontrolliert werden und vor allem nicht durch freie Wahlen, in denen jeder Bürger seine Stimme abgeben kann, legitimiert zu sein brauchen. Diese Politiker sind nicht etwa Diktatoren, sondern Oligarchen. Wären Sie Diktatoren, wäre unser Beispiel viel zu einfach. Vielmehr sind sie davon überzeugt, dass der *Rechtsstaat* (mit einer ‚kleinen', monarchistischen Korrektur) die politisch beste Lösung ist: Die Menschen sollen frei, unabhängig und selbstbestimmt leben können. Es herrschen Meinungsfreiheit und freie Berufswahl. Die Menschenrechte werden respektiert. Die politischen Repräsentanten sind nicht korrupt und leben unter denselben Verhältnissen wie die anderen Bürger. Aber es gibt keine demokratischen Wahlen, denn die Politiker meinen, dass nur sie klug genug sind, um die richtigen Gesetze zu erlassen und das Gemeinwesen richtig zu verwalten. Das ist die ‚kleine' Korrektur, die unsere Beispielpolitiker an dem Rechtsstaat vornehmen möchten.

Würde man alle Bürger an der politischen Willensbildung beteiligen, dann bestünde, so meinen sie, die Gefahr, dass die Menschen ihre Repräsentanten aus emotionalen Gründen wählen, und auch die Gefahr, dass nicht alle sozialen Gruppen gleichmäßig repräsentiert werden. Mit anderen Worten: Freie Wahlen, bei denen verschiedene politische Repräsentanten zur Wahl stehen, führen nach dieser Auffassung zu irrationalen und ungerechten Ergebnissen, und damit würde die Demokratie gefährdet. „Wenn Leute, die nichts von Politik verstehen, aber gewählt werden, dann", so sagen unsere Beispielpolitiker, „können ihre politischen Entscheidungen leicht ins Chaos führen. Das wollen die Menschen doch gar nicht. Demokratie heißt doch, dass sich alle Menschen nach ihren Fähigkeiten frei entwickeln können. Dafür braucht man komplexe Bedingungen, und nur wir wissen, wie man diese Bedingungen schafft. Also schützen wir die Demokratie, wenn wir, die politisch Sachverständigen, regieren, und nur dann sind die Bürger des von uns regierten Gemeinwesens frei."

Die Gegner dieser Auffassung sagen: „Sicher, Demokratie und Freiheit für viele Menschen mit unterschiedlichen Fähigkeiten und Interessen erfordern komplexe Bedingungen, die oft nur von Experten geschaffen werden können. Aber wenn die Menschen nicht *selbst* entscheiden können, wie diese Bedingungen aussehen, wenn sie nicht auch das Risiko eingehen können, dass nicht immer perfekte Bedingungen herrschen, dann sind sie nicht frei. Freiheit und Demokratie erfordern freie Wahlen. Die gibt es in eurem Staat nicht. Also ist dieser Staat keine Demokratie."

So etwa könnte ein Konflikt aussehen; es wäre ein Konflikt über außerordentlich bedeutsame Sachverhalte, über bürgerliche Freiheit und Demokratie. Dieser Konflikt hat auch seine sprachliche Seite. Die Vertreter der beiden Auffassungen, die wir eben gehört haben, benutzen dieselben Wörter, aber in sehr unterschiedlichen Bedeutungen. Doch es geht in dem Streit der beiden Parteien nicht um Wörter. Hinter diesen Wörtern stehen Meinungen und Überzeugungen. Menschen haben bestimmte Meinungen darüber, was bürgerliche Freiheit ist. Auch diese Meinungen gehören zum begrifflichen Hintergrund unserer Erfahrungen.

Wenn nun ein *Konflikt* entsteht, wenn der Hintergrund also in den *Vordergrund* tritt, werden solche Meinungen ausdrücklich. Man fragt sich dann zum Beispiel: Was heißt denn eigentlich Freiheit? Diese Frage lässt sich, wie alle Fragen dieser Art, nicht durch einen Blick in ein Wörterbuch beantworten. Wenn jemand eine solche Frage stellt, haben die Adressaten dieser Frage zwei Möglichkeiten: Sie können einfach sagen: „Gut, es gibt eben verschiedene Meinungen über Freiheit. Lassen wir es dabei. Warum soll nicht jeder seine eigene Auffassung haben? Das macht doch nichts. Damit können wir gut leben. Und überhaupt: Was soll denn die seltsame Frage Was *ist* Freiheit? Diese Frage kann man doch gar nicht beantworten."

Wer das sagt, hätte in einem Punkt (unglücklicherweise) recht: Viele Menschen können mit unklaren, unausdrücklichen Meinungen über die Grundlagen des menschlichen Zusammenlebens gut leben. Gewiss kann man unklare, unentschiedene Sachverhalte auch auf ihrer sprachlichen Ebene so lassen, wie sie sind. Aber so kann man keine Konflikte *lösen*. Wenn man das tun will, sollte man die zweite Möglichkeit wählen: Man wird die verschiedenen Meinungen zuerst einmal ausdrücklich *klären*. Wenn die beiden unterschiedlichen Parteien, die wir hier über Freiheit haben reden lassen, sich einigen wollen, dann müssen sie sich zuerst darüber verständigen, was sie eigentlich genau meinen, wenn sie von Freiheit reden. So *können* sie die Frage „Was ist Freiheit?" beantworten, eine begründete Entscheidung herbeiführen und Konflikte mit guten, gemeinsamen Gründen lösen. Ob sie sich am Ende einigen werden, ist damit freilich längst nicht garantiert. Wenn sie aber nicht einmal diesen ersten Schritt gehen, dann streiten sie noch nicht einmal wirklich miteinander – und wer sich nicht streitet, kann sich auch nicht einigen.

1.10 Wie wird man Philosoph? Ein Programm

Unsere Überlegungen zur Philosophie lassen sich auch in der Form eines kleinen ‚Ausbildungsprogramms' zusammenfassen, das drei Schritte auf dem Weg zum Philosophen enthält.

Jeder erwachsene Mensch hat zu zahlreichen philosophischen Problemen bereits gewisse Überzeugungen, auch wenn er sich dessen gar nicht bewusst ist. So versteht beispielsweise jeder, was eine moralisch gute Handlung ist (freilich verstehen darunter nicht alle genau das gleiche). Ebenso hat wohl jeder Mensch eine Vorstellung von Glück oder von einem sinnvollen Leben. Der erste Schritt in das philosophische Denken besteht darin, sich die eigenen allgemeinen, intuitiven Überzeugungen bewusst zu machen und sie sprachlich zu *artikulieren*. Der zweite Schritt besteht darin, die Intuitionen zu *begründen* – und dafür braucht man Argumente. Wer argumentiert, stellt einerseits als Konklusion eine These auf und nennt andererseits durch die Prämissen eine Begründung dieser These. Der dritte Schritt ist die Auseinandersetzung mit den Meinungen anderer Menschen: Philosophen berücksichtigen auch die Argumente anderer Philosophen und *kritisieren* diese mit Gegenargumenten.

Spielen wir dieses Programm an einem Beispiel durch. Nehmen wir an, dass ein Philosoph Pornographie ablehnt. Im ersten Schritt wird er seine Position genau artikulieren. Dabei ist etwa das Wort „Pornographie" zu klären. Im Duden heißt es, Pornographie sei eine „sprachliche, bildliche Darstellung sexueller Akte unter einseitiger Betonung des genitalen Bereichs u. unter Ausklammerung der psychischen u. partnerschaftlichen Aspekte der Sexualität". Vielleicht dachte der Philosoph bislang nur an Filme, als er sich über Pornographie Gedanken machte. Nun muss er sich fragen, ob er auch pornographische Literatur ablehnt, ob er nur die Herstellung und den Vertrieb oder auch den Konsum von Pornographie ablehnt und in welcher Weise er diese Handlungen ablehnt: Hält er sie in ethischer bzw. moralischer Hinsicht für schlecht? Tritt er für ein gesetzliches Verbot ein (wie es für die Kinderpornographie glücklicherweise bereits existiert)? Wenn er diese Fragen beantwortet, entdeckt und klärt der Philosoph, was er über dieses Thema denkt.

Nehmen wir einmal an, er entschließt sich zu folgender These: „Die Herstellung und der Vertrieb von Porno-Filmen sollten gesetzlich verboten werden." In einem zweiten Schritt wird der Philosoph seine Forderung begründen – etwa so:

Durch Herstellung und Vertrieb von Porno-Filmen werden deren Darstellerinnen erniedrigt, da sie dabei als Instrumente zur Befriedigung der sexuellen Wünsche anderer missbraucht werden. Handlungen, durch die jemand erniedrigt wird, sollten gesetzlich verboten werden. Deshalb sollten auch die Herstellung und der Vertrieb von Porno-Filmen gesetzlich verboten werden.

Dieses Argument hat zwei Prämissen, aus denen die im letzten Satz genannte Konklusion folgt. Zur besseren Übersicht nummerieren wir die Prämissen und die Konklusion. Die Folgerung von den Prämissen auf die Konklusion markieren wir durch einen waagerechten Strich:

Hauptargument

1. Durch Herstellung und Vertrieb von Porno-Filmen werden deren Darstellerinnen und Darsteller erniedrigt.
2. Handlungen, durch die jemand erniedrigt wird, sollten gesetzlich verboten werden.

---

3. Also: Herstellung und Vertrieb von Porno-Filmen sollten gesetzlich verboten werden.

Darüber hinaus liefert uns der Philosoph im obigen Zitat ein Unterargument, das die erste Prämisse des Hauptarguments stützt: Mit dem Nebensatz „da sie dabei als Instrumente zur Befriedigung der sexuellen Wünsche anderer missbraucht werden" begründet er, weshalb die Porno-Darstellerinnen und Darsteller erniedrigt werden. Damit ist die erste Prämisse des Hauptarguments zugleich die Konklusion des Unterarguments:

Unterargument

1. Die Porno-Darstellerinnen und Darsteller werden als Instrumente zur Befriedigung der sexuellen Wünsche anderer missbraucht.

---

2. Also: Durch Herstellung und Vertrieb von Porno-Filmen werden deren Darstellerinnen und Darsteller erniedrigt.

Prämissen, die nicht völlig selbstverständlich sind, sollten so weit wie möglich durch Unterargumente begründet werden. Deshalb leistet der Philosoph mit dem Unterargument keine unnötige Fleißarbeit. Er könnte auch die Prämisse des Unterarguments wiederum durch ein weiteres Unterargument begründen. Es wäre allerdings zu viel verlangt, wenn wir für jede Prämisse eine argumentative Begründung forderten. Wenn man versuchte, jede Prämisse durch ein Argument mit neuen Prämissen zu begründen, geriete man in einen *infiniten Regress*, d.h. in eine unabschließbare Serie von Argumenten. Jede Prämisse ihrerseits durch weitere Argumente zu begründen ist unmöglich und auch gar nicht erforderlich. Am besten wäre es, wenn die Prämissen der (Unter-) Argumente intuitiv so einleuchtend wären, dass auch die anderen Philosophen sie akzeptieren. Wer ein Argument vorschlägt, behauptet zweierlei:

1. Das Argument ist gültig.
2. Die Prämissen und die Konklusion des Arguments sind wahr.

Kommen wir nun zum dritten Schritt, zur Auseinandersetzung mit den Argumenten anderer Philosophen, insbesondere der Gegner, die es zu kritisieren gilt. In der Beschäftigung mit traditionellen philosophischen Fragen liefern uns die Werke der Klassiker wie Platon, Aristoteles, Hume, Leibniz, Kant oder Hegel oft die interessantesten Argumente. Deshalb befassen sich die Philosophen so intensiv mit der

Geschichte ihres eigenen Fachs. Zur Pornographie findet sich bei den Klassikern kaum etwas. Doch es gibt eine reichhaltige, zeitgenössische (überwiegend englischsprachige) Diskussion dieses Themas. Mit den vielen Argumenten, die darin für und gegen die Pornographie vorgebracht werden, kann unser Philosoph seine eigenen Argumente vergleichen. Dabei muss er jedes Mal zwei Fragen im Blick behalten: Sind die Argumente gültig? Sind die Prämissen und die Konklusion wahr?

Gültig ist ein Argument genau dann, wenn es unmöglich ist, dass die Prämissen wahr sind und die Konklusion falsch ist. Andernfalls enthält das Argument einen Fehlschluss; die Konklusion folgt nicht aus den Prämissen. Durch die Verfahren der formalen Logik ist eindeutig festzustellen, ob ein bestimmtes Argument gültig ist. In Teil II und III lernen Sie diese Verfahren kennen. So viel sei hier vorweggenommen: Das obige Hauptargument ist gültig. Das Unterargument hingegen ist genau genommen unvollständig und damit ungültig, weil die Konklusion mehr Information enthält als die Prämisse. Es lässt sich jedoch reparieren, indem man seine Prämisse ein wenig verändert und eine zweite Prämisse hinzufügt:

Korrigiertes Unterargument

1. Durch Herstellung und Vertrieb von Porno-Filmen werden deren Darstellerinnen und Darsteller als Instrumente zur Befriedigung der sexuellen Wünsche anderer missbraucht
2. Personen, die als Instrumente zur Befriedigung der sexuellen Wünsche anderer missbraucht werden, werden erniedrigt.

---

3. Also: Durch Herstellung und Vertrieb von Porno-Filmen werden deren Darstellerinnen und Darsteller erniedrigt.

Nicht selten werden Prämissen verschwiegen, weil es zu umständlich wäre, sie explizit anzuführen. Manchmal sind Prämissen so trivial, dass ihre Erwähnung unnötig wäre. Insofern hat der Philosoph keinen schwerwiegenden Fehler begangen, als er die zweite Prämisse des Unterarguments ausgelassen hat. Genau betrachtet sind unvollständige Argumente jedoch logisch nicht gültig. In der Analyse von Argumenten sollten Sie deshalb stets alle Prämissen vollständig darstellen und die fehlenden Prämissen ergänzen.

Auf die andere Frage, ob die Prämissen und die Konklusion eines Arguments wahr sind, gibt die formale Logik keine Antwort. Die Logik hat aber die außerordentlich wichtige Aufgabe, zu prüfen, ob bestimmte philosophische Überzeugungen *miteinander vereinbar*, d.h. konsistent, sind. Wenn zwei Aussagen einander widersprechen können sie unmöglich beide wahr sein. Im einfachsten Fall eines Widerspruchs ist die eine Aussage eine Verneinung der anderen, z.B. „Porno-Darsteller werden erniedrigt“ vs. „Porno-Darsteller werden *nicht* erniedrigt“. Ein derartiger Widerspruch ist eine Kontradiktion; eine der beiden Aussagen ist wahr, die andere falsch. Eine andere Form des Widerspruchs ist der konträre Widerspruch, die Kontrarität. In diesem Fall ist mindestens eine der Aussagen falsch, wobei es auch möglich ist, dass sie alle falsch sind, z.B. „Fridolin ist klug“ vs. „Fridolin ist dumm“; ein anderes konträres Aussagenpaar: „Alle Menschen haben Kinder“ vs. „Kein Mensch hat Kinder“.

In den obigen Argumenten des Philosophen liegt zwar kein offensichtlicher Widerspruch vor. Eines der Argumente könnte jedoch eine Prämisse enthalten, die einer anderen – in den Argumenten gar nicht genannten – Überzeugung des Philosophen widerspricht. Philosophische Kritik besteht in sehr vielen Fällen darin, solche Widersprüche aufzudecken.

1.11 Kritik und Verteidigung

Nehmen wir einmal die erste Prämisse des Hauptarguments unter die Lupe: „Durch Herstellung und Vertrieb von Porno-Filmen werden deren Darstellerinnen und Darsteller erniedrigt.“ Kritiker könnten einwenden:

Die Porno-Darsteller sind Schauspieler, die freiwillig und gegen Bezahlung eine Rolle verkörpern. Zwar lassen sie dabei Handlungen geschehen, die sie unter anderen Umständen als erniedrigend empfinden; es ist nun einmal zutiefst erniedrigend, wenn ein Mensch einen anderen als Instrument zur Befriedigung seiner sexuellen Wünsche missbraucht. Die Porno-Schauspieler selbst werden jedoch nicht erniedrigt: Sie *spielen* nur eine Person, die erniedrigt wird. Nicht anders ist es bei konventionellen Spielfilmen: Der Schauspieler, der einen erschossenen Westernhelden spielt, wird selbst nicht erschossen; ebenso wenig wird die Darstellerin betrogen, die eine betrogene Ehegattin spielt.

Im Kern ist dieser Einwand ein Argument mit drei Prämissen und einer Konklusion, die der ersten Prämisse des vorigen Hauptarguments widerspricht. Den letzten Satz des obigen Texts ignorieren wir hingegen, da er nur ein Unterargument für die zweite Prämisse liefert.

Einwand gegen Hauptargument

1. Die Porno-Darstellerinnen und Darsteller sind Schauspieler, die freiwillig die Rolle einer Person verkörpern, die erniedrigt wird.
2. Schauspieler, die freiwillig die Rolle einer Person verkörpern, erleiden selbst nicht die Behandlung der von ihnen verkörperten Person.
3. Wenn die Porno-Darstellerinnen und Darsteller selbst nicht erniedrigt werden, dann werden sie auch durch die Herstellung und den Vertrieb von Porno-Filmen nicht erniedrigt.

---

4. Also: Durch Herstellung und Vertrieb von Porno-Filmen werden deren Darstellerinnen und Darsteller nicht erniedrigt.

Ein Einwand ist zunächst einmal eine Herausforderung, nicht mehr. Wenn sich der Philosoph mit diesem Gegenargument konfrontiert sieht, muss er sich noch lange nicht geschlagen geben und braucht seine Forderung nach einem Porno-Verbot nicht aufzugeben. Philosophische Argumente zwingen für sich genommen niemanden dazu, die eigene Position aufzugeben. Tatsächlich geben Philosophen nur selten ihre tiefsten Überzeugungen auf. Wer jedoch an einer lieb gewonnenen Überzeugung festhalten und dennoch konsistent bleiben möchte, muss sich der Herausforderung des Einwands stellen und die eigene Position *verteidigen*. Dafür stehen ihm mindestens drei Strategien zur Verfügung.

Zuerst ist zu prüfen, ob das Gegenargument gültig ist. Bei unserem Beispiel ist das der Fall, wie Sie später mit einfachen logischen Verfahren selbst prüfen können. Die zweite Strategie besteht darin, eine der Prämissen des Einwands mit einem neuen Argument, einem Gegeneinwand, zu widerlegen. Die erste Prämisse des Einwands könnte man mit dem Grund anzweifeln, dass sich viele Porno-Darstellerinnen und Darsteller erst aus einer finanziellen Notlage heraus zu ihrer Tätigkeit entschließen und ihre Rollen insofern keineswegs freiwillig übernehmen. Gegen die zweite Prämisse wäre vielleicht einzuwenden, dass die darin vorausgesetzte Trennung zwischen Schauspieler und Rolle bei Porno-Filmen unangebracht ist. So gelangt man zu Fragen, die über das ursprüngliche Problem weit hinausgehen: Ging es zunächst um ein gesetzliches Verbot von Porno-Filmen, wird nun über den Unterschied zwischen einem Schauspieler und der von ihm gespielten Rolle diskutiert. Solche thematische Erweiterungen sind charakteristisch für philosophische Diskussionen, die nicht selten auf sehr grundlegende Fragen hinauslaufen.

Falls unser Philosoph alle drei Prämissen des Arguments akzeptiert, hat er ein Problem: Da die Konklusion der ersten Prämisse des Hauptarguments widerspricht, sind seine Überzeugungen offensichtlich nicht konsistent. Für diesen Fall bleibt ihm aber eine dritte Strategie: Er könnte ein neues Argument für das Porno-Verbot entwickeln, das ohne die erste Prämisse seines alten Hauptarguments auskommt. Häufig wandeln Autoren, um der Kritik zu entgehen, die fragliche Prämisse einfach ein wenig ab.

Bei der Suche nach einem neuen Argument kann sich der Philosoph durch die einschlägige Literatur anregen lassen. Dort findet er verschiedene philosophische Argumente. So begründen viele FeministInnen ihre Forderung nach einem Verbot pornographischer Filme mit anderen Prämissen: Der weit verbreitete Konsum dieser Filme forme bzw. verstärke Einstellungen und Verhaltensweisen, die schädliche gesellschaftliche Auswirkungen haben. Dadurch würden die Frauen verstärkt Opfer von Herabwürdigung und Demütigung. Dies sei eine Ungleichbehandlung der Frauen, die gesetzlich verboten werden sollte. – Natürlich gibt es auch zu solchen Argumenten wiederum verschiedene Einwände. Die Debatte geht weiter.[7]

Die formale Logik zeigt Spielräume auf, wie eine philosophische Position konsistent aufrechterhalten und gegen Kritik verteidigt werden kann. Die Argumente für eine bestimmte These mögen noch so oft kritisiert worden sein – immer wieder lassen sich neue Argumente finden, deren Prämissen mit den übrigen Überzeugungen vereinbar sind. Sie müssen nur andere Meinungen so verändern, dass Ihr Überzeugungsnetz insgesamt konsistent bleibt. Die Möglichkeiten, die Ihnen die Logik bietet, sollten Sie allerdings nicht dazu verführen, an einer Überzeugung nur deshalb

7 Wer sich genauer für die in dieser Debatte ausgetauschten Argumente interessiert, findet einen soliden Überblick in dem Artikel von Alisa L. Carse: „Pornographie und Bürgerrechte", in: Philipp Balzer und Klaus Peter Rippe (Hg.): *Philosophie und Sex. Zeitgenössische Beiträge*, München 2000, S. 167–210.

festzuhalten, weil Sie Ihre einmal gefestigten Überzeugungen einfach nicht verändern *wollen*. Das wäre Starrsinn, und Starrsinn ist gewiss keine intellektuelle Tugend.

Zu einem definitiven Ende gelangen philosophische Debatten so gut wie nie. Wohl gibt es immer wieder gewisse Moden. Mal wurde die eine, mal die andere Position von der überwiegenden Zahl lebender Philosophen vertreten. Doch stets gab es auch Verfechter der Gegenpositionen. Die Außenseiter sind keineswegs irrational. Gerade sie bringen nicht selten den größten logischen Scharfsinn auf. Für Außenseiter ist einfach nichts selbstverständlich. Enormen logischen Scharfsinn zeigen etwa die Verfechter von Gottesbeweisen, die heutzutage eine Minderheit bilden.

Da philosophische Debatten nur selten zu einem einvernehmlichen Ende gelangen, gibt es kein philosophisches Lehrbuchwissen. Wohl gibt es Lehrbücher, die vor allem philosophiegeschichtliches Wissen zusammenstellen. Doch es gibt kaum eine These, über die sich alle oder die meisten Philosophen einig wären. Das gilt übrigens auch für die Gesetze der Logik, über die zwischen klassischen und nicht-klassischen Logikern kontrovers diskutiert wird. Auf einige dieser Streitpunkte werden wir später hinweisen.

1.12 Weshalb Konsistenz so wichtig ist

Wie gesagt: Über keine einzige philosophische These erziel(t)en die Philosophen je Einvernehmen. Gleichwohl wagen wir anzunehmen, dass jeder Mensch daran interessiert ist, Widersprüche innerhalb der eigenen Überzeugungen zu vermeiden. Mit den Mitteln der formalen Logik lassen sich Widersprüche leicht aufdecken. Betrachten wir eine einfache Variante des Leib-Seele-Problems. Die folgenden drei Annahmen sind miteinander unvereinbar:

(1) Mentale Vorgänge und Ereignisse wie Überlegungen, Wünsche und Entscheidungen können physische Vorgänge und Ereignisse (Handlungen einer Person) verursachen.
(2) Mentale Vorgänge sind nicht-physische Vorgänge.
(3) Physische Vorgänge und Ereignisse werden stets nur durch andere physische Vorgänge und Ereignisse verursacht. Mit anderen Worten: Der Bereich der physischen Vorgänge und Ereignisse ist kausal geschlossen.

Alle drei Annahmen sind für sich betrachtet plausibel. Aber diese drei Annahmen bilden keine *konsistente* Annahmenmenge; sie können *nicht gemeinsam wahr* sein, denn die Konjunktion von jeweils zwei Annahmen impliziert die Verneinung der jeweils dritten Annahme.[8] Wir müssen eine der drei Annahmen aufgeben. Da die Annahmen, deren Unvereinbarkeit das oben genannte Problem bildet, recht plausi-

8 Vgl. zu dieser Problemdiagnose die genauen Erläuterungen von Peter Bieri: „Generelle Einführung", in: Ders.: (Hg.): *Analytische Philosophie des Geistes*, Weinheim 1997, S. 5 f.

bel sind, fällt die Entscheidung, welche Annahme man aufgeben soll, nicht leicht. Allein mit Hilfe der Logik können wir unsere jeweilige Entscheidung nicht begründen. Aber die logische Analyse macht uns immerhin darauf aufmerksam, *dass* wir hier ein Problem vor uns haben, für deren Lösung wir eine inhaltlich begründete Entscheidung gegen eine der genannten Annahmen zu treffen haben. Genau das ist der entscheidende Nutzen der Logik für das Leben: Wir erkennen Probleme und wissen, dass wir eine begründete Entscheidung zu treffen, also sorgfältig über ein bestimmtes Thema nachzudenken haben, wenn wir das Problem lösen wollen. – Wir brauchen das nicht in jedem Falle zu tun, aber *wenn* wir ein Problem erkennen und lösen wollen, dann brauchen wir die Werkzeuge der logischen Analyse.

Ein zweites Beispiel: die theoretische Beschreibung der Willensfreiheit. Als Personen haben wir die Fähigkeit, uns aufgrund abwägender Überlegungen für bestimmte Handlungen zu entscheiden. Das macht uns, wie eingangs bereits gesagt, zu Urhebern unseres Wollens und Handelns, und diese Tatsache wird in der Philosophie oft so kommentiert, dass wir über einen freien Willen verfügen. Mit anderen Worten: Der Wille, den man sich selbst (ohne einem Zwang zu gehorchen) aufgrund abwägender Überlegungen bildet, ist ein freier Wille, und für die Handlungen, die wir aufgrund abwägender Überlegungen ausführen, sind wir verantwortlich. Auch diese Selbstverständlichkeit können wir jedoch in verschiedener Weise zu einem Problem machen.

Einige Philosophen sind etwa der Auffassung, die Annahme der Willensfreiheit sei mit der Tatsache unvereinbar, dass dann, wenn wir Entscheidungen treffen und etwas tun wollen, neurobiologische Prozesse in unserem Gehirn stattfinden, die wir durch unsere Meinungen und Wünsche gar nicht beeinflussen könnten.

Das Entscheiden und Wollen hat, wie jeder mentale Vorgang, selbstverständlich neurobiologische Grundlagen. Wir können das, was wir erleben, auf zwei verschiedene Arten *beschreiben*, nämlich mit einem alltagssprachlichen (oder: alltagspsychologischen) Vokabular, in dem Begriff wie „Wünschen", „Wollen" und „Entscheiden" vorkommen, und einem neurobiologischen Vokabular, in dem solche Ausdrücke nicht vorkommen (oder jeweils mit Angaben über biologische Eigenschaften und Messergebnisse korreliert sind). Das bedeutet freilich *nicht*, dass unsere mentalen und neurobiologischen Prozesse zwei ganz verschiedene Arten von Vorgängen sind. Wenn man aber das Entscheiden und die entsprechenden neurobiologischen Vorgänge theoretisch gegeneinander ausspielen möchte, kann man folgendes Problem konstruieren:

(1) Ich verfüge über einen freien Willen.
(2) Wenn ich über einen freien Willen verfüge, dann bin ich dazu in der Lage, mich aufgrund von Meinungen und Wünschen für bestimmte Handlungen zu entscheiden.
(3) Wenn ich mich aufgrund von Meinungen und Wünschen für bestimmte Handlungen entscheide, dann beeinflussen meine Meinungen und Wünsche die neurobiologischen Prozesse, die während des Entscheidens in meinem Gehirn stattfinden.
(4) Meine Meinungen und Wünsche können die neurobiologischen Prozesse meines Gehirns nicht beeinflussen.

Diese vier Annahmen sind miteinander unvereinbar. Wenn man den freien Willen im Sinne der zweiten Annahme versteht und die dritte und vierte Annahme für wahr hält, so folgte daraus, dass es keinen freien Willen gibt, was aber der ersten Annahme widerspricht. Um konsistent zu bleiben, müssen wir eine Annahme aufgeben. Eine nahe liegende Lösung des Problems besteht darin, auf die vierte Annahme zu verzichten. Diese Annahme beruht nämlich auf der merkwürdigen Vorstellung, mentale Prozesse wie Wollen und Entscheiden bildeten einen Gegenstandsbereich, der von neurobiologischen Vorgängen ganz unabhängig ist – und diese Vorstellung ist genau betrachtet unverständlich. Wer jedoch an Annahme (4) und an der Willensfreiheit festhalten möchte, braucht eine andere Problemlösung.

Eine andere, raffiniertere Variante des Problems lautet:

(1) Ich verfüge über einen freien Willen.
(2) Wenn ich über freien Willen verfüge, dann bin ich dazu in der Lage, mich für eine bestimmte Handlung zu entscheiden und dabei zwischen (mindestens) zwei alternativen Handlungsmöglichkeiten zu wählen.
(3) Wenn ich mich für eine bestimmte Handlung entscheide, dann lege ich mich auf eine ganz bestimmte Handlung fest.
(4) Wenn ich mich auf eine ganz bestimmte Handlung festlege, schaffe ich Bedingungen, die keine Wahl zwischen alternativen Handlungsmöglichkeiten zulassen.

Auch diese vier Annahmen sind miteinander unvereinbar. Wenn ich mich mit jeder Entscheidung auf eine ganz bestimmte Handlung festlege und damit Bedingungen schaffe, die keine Auswahl alternativer Möglichkeiten zulassen, dann ist es niemals der Fall, dass ich zwischen alternativen Handlungsmöglichkeiten wählen kann – und dann verfüge ich nicht über einen freien Willen. Wenn wir gleichwohl an der Annahme eines freien Willens festhalten, so haben wir eine andere Annahme aufzugeben oder mindestens eine Annahme so zu interpretieren, dass sie mit den anderen nicht länger unvereinbar ist. Eine nahe liegende Möglichkeit der Problemlösung besteht darin, Annahme (4) aufzugeben und das Phänomen der Entscheidung so zu verstehen, dass der Prozess des Entscheidens die Möglichkeit der Wahl zwischen alternativen Möglichkeiten keineswegs ausschließt.

Ein drittes Beispiel: Personen handeln mit Gründen, wägen alternative Handlungsmöglichkeit ab und entscheiden sich für eine bestimmte Handlung. Jeder von uns möchte – wie man wohl vermuten darf – mit den jeweils besten Gründen handeln, also das tun, was er oder sie in einer bestimmten Situation für das jeweils Beste hält. Es gibt freilich auch Fälle des Handelns wider besseres Wissen, die so zu charakterisieren sind: Wir wissen zwar durchaus, welche Handlung in einer bestimmten Situation die Beste wäre, wollen diese Handlung auch ausführen und tun dennoch freiwillig und absichtlich – also ohne einem Zwang zu willfahren – etwas anderes. Wir beklagen solche Handlungen auch als das Ergebnis von Willensschwäche. Obgleich das Phänomen des Handelns wider besseres Wissen offenkundig ist, bereitet es der theoretischen *Erklärung* doch einige Schwierigkeiten.

Die moderne Diskussion des Themas hat Donald Davidson in seinem Aufsatz

„How Is Weakness of the Will Possible?“ (1969) geprägt. Davidson definiert willensschwaches Handeln so, dass eine Person genau dann willensschwach handelt, wenn sie eine Handlung X mit Absicht ausführt, obwohl sie glaubt, eine alternative Handlung Y sei möglich, und auch der Überzeugung ist, Y sei unter Berücksichtigung aller Umstände besser als X. Das Problem der Erklärung solcher Handlungen lässt sich dann so darstellen, dass die folgenden drei Thesen unvereinbar zu sein scheinen:[9]

(1) Wenn eine handelnde Person meint, die Ausführung der Handlung Y sei besser als die Ausführung der Handlung X, dann will sie Y in der Tat in höherem Maße tun als X.
(2) Wenn eine handelnde Person die Handlung Y in höherem Maße tun will als die Handlung X und meint, es stehe ihr frei, X oder Y zu tun, so wird sie absichtlich die Handlung Y ausführen.
(3) Es gibt jedoch Fälle willensschwachen Handelns, also Fälle, in denen eine Person meint, die Ausführung der Handlung Y sei besser als die Ausführung der Handlung X, und meint, es stehe ihr frei, X oder Y zu tun, und dennoch absichtlich die Handlung X ausführt.

Aus den ersten beiden Thesen folgt, dass eine Person die Handlung Y, die sie für die beste hält, in der Tat ausführen *wird*, wenn sie meint, es stehe ihr frei, diese (oder eine andere) Handlung auszuführen. Dies ist jedoch mit der Annahme (3) unvereinbar, der zufolge Personen in einigen Fällen absichtlich Handlungen ausführen, die sie nicht für die besseren Handlungen halten und deshalb in einem vergleichsweise geringen Maße tun wollen. Das ist das theoretische Problem des Handelns wider besseres Wissen. Das Problem besteht darin, dass sich willensschwache Handlungen nicht so erklären lassen, dass die handelnde Person *nicht wüsste*, welche Handlung die jeweils bessere wäre. Der Handelnde tut freiwillig und absichtlich etwas, was er unter anderen *besseren* (und für ihn selbst wünschenswerten) Bedingungen des Entscheidens, die er grundsätzlich auch selbst schaffen könnte, *nicht* täte. Der Handelnde weiß, welche Handlung die Bessere wäre, und er weiß auch, dass er die besseren Bedingungen des Entscheidens und Handelns selbst hätte schaffen können (sonst könnte er sein eigenes Handeln nicht beklagen und verurteilen). Deshalb stellt sich die Frage, weshalb das Wissen um die bessere Handlung in einer bestimmten Situation nicht handlungswirksam wird.[10]

In formaler Hinsicht lässt sich ein Problem, das man in der Form der Unverein-

9 Donald Davidson: „How is Weakness of the Will possible?“, in: Joel Feinberg (Hg.): *Moral Concepts*, Oxford 1969, S. 93–113, bes. S. 94 ff. Deutsche Übersetzung in: Ders.: *Handlung und Ereignis*, Frankfurt/M. 1980, S. 43–72.

10 Einen Antwortvorschlag bietet Jörg Hardy: *Jenseits der Täuschungen – Selbsterkenntnis und Selbstbestimmung mit Sokrates*, Göttingen 2011, S. 364–383. Eine ausgezeichnete kommentierte Anthologie wichtiger Texte zum Thema Willensschwäche bietet Thomas Spitzley (Hg.): *Willensschwäche*, Paderborn 2005.

barkeit bestimmter Annahmen darstellen kann, dadurch lösen, dass man eine der miteinander unvereinbaren Annahmen aufgibt. Im Falle der Erklärung der Willensschwäche ist freilich nicht jede formal mögliche Lösungsstrategie sinnvoll. Die dritte Annahme aufzugeben wäre abwegig, denn diese Annahme bringt ja die offenkundig zutreffende Beobachtung zum Ausdruck, dass es Fälle willensschwachen Handelns nun einmal gibt. Wären die ersten beiden Annahmen des oben genannten Problems wahr, gäbe es solche Handlungen nicht. Die Tatsache, dass die Verbindung der ersten beiden Annahmen mit der offenkundig wahren dritten Annahme unvereinbar ist, weist die Philosophen nun darauf hin, dass sie die ersten beiden Annahmen so zu interpretieren haben, dass man willensschwache Handlungen zu erklären vermag.

Die mögliche Unvereinbarkeit (Inkonsistenz) plausibler Meinungen kann, wie unsere Beispiele zeigen, auf eine Erklärungslücke aufmerksam machen. Verborgene Widersprüche aufzudecken ist eine besondere Leistung des philosophischen Denkens. Sie zu vermeiden dürfte freilich im Interesse jedes Menschen sein. Denn: Aussagen, die einander widersprechen, heben sich gegenseitig auf. Wer miteinander unvereinbare Thesen vertritt, hat genau betrachtet überhaupt keinen Gedanken mit einem ganz bestimmten Gehalt – und das ist gewiss keine angenehme, wünschenswerte Erfahrung.

Für Aristoteles ist die Einsicht, dass ein Widerspruch unmöglich ist, das sicherste Prinzip aller Wissenschaften: „Dass nämlich dasselbe demselben in derselben Beziehung … unmöglich zugleich zukommen und nicht zukommen kann, das ist das sicherste unter allen Prinzipien" (*Metaphysik* IV, 1005b 19–25). Dieses Prinzip ist als *Satz vom (ausgeschlossenen) Widerspruch* auch in die Logik eingegangen. Da Philosophen jedoch wirklich alles bestreiten (zuweilen sogar ihre eigene Existenz), sollte es Sie nicht überraschen, wenn Sie auf Philosophen stoßen, die den Satz vom ausgeschlossenen Widerspruch ablehnen. Nach Auffassung einiger Logiker sei es in Ausnahmefällen durchaus möglich, dass zwei einander widerstreitende Aussagen beide wahr sind. Wir möchten nicht bestreiten, dass die Vertreter dieser Auffassung dafür gute Gründe haben. Gleichwohl halten wir an unserer Empfehlung fest, Widersprüche nach Möglichkeit zu vermeiden. Denn nur dann können Sie weitere wahre Meinungen in Ihr Überzeugungssystem einfügen.

2. Was ist formale Logik?

Die formale Logik untersucht die Bedingungen, unter denen ein Argument logisch gültig ist. Bevor wir erläutern, was unter „logisch gültig" zu verstehen ist, behandeln wir erst den grundlegenden Begriff „gültig". – Andere Wörter für „gültig" sind „schlüssig", „korrekt", „folgerichtig", „stichhaltig" und „triftig". Die meisten Logiker bevorzugen das Wort „gültig", um damit die entscheidende Eigenschaft einer bestimmten Art von Argumenten zu bezeichnen. Gültig ist ein Argument genau dann, wenn es unmöglich ist, dass die Prämissen wahr sind und die Konklusion falsch ist. Bei einem gültigen Argument ist es demnach notwendig, dass die Konklusion wahr ist, wenn die Prämissen wahr sind. So verhält es sich mit dem folgenden Argument:

1. Andrea wiegt achtzig Kilogramm.
2. Peter wiegt sechsundsiebzig Kilogramm.

---

3. Also: Andrea wiegt mehr als Peter.

Wer auch immer Andrea und Peter sind, eines ist klar: Wenn beide Prämissen wahr sind, wenn Andrea also tatsächlich 80 kg und Peter bloß 76 kg wiegt, dann *muss* die Konklusion wahr sein. Das Beispiel macht auf ein bereits genanntes Merkmal gültiger Argumente aufmerksam. In dem Beispiel liegt ein *Wahrheitstransfer* vor: Wenn die Prämissen wahr sind, überträgt sich deren Wahrheit notwendigerweise auf die Konklusion.

Damit ist nicht gesagt, dass die Prämissen logisch gültiger Argumente wirklich wahr sind. Nehmen wir einmal an, Andrea wiegt in Wirklichkeit 60 kg und Peter 90 kg. In diesem Fall sind die Angaben in den Prämissen falsch, und auch die Konklusion wäre falsch. Dennoch bleibt das Argument gültig. Weiterhin gilt nämlich: *Wenn* die Prämissen wahr wären, dann könnte die Konklusion unmöglich falsch sein, sondern müsste notwendigerweise wahr sein.[11]

Das zweite Merkmal gültiger Argumente besteht darin, dass die Prämissen und die Konklusion zueinander in einer Beziehung stehen, die wir *Folgerung*, *Folgebeziehung* oder *Implikation* nennen: Die Konklusion folgt aus den Prämissen; aus den Prämissen kann man auf die Konklusion schließen; die Prämissen implizieren die Konklusion. Diese Tatsache wird umgangssprachlich auch so ausgedrückt, dass die Konklusion durch die Prämissen begründet, gerechtfertigt, gestützt oder untermauert wird. Das liegt daran, dass die gesamte Information der Konklusion bereits in den Prämissen enthalten ist. Die obige Konklusion „Andrea wiegt mehr als Peter" enthält gegenüber den Prämissen keine zusätzliche Information. Das heißt nicht, dass gültige Argumente trivial sind. Bei komplizierten Argumenten mit mehreren Prämissen ist es alles andere als offenkundig, was daraus folgt; immer wieder gelingt es den Philosophen, ihre Leser mit der Konklusion zu überraschen.

Präziser ist es, die gültigen Argumente als *deduktiv gültige Argumente* zu bezeichnen. Davon zu unterscheiden sind *induktiv gültige Argumente*: Die Prämissen eines induktiv gültigen Arguments stützen zwar die Konklusion, diese folgt aber nicht notwendigerweise aus den Prämissen. Sollten die Prämissen wahr sein, so ist zwar

11 Die Begriffe „gültig" und „notwendigerweise wahr" hängen eng zusammen und lassen sich nach Auffassung der meisten Logiker wechselseitig definieren. Aus jedem gültigen Argument können wir nämlich eine notwendigerweise wahre Bedingungsaussage erzeugen. Dazu verknüpfen wir die einzelnen Prämissen mit dem Wort „und" und stellen sie in den Wenn-Teil der Aussage, während die Konklusion den Dann-Teil bildet. So können wir aus unserem logisch gültigen Beispiel-Argument eine *notwendigerweise wahre* Aussage gewinnen: „Wenn Andrea achtzig Kilogramm wiegt und Peter sechsundsiebzig Kilogramm wiegt, dann wiegt Andrea mehr als Peter."

wahrscheinlich auch die Konklusion wahr; es ist jedoch durchaus möglich, dass die Konklusion trotz wahrer Prämissen falsch ist. Das gilt etwa für Schlüsse von Einzelfällen auf allgemeine Behauptungen oder Gesetzmäßigkeiten oder von der Vergangenheit auf die Zukunft, so etwa in dem folgenden Argument:

1. Mein Auto fährt jetzt schon 155.000 km ohne Motorschaden.

---

2. Also: Mein Auto wird die nächsten 10.000 km ohne Motorschaden fahren.

Die Prämisse dieses Arguments mag wahr sein. Die Konklusion mag ebenfalls wahr sein. Ob es so ist, wird sich nach 10.000 Kilometern zeigen. Aus der Information über die Vergangenheit lässt sich die Prognose über die Zukunft aber nicht mit Sicherheit ableiten. Trotz wahrer Prämisse könnte sich die Konklusion als falsch erweisen.

Wenn wir hier von „gültig" sprechen, meinen wir damit stets und ausschließlich „deduktiv gültig". Das hat folgenden Grund: Die Philosophen sind darin uneinig, ob und unter welchen Bedingungen induktive Argumente gültig sind. Vermutlich könnten KFZ-Mechaniker weit besser als Logiker beurteilen, ob das oben genannte Argument induktiv gültig ist. Über die deduktiv gültigen Argumente sind sich die Logiker hingegen weitgehend einig. Zudem überwiegen in der Philosophie die deduktiv gültigen Argumente, während induktive Argumente vor allem in den empirischen Wissenschaften gebraucht werden.[12]

2.1 Logische Gültigkeit

Nachdem nun geklärt ist, dass wir „gültig" stets im Sinne von „deduktiv gültig" verstehen, haben wir einen noch wichtigeren begrifflichen Unterschied zu erläutern: Die Begriffe „gültig" und „logisch gültig" bedeuten nicht dasselbe. Ein *logisch* gültiges Argument ist in besonderer Weise gültig: Es ist allein aufgrund seiner logischen *Form* gültig.

***Logisch gültig* ist ein Argument genau dann, wenn es allein aufgrund seiner logischen Form unmöglich ist, dass die Prämissen wahr sind und die Konklusion falsch ist.**

Logisch gültige Argumente haben neben *Wahrheitstransfer* und *Folgebeziehung* ein drittes Merkmal: *formale Gültigkeit*. Logisch gültige Argumente sind allein aufgrund ihrer logischen *Form* gültig. Damit kommen wir zum Kern dieses Kapitels: Die *formale* Logik widmet sich der Frage, unter welchen Bedingungen ein Argument formal, d. h. allein aufgrund seiner logischen Form, gültig ist.

---

12 Näheres zu induktiv gültigen Argumenten finden Sie im dritten Kapitel („Induktion") von Wesley C. Salmon: *Logik*, Stuttgart 1983 und im 15. Kapitel („Analogieargumente") von Holm Tetens: *Philosophisches Argumentieren. Eine Einführung*, München 2004.

Die oben genannte Definition des Begriffs „logisch gültig“ führt zu neuen Fragen: Was versteht man unter der logischen Form eines Arguments? Wie erkennt man sie? Teil II wird darauf genauer eingehen. Hier genügen erste Hinweise: Die logische Form ist das, was von einem Argument und seinen Sätzen übrig bleibt, nachdem man von deren Inhalt abgesehen (abstrahiert) hat. Diese Abstraktion nennt man Formalisierung. In der Formalisierung richtet sich das Interesse ausschließlich auf die formalen Aspekte des jeweiligen Arguments – auf seine Struktur und die Anordnung seiner Teile. In der Formalisierung werden bestimmte Wörter und Aussagen durch Buchstaben ersetzt, wobei diese Buchstaben keine spezielle Bedeutung haben; sie dienen nur als Platzhalter. Solange wir uns mit der Aussagenlogik befassen (Teil II), ersetzen wir jede einzelne Aussage durch einen eigenen Großbuchstaben. Sobald wir die Prädikatenlogik anwenden (Teil III), gehen wir etwas detaillierter vor und ersetzen jedes Prädikat durch einen Großbuchstaben und jeden Namen durch einen Kleinbuchstaben. In den meisten Argumenten wiederholen sich bestimmte Aussagen bzw. Namen und Prädikate: In diesen Fällen müssen wir sie jeweils durch denselben Buchstaben austauschen. Voneinander verschiedene Ausdrücke werden hingegen durch verschiedene Buchstaben ersetzt.

Besonders zu beachten sind die logischen Ausdrücke:

nicht	wenn – dann	alle(s)
und	genau dann – wenn	einige(s)
oder		

Diese sieben Ausdrücke und einige weitere Wörter mit ähnlicher Bedeutung bestimmen die logische Form eines Arguments. Zu einem großen Teil hängt es von den logischen Ausdrücken ab, ob ein Argument logisch gültig ist oder nicht. Die logischen Ausdrücke werden nicht durch Buchstaben ersetzt.

Betrachten wir ein sehr einfaches Argument, das nebst Konklusion nur zwei Prämissen besitzt:

1. *Wenn* es heute Nacht schneit, *dann* ist es heute Nacht kalt.
2. Heute Nacht ist es nicht kalt.

---

3. Also: Heute Nacht schneit es nicht.

Die erste Prämisse ist zwar nur ein Satz, der jedoch zwei verschiedene Aussagen, genauer: zwei verschiedene Einzelaussagen enthält. Im vierten Kapitel erklären wir genauer, worin der Unterschied zwischen Sätzen und (Einzel-) Aussagen besteht. Vorerst sei gesagt: Jede Einzelaussage beschreibt einen Sachverhalt. Offensichtlich unterscheidet sich der Sachverhalt, dass es heute Nacht schneit, von dem Sachverhalt, dass es heute Nacht kalt ist. Entsprechend enthält die erste Prämisse zwei verschiedene Einzelaussagen, denen wir im Folgenden die Platzhalter S und K zuweisen. Wir wählen die Anfangsbuchstaben der Wörter „schneit“ bzw. „kalt“, hätten aber auch irgendwelche anderen Buchstaben verwenden können.

- S: Heute Nacht schneit es.
- K: Heute Nacht ist es kalt.

Die erste Prämisse enthält zudem den logischen Ausdruck „wenn – dann“, der die beiden Einzelaussagen miteinander verknüpft und sie zueinander in ein Bedingungsverhältnis setzt. Diesen Ausdruck lassen wir vorerst unverändert. So erhalten wir: „wenn *S*, dann *K*“. Das ist die logische Form der ersten Prämisse, genauer: deren aussagenlogische Form.

Jede Aussage hat sowohl eine aussagenlogische als auch eine prädikatenlogische Form – manche haben sogar mehrere prädikatenlogische Formen. Insofern dürfte man streng genommen nicht im Singular von *der* logischen Form sprechen. Bis zum III. Teil konzentrieren wir uns jedoch auf die aussagenlogische Form und vernachlässigen die anderen.

In der zweiten Prämisse wird die Einzelaussage „Heute Nacht ist es kalt“ mit dem logischen Ausdruck „nicht“ verneint. Da diese Einzelaussage schon an anderer Stelle des Arguments, in der ersten Prämisse, vorgekommen ist, müssen wir dafür denselben Buchstaben *K* verwenden. Die logische Form lautet „nicht K“. Ähnlich einfach ist es, die logische Form der Konklusion zu ermitteln: Verneint wird darin die Einzelaussage „Heute Nacht schneit es“. Dafür haben wir oben den Buchstaben *S* verwendet. Die logische Form lautet „nicht S“.

Die logische Form des gesamten Arguments können wir kompakt darstellen, indem wir die logischen Formen der Prämissen und der Konklusion untereinander schreiben. Die Folgerung markieren wir mit einem waagerechten Strich:

wenn S, dann K
nicht K

---

nicht S

Im 19. Jahrhundert hat man damit begonnen, die logischen Ausdrücke durch logische Operatoren zu ersetzen und dafür spezielle Symbole zu verwenden. In dieser Einführung verwenden (und benötigen) wir sieben Symbole:

nicht: ¬
und: &
oder: ∨
wenn – dann: ⊃
genau dann – wenn: ≡
alle(s): ∀
einige(s): ∃

Mit Hilfe dieser Symbole und den Aussagebuchstaben kann man die logische Form der Aussagen und Argumente symbolisch darstellen. Diese symbolische Darstellung der logischen Form ist eine *Formel*. Die formale Logik ist deshalb – ebenso wie die

Mathematik, jedoch in einem viel geringeren Umfang – eine Formalwissenschaft. Die logischen Verfahren, die wir in diesem Buch vorstellen, sind freilich vergleichsweise einfach und erfordern keine besondere mathematische Begabung.

Anstatt zu schreiben „wenn S, dann K“, können wir die logische Form der ersten Prämisse durch eine Formel symbolisch darstellen. Den logischen Ausdruck „wenn – dann“ symbolisieren wir mit dem Hufeisen-Zeichen „⊃“, das wir zwischen die beiden Platzhalter setzen: $S \supset K$. Das Symbol für „nicht“, der Haken „¬“, wird dem Buchstaben vorangestellt. So erhalten wir für die zweite Prämisse die Formel $\neg K$; die Formel der Konklusion lautet $\neg S$. Wenn wir die drei Formeln untereinander schreiben und unter den Formeln der Prämissen einen waagerechten Strich ziehen, erhalten wir die folgende Argumentformel:

$$\begin{array}{l} \mathrm{S} \supset \mathrm{K} \\ \neg \mathrm{K} \\ \hline \neg \mathrm{S} \end{array}$$

Die *Argumentformel* stellt die logische Form des Arguments symbolisch dar. Der Kürze halber nennen wir die logische Form eines Arguments *Argumentform*. Eine Argumentformel ist also eine symbolische Darstellung einer Argumentform.

Vergleicht man das ursprüngliche Argument mit der obigen Argumentformel, so ist es kaum wiederzuerkennen, weil wir im Zuge der Formalisierung vom Inhalt des Arguments abstrahiert haben. Übrig geblieben sind einige Buchstaben und Symbole, die nur noch das Skelett des Arguments darstellen. Wozu das Ganze? Nun, weil wir von den Inhalten des Arguments abgesehen haben, können wir klar erkennen, ob die Konklusion aus den Prämissen folgt.

Nachdem wir die Argumentform des Beispiel-Arguments ermittelt haben, wollen wir herausfinden, ob es logisch gültig ist. Die meisten Menschen haben ein gutes, verlässliches Gespür dafür, ob eine Überlegung logisch gültig ist. In langen und komplexen Argumenten unterlaufen jedoch auch den besten ‚intuitiven Logikern‘ Fehlschlüsse. Weil gerade die Argumente der Philosophen oft sehr komplex sind, interessieren die Philosophen sich schon seit 2500 Jahren für Logik. Die Logiker entwickeln spezielle Verfahren, mit denen sie logisch gültige Argumente erkennen. Um diese Verfahren zu verstehen, sollte man sich stets die genannte Definition logischer Gültigkeit vor Augen halten: Logisch gültig ist ein Argument genau dann, wenn es allein aufgrund seiner logischen Form unmöglich ist, dass die Prämissen wahr sind und die Konklusion falsch ist. Ein logisch gültiges Argument hat also eine besondere Argumentform: Sie macht es unmöglich, dass die Prämissen wahr sind und die Konklusion falsch ist. Insofern darf man auch die Argumentform für „logisch gültig“ halten. Solche Argumentformen sind *logische Gesetze.*

***Logisch gültig* ist eine Argumentform genau dann, wenn jedes Argument mit entsprechender Argumentform logisch gültig ist.**
Logisch gültige Argumentformen sind *logische Gesetze.*

Daraus lässt sich ein Testverfahren ableiten: Nehmen wir einmal an, wir fänden zu einer bestimmten Argumentform ein Argument mit wahren Prämissen und einer falschen Konklusion. Dieses Argument wäre ein *Gegenbeispiel*, das uns zeigt, dass die Argumentform *nicht* logisch gültig ist. Gibt es hingegen kein einziges Gegenbeispiel, so ist die Argumentform logisch gültig. Wir wollen das nun an unserem Argument durchspielen und uns fragen, ob es dazu ein Gegenbeispiel gibt: Grundsätzlich lassen sich zu jeder Argumentform unendlich viele Argumente bilden. Man tausche einfach eine oder mehrere Einzelaussagen an allen Stellen durch andere Einzelaussagen aus. Man könnte beispielsweise „Heute Nacht schneit es" jeweils durch „Deutschland und Italien sind Nachbarländer" ersetzen und „Heute Nacht ist es kalt" durch „Deutschland und Italien grenzen aneinander". So ergibt sich das folgende Argument.

1. *Wenn* Deutschland und Italien Nachbarländer sind, *dann* grenzen Deutschland und Italien aneinander.
2. Deutschland und Italien grenzen *nicht* aneinander.

---

3. Also: Deutschland und Italien sind *nicht* Nachbarländer.

Dieses Argument hat dieselbe Argumentform wie das ursprüngliche Argument:

- S: Deutschland und Italien sind Nachbarländer.
- K: Deutschland und Italien grenzen aneinander.

$S \supset K$
$\neg K$

$\neg S$

Die beiden Prämissen des neuen Arguments sind ohne Zweifel wahr und die Konklusion ebenfalls. Damit ist allerdings noch nicht bewiesen, dass das Argument logisch gültig ist, weil sich ja unendlich viele andere Argumente mit derselben Argumentform bilden lassen. Sollte es da nicht möglich sein, wenigstens ein Gegenbeispiel mit wahren Prämissen und falscher Konklusion zu finden? Die Antwort lautet: Nein, selbst nach langem Suchen werden Sie keines finden. Die Argumentform ist daher logisch gültig. Da die Argumentform logisch gültig ist, ist ebenso jedes entsprechende Argument logisch gültig.

Auf der vergeblichen Suche nach einem Gegenbeispiel finden sie höchstens Argumente mit falscher Konklusion, in denen aber, wie im folgenden Beispiel, stets auch mindestens eine Prämisse falsch ist:

1. *Wenn* Washington die Hauptstadt der USA ist, *dann* liegt die Hauptstadt der USA in Nordamerika.
2. Die Hauptstadt der USA liegt *nicht* in Nordamerika.

---

3. Also: Washington ist *nicht* die Hauptstadt der USA.

Dieses Argument ist logisch gültig. Wären *alle* Prämissen wahr, träfe dies aufgrund der logischen Form notwendigerweise auch auf die Konklusion zu. In unserem Beispiel ist jedoch die zweite Prämisse falsch. So ist es möglich, dass die Konklusion falsch ist. Daran wird noch etwas anderes deutlich: Nicht alle logisch gültigen Argumente sind gute, überzeugende Argumente. Wer ein wenig Ahnung von Geographie hat, lehnt neben der zweiten Prämisse auch die Konklusion ab.

Obwohl es unendlich viele logisch gültige Argumentformen bzw. logische Gesetzte gibt, argumentieren wir Menschen meist nach bestimmten wiederkehrenden Mustern. Daher lassen sich einige Argumentformen relativ häufig nachweisen. Das gilt auch für die Argumentform unserer drei Argumente, die als *Modus tollens* bekannt ist. Der Ausdruck setzt sich aus den lateinischen Wörtern *modus* (Art und Weise) und *tollere* (aufheben) zusammen und bedeutet „aufhebende Schlussfigur".

Das Merkmal der formalen Gültigkeit lässt sich auch in anderer Weise herausarbeiten: Ob ein Argument *logisch gültig* ist, hängt allein von der Bedeutung der darin vorkommenden logischen Ausdrücke und der Anordnung ihrer Einzelaussagen ab. Um dies zu erkennen, genügt es manchmal, nur diese Schlüsselwörter zu beachten – so bei dem folgenden Argument:

1. Я хожу в Ханама-Бэй плавать **или** читаю „Анну Каренину".
2. Я **не** хожу в Ханама-Бэй плавать.

---

3. Я читаю „Анну Каренину".

In der ersten Prämisse ist das Wort „или" zu beachten, das soviel wie das deutsche Wort „oder" bedeutet. Dieser Ausdruck verknüpft zwei Einzelaussagen miteinander:

- A: Я хожу в Ханама-Бэй плавать.
- B: Я читаю „Анну Каренину".

Die erste Prämisse hat die logische Form „A oder B". In der zweiten Prämisse kommt ein anderer logischer Ausdruck vor: „не" steht im Russischen für die Verneinung „nicht". Offenkundig wird die aus der ersten Prämisse bekannte Einzelaussage *A* durch „не" verneint; die logische Form lautet „nicht *A*". In der Konklusion wird Einzelaussage *B* wiederholt; logische Ausdrücke kommen darin nicht mehr vor. Unser russisches Argument hat also die folgende Argumentform:

A oder B
nicht A

B

Diese Argumentform findet sich in vielen Argumenten, sowohl in wissenschaftlichen Texten als auch im Alltag. Da sie so wichtig ist, hat sie eine eigene Bezeichnung: *Disjunktiver Syllogismus.* Bei dieser Argumentform ist es wiederum unmöglich, ein Argument mit wahren Prämissen und falscher Konklusion zu finden. Beweisen können wir diese Behauptung erst später. Sie lässt sich jedoch intuitiv gut begründen: Die erste Prämisse behauptet, dass der eine oder der andere Sachverhalt besteht. Die zweite Prämisse bestreitet, dass der eine Sachverhalt besteht. Wenn beide Prämissen wahr sind, dann muss notwendigerweise der andere Sachverhalt bestehen.[13]

Betrachten wir ein zweites Argument:

1. Андреа весит семьдесят килограм.
2. Пётр весит шестьдесят восемь килограм.

---

3. Андреа весит больше чем Пётр.

In diesem Argument kommen überhaupt keine logischen Ausdrücke vor. Wenn wir das Argument aus dem Russischen ins Deutsche übersetzen, werden Sie jedoch erkennen, dass es gültig ist:

1. Andrea wiegt siebzig Kilogramm.
2. Peter wiegt achtundsechzig Kilogramm.

---

3. Also: Andrea wiegt mehr als Peter.

Auch dieses Argument weist die Ihnen bereits bekannten Merkmale des Wahrheitstransfers und der Folgebeziehung auf: Falls die Prämissen wahr sind, überträgt sich deren Wahrheit notwendigerweise auf die Konklusion, und die Konklusion folgt aus den Prämissen. Um das zu erkennen, braucht man allerdings Sprachkompetenzen, die über die Kenntnis der logischen Ausdrücke hinausgehen, so etwa das Wissen davon, was die Zahlwörter „siebzig" und „achtundsechzig" und das Adverb „mehr" bedeuten. Deshalb fehlt diesem Argument das dritte Merkmal logisch gültiger Argumente: formale Gültigkeit. Das Argument ist nicht allein aufgrund seiner logischen Form gültig. Es ist zwar gültig, nicht aber logisch gültig.

Jedes gültige Argument lässt sich allerdings leicht in ein logisch gültiges Argument verwandeln. Man muss nur eine weitere Prämisse hinzufügen, in der behauptet wird: Wenn die anderen Prämissen wahr sind, dann ist die Konklusion wahr.

---

13 Hier ist die deutsche Übersetzung unseres russischen Arguments:

1. Ich gehe in Hanama-Bay schwimmen, oder ich lese „Anna Karenina".
2. Ich gehe *nicht* in Hanama-Bay schwimmen.

---

3. Ich lese „Anna Karenina".

Aus logisch gültigen Argumenten können wir notwendigerweise wahre Bedingungsaussagen bilden, indem wir die mit dem Wort „und" verknüpften Prämissen in den Wenn-Teil stellen und die Konklusion in den Dann-Teil: „Wenn ich in Hanama-Bay schwimmen gehe oder ‚Anna Karenina' lese und ich nicht in Hanama-Bay schwimmen gehe, dann lese ich ‚Anna Karenina'." Diese lange Aussage ist nicht nur notwendigerweise wahr, sondern auch *logisch wahr*: Sie ist allein aufgrund der Bedeutung der darin vorkommenden logischen Ausdrücke (*wenn – dann*, *oder*, *und*, *nicht*) und der Anordnung ihrer Einzelaussagen wahr. Aus didaktischen Gründen steht in diesem Buch der Ausdruck „logisch gültig" im Vordergrund. Im nächsten Kapitel kommen wir aber auf die logische Wahrheit genauer zu sprechen.

1. Andrea wiegt siebzig Kilogramm.
2. Peter wiegt achtundsechzig Kilogramm.
3. Wenn Andrea siebzig Kilogramm wiegt und Peter achtundsechzig Kilogramm wiegt, dann wiegt Andrea mehr als Peter.

---

4. Also: Andrea wiegt mehr als Peter.

Das neue Argument mit seinen drei Prämissen ist nicht nur gültig, sondern auch logisch gültig. Seine Argumentform lautet:

A
B
wenn A und B, dann C

C

Diese Argumentform ist eine Variante des so genannten *Modus ponens*. Die Bezeichnung leitet sich von den lateinischen Wörtern *modus* (Art und Weise) und *ponere* (setzen) ab und bedeutet so viel wie „setzende Schlussfigur". Künftig werden wir den Modus ponens in seiner einfachen Gestalt anwenden, in der er sich auf zwei Prämissen bezieht:

wenn A, dann B
A

B

2.2 Gegenbeispiele

Durch die Suche nach einem Gegenbeispiel lässt sich überprüfen, ob eine Argumentform logisch gültig ist. Ein Gegenbeispiel ist ein Argument mit wahren Prämissen und *falscher* Konklusion. Zu einer logisch gültigen Argumentform kann es unmöglich ein Gegenbeispiel geben. Sollten Sie ein Gegenbeispiel zu einer Argumentform finden, so ist sie nicht logisch gültig.

Was gilt für die Argumentform des folgenden Arguments?

1. *Wenn* Gott die Welt erschaffen hat, *dann* weisen die natürlichen Abläufe eine gesetzmäßige Ordnung auf.
2. Die natürlichen Abläufe weisen eine gesetzmäßige Ordnung auf.

---

3. Also: Gott hat die Welt erschaffen.[14]

- G: Gott hat die Welt erschaffen.
- O: Die natürlichen Abläufe weisen eine gesetzmäßige Ordnung auf.

---

14 Das Beispiel stammt von Jay Rosenberg: *Philosophieren. Ein Handbuch für Anfänger*, Frankfurt/M. 2006, S. 38.

wenn G, dann O
O

G

Freilich streiten sich die Philosophen darüber, ob die Prämissen wahr oder falsch sind. Deshalb ersetzen wir die Einzelaussagen durch andere Einzelaussagen – mit dem Ziel, ein Gegenbeispiel mit offenkundig wahren Prämissen und falscher Konklusion zu bilden. Tatsächlich lassen sich hier Gegenbeispiele bilden. Am einfachsten ist es, Aussagen mit Zahlenangaben zu verwenden, z. B. Gewichts-, Größen- oder Altersangaben. So könnten wir die Einzelaussage „Gott hat die Welt erschaffen" etwa durch die Aussage „Der Bundespräsident wiegt mehr als 1.500 kg" ersetzen. Und anstelle von „Die natürlichen Abläufe weisen eine gesetzmäßige Ordnung auf" schreiben wir „Der Bundespräsident wiegt mehr als 30 kg":

1. *Wenn* der Bundespräsident mehr als 1.500 kg wiegt, *dann* wiegt er mehr als 30 kg.
2. Der Bundespräsident wiegt mehr als 30 kg.

---

3. Also: Der Bundespräsident wiegt mehr als 1.500 kg.

Die Prämissen des Gegenbeispiels sind ohne Zweifel wahr, die Konklusion hingegen ist falsch. Bei einem logisch gültigen Argument wäre das unmöglich. Die oben genannte Argumentform ist logisch nicht gültig. Das Argument ist ein Fehlschluss, und zwar ein *Fehlschluss der Bejahung des Konsequens*. Der heißt so, weil eine Prämisse den Dann-Teil, das sogenannte Konsequens, der anderen Prämisse verneint. Zu vermeiden ist auch der *Fehlschluss der Verneinung des Antezedens*, bei dem der Wenn-Teil, das Antezedens, verneint wird:

1. *Wenn* die Bundeskanzlerin Wahlversprechen bricht, *dann* wird sie bei der nächsten Bundestagswahl abgewählt.
2. Die Bundeskanzlerin bricht Wahlversprechen *nicht*.

---

3. Also: Die Bundeskanzlerin wird bei der nächsten Bundestagswahl *nicht* abgewählt.

- A: Die Bundeskanzlerin bricht Wahlversprechen
- B: Die Bundeskanzlerin wird bei der nächsten Bundestagswahl abgewählt.

wenn A, dann B
nicht A

---

nicht B

Ein Gegenbeispiel mit wahren Prämissen und falscher Konklusion ist wiederum leicht zu finden. Dieses Mal arbeiten wir mit Altersangaben:

1. *Wenn* die Bundeskanzlerin 115 Jahre alt ist, *dann* ist sie schon volljährig.
2. Die Bundeskanzlerin ist *nicht* 115 Jahre alt.

---

3. Also: Die Bundeskanzlerin ist *nicht* volljährig.

sseren Übersicht fassen wir in der folgenden Tabelle die bisher erläuterten logischen Gesetze und Fehlschlüsse zusammen:

Logisch gültige Argumentformen (= logische Gesetze)	Fehlschlüsse
Modus ponens: wenn A, dann B A ―――――― B Modus tollens: wenn A, dann B nicht B ―――――― nicht A Disjunktiver Syllogismus: A oder B nicht A ―――――― B	Fehlschluss der Bejahung des Konsequens: wenn A, dann B B ―――――― A Fehlschluss der Verneinung des Antezedens: wenn A, dann B nicht A ―――――― nicht B

Die Methode der Gegenbeispiele hat einen entscheidenden Nachteil: Praktikabel ist sie nur bei kurzen, einfachen Argumenten. Bei längeren und komplexen Argumentformen bräuchte man schon einige Phantasie, um dazu ein Argument mit wahren Prämissen und falscher Konklusion zu finden. Damit hängt ein weiterer Nachteil zusammen: Solange man kein Gegenbeispiel gefunden hat, kann man nicht sicher sein, ob das Argument logisch gültig ist. Es ist nicht ausgeschlossen, dass sich nach längerem Nachdenken doch noch ein Gegenbeispiel einfindet. Die Methode der Gegenbeispiele liefert keinen endgültigen Beweis dafür, dass eine Argumentform logisch gültig ist.

Die Logiker haben deshalb Prüfverfahren (oft auch „Entscheidungsverfahren" genannt) entwickelt, die einen sicheren Beweis der logischen Gültigkeit gewähren. Sie folgen bestimmten Regeln, die Sie mit etwas Übung fast mechanisch anwenden können. In Teil III werden wir drei Prüfverfahren vorstellen: die Wahrheitstafeln, den Kalkül des natürlichen Schließens und den Baumkalkül. Jedes hat gewisse Stärken und Schwächen, doch in jedem Falle sind sie effektiver als die Suche nach einem Gegenbeispiel. Zuvor behandeln wir zwei spezielle Fehlschlüsse, den Sein-Sollen-Fehlschluss und den intensionalen Fehlschluss.

2.3 Sein-Sollen-Fehlschluss

Der *Sein-Sollen-Fehlschluss* ist der Schluss von Tatsachen auf eine normative Konklusion, d.h. eine Konklusion, die ein (moralisches oder auch politisches oder religiöses) Gebot bzw. Verbot ausdrückt. Ein solcher Schluss hat folgende elementare Form:

1. Ein beliebiger Sachverhalt P ist der Fall.

---

2. Also: Man (eine bestimmte Anzahl von Personen, oft auch jede Person) soll die Handlung H ausführen bzw. unterlassen.

Argumente dieser Form, die zum Teil auch mehrere Prämissen haben, sind logisch ungültig, und zwar deshalb, weil die Prämisse des Arguments eine deskriptive Aussage, die Konklusion hingegen eine normative Aussage ist. Deshalb ist die Information der Konklusion in der Prämisse (bzw. den Prämissen) nicht vollständig enthalten. Ein Argument der oben genannten Form ist ein Sein-Sollen-Fehlschluss, der oft auch als „naturalistischer Fehlschluss" bezeichnet wird. Es ist ganz einfach logisch unmöglich, von einem Sein – der Beschaffenheit der Welt – auf ein Sollen zu schließen.[15] Argumente, in denen Tatsachenbehauptungen mit Forderungen (einem Sollen) verknüpft werden, lassen sich jedoch in logisch gültige Argumente verwandeln, wenn man hinreichend informative normative Prämissen einfügt. Man kann die Verknüpfung einer Tatsachenbehauptung mit einer Forderung (einem Sollen) auch mit einer Wenn-dann-Aussage ausdrücken: „Wenn P der Fall ist, soll man H ausführen bzw. unterlassen." Ein Beispiel:

1. Wenn A ein Mensch ist, dann soll man A nicht verletzen, berauben oder töten.
2. A ist ein Mensch.

---

3. Also: Man soll A nicht verletzen, berauben oder töten.

Betrachten wir folgendes Argument aus der Debatte um Studiengebühren:

1. Die Einführung der Studiengebühren bringt für die Studierenden Vorteile wie ein vergrößertes Angebot an Lehrveranstaltungen usw.

---

2. Also: Studiengebühren sollten an jeder Universität eingeführt werden.

Das Argument unterliegt einem Sein-Sollen-Fehlschluss, der in politischen Diskussionen verblüffend oft vorkommt. Häufig begründen Politiker ihre Forderungen damit, dass sie die Vorteile einer Maßnahme aufzählen. Etwas voreilig schließen sie dann oft auf die Forderung, die entsprechende Maßnahme sollte umgesetzt werden. Zwar ist es eine unbestreitbare Tatsache, dass die Studiengebühren für die Studier-

15 Logiker haben allerdings eine besondere Art der Logik, die so genannte deontische Logik (bzw. verschiedene deontische Logiken) entwickelt, um normative Annahmen und deren Verknüpfungen logisch bewerten zu können. Vgl. dazu Franz v. Kutschera: *Einführung in die Logik der Normen, Werte und Entscheidungen*, Freiburg 1973.

enden Vorteile bringen. Daraus folgt – aus logischer Sicht – indessen keineswegs, dass Studiengebühren eingeführt werden sollten. Ebenso wenig folgt aus der Tatsache, dass die Studiengebühren Nachteile haben und einige Studierende in beträchtliche finanzielle Schwierigkeiten bringen, dass Studiengebühren verhindert werden sollten.

Aus Tatsachenbehauptungen allein folgt – aus logischer Sicht – überhaupt nichts, was Gegenstand einer Forderung, d. h. einer Aussage über ein Sollen ist. Um dem Sein-Sollen-Fehlschluss zu entgehen, benötigt ein Argument zugunsten einer Forderung (eines Sollens) mindestens eine *normative* Prämisse, also eine Prämisse mit einem normativen Gehalt (einer normativen Information). Dem genannten Beispiel könnten wir eine Prämisse hinzufügen, die einen inhaltlichen Zusammenhang zwischen den Vorteilen der Studiengebühren und der Forderung nach deren Einführung herstellt. Das gelänge durch eine entsprechende Wenn-dann-Aussage, etwa so:

1. Die Einführung der Studiengebühren bringt für die Studierenden Vorteile wie etwa ein größeres Angebot an Lehrveranstaltungen etc.
2. Wenn die Einführung der Studiengebühren für die Studierenden Vorteile wie etwa ein größeres Angebot an Lehrveranstaltungen etc. bringt, dann *sollten* Studiengebühren an jeder Universität eingeführt werden.

---

3. Also: Studiengebühren sollten an jeder Universität eingeführt werden.

Der Sein-Sollen-Fehlschluss ist nun vermieden, da die zweite Prämisse eine Forderung enthält und deshalb einen normativen Gehalt hat. Allerdings haben wir das Argument damit nur in formaler Hinsicht ‚gerettet' – die zweite Prämisse ist inhaltlich umstritten. Sie wäre ihrerseits mit einem Unterargument zu begründen, das etwa zu zeigen hätte, dass die Vorteile der Studiengebühren deren Nachteile überwiegen und die Studiengebühren keine Menschenrechte wie das Recht auf Bildung verletzen.

Einige Philosophen behaupten, dass Normen, d. h. Gebote und Verbote, grundsätzlich weder wahr noch falsch sein könnten. Deren Funktion sei es, Gefühle oder Einstellungen auszudrücken, nicht aber, Sachverhalte wahrheitsgemäß zu beschreiben. Dagegen spricht allerdings die Tatsache, dass Personen Normen und Forderungen nun einmal begründen. Normen und Forderungen sind *soziale Tatsachen*; sie sind Tatsachen, die von Personen dadurch geschaffen werden, dass sie gemeinsam bestimmte Normen und Forderungen *anerkennen* (und sie befolgen). Wenn die Mitglieder einer moralischen und rechtlichen Gemeinschaft die Forderung „Du sollst nicht töten" anerkennen, dann ist es innerhalb dieser Gemeinschaft eine Tatsache, dass niemand jemanden töten soll. Auf der Grundlage dieser gemeinsamen Überzeugungen kann man Normen ebenso begründen wie Aussagen über deskriptive Sachverhalte. Man könnte auch sagen: Normen sind Tatsachen im Raum der sozialen Gründe.[16]

---

16 Zur Begründung von Aussagen in der Ethik vgl. Michael Quante: *Einführung in die Allgemeine Ethik*, Darmstadt 2003, insbesondere Kap. IX, S. 143–162.

Auch normative Argumente können logisch gültig sein. Logische Gültigkeit verlangt ja nicht, dass die Prämissen wahr sind. Entscheidend ist allein die logische Form: Logisch gültig ist ein Argument genau dann, wenn es *aufgrund seiner logischen Form* unmöglich ist, dass die Prämissen wahr sind und die Konklusion falsch ist. Die letzte Fassung des Arguments für die Einführung der Studiengebühren hat die logische Form des Modus ponens und ist deshalb logisch gültig. Die Frage, ob die Prämissen eines Arguments wahr sind, spielt für die logische Gültigkeit eines Arguments keine Rolle.

2.4 Intensionaler Fehlschluss

In Logik und Sprachphilosophie unterscheidet man zwischen der Extension und der Intension sprachlicher Ausdrücke. Die Extension ist das, was durch den sprachlichen Ausdruck bezeichnet wird. „Die Intension ist das, was man versteht, wenn man weiß, was ein Ausdruck in einer Sprache bedeutet.“[17] Die Extension eines singulären Terminus (eines Namens) ist der Einzelgegenstand (oder auch ein bestimmtes Ereignis), auf den man sich mit einem Namen bezieht. So ist die Extension von „Barack Obama“ die so benannte Person. Die Intension eines Namens ist die Kennzeichnung (definite Beschreibung) des jeweils benannten Gegenstands, so etwa: der 44. Präsident der Vereinigten Staaten von Amerika. Die Extension eines generellen Terminus (eines Prädikats) ist die Gesamtheit der Gegenstände, denen man eine bestimmte Eigenschaft oder Beziehung zu- oder abspricht. So ist die Extension von „Quadrat“ die Menge aller Quadrate. Die Intension eines generellen Terminus (Prädikats) ist dessen Erläuterung bzw. explizite Definition, so etwa: ebenes Viereck mit vier gleichen Seiten und vier rechten Winkeln. (Namen, Kennzeichnungen und Prädikate werden wir im Kapitel 8, „Prädikatenlogische Formalisierung“, noch genauer erläutern.)

Die Extension eines Satzes ist nach Gottlob Frege dessen *Wahrheitswert* (*wahr* oder *falsch*). Nach einer neueren Auffassung ist die Extension des Satzes der damit beschriebene *Sachverhalt*. Die Intension eines Satzes ist der *Informationsgehalt*, d.h. die Aussage bzw. der Sinn oder Inhalt eines Satzes. So ist die Intension des Satzes „Alle Menschen sind sterblich“ die Aussage, dass alle Menschen sterblich sind. Die Unterscheidung der Extension und Intension sprachlicher Ausdrücke ist für die Analyse von Argumenten deshalb wichtig, weil es möglich ist, dass zwei sprachliche Ausdrücke zwar dieselbe Extension, aber einen unterschiedlichen Informationsgehalt, also nicht auch dieselbe Intension haben.

17 Wolfgang Detel: *Grundkurs Philosophie*. Band 1. Logik, Stuttgart 2007, S. 41. Der Sache nach geht diese Unterscheidung auf Gottlob Frege zurück, der „Sinn“ und „Bedeutung“ sprachlicher Ausdrücke unterscheidet: Gottlob Frege: „Über Sinn und Bedeutung“, in: ders.: *Funktion, Begriff, Bedeutung. Fünf logische Studien*, hrsg. v. Günther Patzig, Göttingen 2008, S. 47–60. Frege nennt das Bezeichnete die „Bedeutung“ des Zeichens, unter dem „Sinn“ des Zeichens versteht er „die Art des Gegebenseins des Bezeichneten“.

In der Logik werden extensionale und intensionale *Kontexte* unterschieden. Wenn man in Sätzen/Aussagen zwei extensional gleiche, d. h. umfangsgleiche sprachliche Ausdrücke füreinander einsetzt und sich der Wahrheitswert der Sätze dadurch *nicht ändern* kann, dann besteht ein extensionaler Kontext. Der Gebrauch sprachlicher Ausdrücke, die sich auf mentale Vorgänge beziehen, so etwa der Gebrauch der Verben „wissen“, „meinen“, „sagen“, „wünschen“, „wollen“, der Gebrauch normativer Wörter wie „wollen“ und „müssen“ und auch der Gebrauch der Modalwörter „notwendig“ und „möglich“ erzeugt hingegen einen intensionalen Kontext. Ein intensionaler Kontext besteht genau dann, wenn man in einem Satz extensional gleiche Ausdrücke füreinander einsetzt und sich der Wahrheitswert des Satzes dadurch *ändern* kann. Wenn man nun eine Konklusion aus bestimmten Prämissen ableitet und in (mindestens) einer der Prämissen, die gemeinsam einen intensionalen Kontext bilden, zwei zwar extensional, aber nicht intensional gleiche sprachliche Ausdrücke füreinander einsetzt, dann begeht man einen intensionalen Fehlschluss.

Ein Muster für einen intensionalen Fehlschluss ist ein Argument mit der folgenden Form:

1. Person A weiß, dass ein bestimmter Sachverhalt P besteht.
2. Wenn Sachverhalt P besteht, dann besteht auch der Sachverhalt Q.

---

3. Also weiß Person A, dass der Sachverhalt Q besteht.

Ein Beispiel:

1. Anna weiß, dass Albert Einstein die allgemeine und spezielle Relativitätstheorie entwickelt hat.
2. Albert Einstein hat den Sommer im Jahre 1929 in seinem Ferienhaus in Caputh verbracht. (Mit anderen Worten: Wenn Albert Einstein die Person ist, welche die allgemeine und spezielle Relativitätstheorie entwickelt hat, dann ist sie die Person, die den Sommer 1929 in ihrem Ferienhaus in Caputh verbracht hat.)

---

3. Also weiß Anna, dass Albert Einstein den Sommer 1929 in seinem Ferienhaus in Caputh verbracht hat.

Dieses Argument ist logisch nicht gültig, weil es durchaus möglich ist, dass Anna zwar weiß, dass die erste Annahme wahr ist, aber nicht weiß, dass die zweite Annahme ebenfalls wahr ist. Auch intensionale Fehlschlüsse beruhen auf Argumenten, die nicht allein aufgrund ihrer logischen Form gültig sind. Bei der Rekonstruktion von Argumenten sollten Sie folgende Fehlerquelle beachten: Wenn Sie verschiedene Annahmen so miteinander verknüpfen, dass sie ein logisch gültiges Argument bilden, so dürfen Sie die sprachlichen Ausdrücke, die in diesen Annahmen vorkommen, nur *salva veritate*, d. h. so füreinander einsetzen, dass sich der Wahrheitswert der Annahmen *nicht* ändern kann.[18]

---

18 Eine lesenswerte Erläuterung der logischen und sprachphilosophischen Aspekte intensionaler Kontexte finden Sie in: L. T. F. Gamut: *Logic, Language, and Meaning*, Vol 2: *Intensional Logic and Logical Grammar*, Chicago 1991, S. 1–15.

Übungen

1. Unter welchen Umständen ist es möglich, dass die Konklusion eines logisch gültigen Arguments falsch ist? Illustrieren Sie Ihre Antwort bitte durch ein logisch gültiges Argument mit falscher Konklusion!
2. Ist es möglich, dass die Prämissen eines logisch gültigen Arguments falsch sind und die Konklusion wahr ist? Versuchen Sie, ein logisch gültiges Argument mit mindestens einer falschen Prämisse und wahrer Konklusion zu bilden!
3. Zeigen Sie anhand eines neuen Gegenbeispiels mit eindeutig wahren Prämissen und falscher Konklusion, dass das folgende Argument nicht logisch gültig ist!

1. Wenn Josef bekifft ist, dann kann er sich nicht konzentrieren.
2. Josef ist nicht bekifft.

---

3. Also: Josef kann sich konzentrieren.

Teil II: Aussagenlogik

Die Logik gliedert sich in zwei große Bereiche: Aussagenlogik und Prädikatenlogik. Der Unterschied liegt in der Genauigkeit der Analyse von Argumenten. Die Aussagenlogik setzt bei den einzelnen Aussagen an, während die Prädikatenlogik auch die innere Struktur der Aussagen erfasst. Die Verfahren der Aussagenlogik sind vergleichsweise grobe Instrumente, die jedoch bei vielen Argumenten umso effizienter sind. Die Prädikatenlogik baut zu großen Teilen auf der Aussagenlogik auf und bietet darüber hinaus feinere Instrumente. Daher stellt Teil II die Aussagenlogik vor, ehe sich Teil III der Prädikatenlogik zuwendet.

Ihre Effizienz verdankt die Aussagenlogik einer künstlichen Sprache, der aussagenlogischen Sprache, in der sich die aussagenlogische Form von Aussagen und Argumenten darstellen lässt. Im zweiten Kapitel wurde bereits skizziert, wie man im Zuge der *aussagenlogischen Formalisierung* die aussagenlogische Form ermittelt und diese in der aussagenlogischen Sprache darstellt: Jede Einzelaussage wird durch einen beliebigen Großbuchstaben ersetzt, der als Platzhalter dient. Diese Großbuchstaben nennen wir „Aussagebuchstaben".[1] Wiederholt sich eine Aussage, so ist dafür der gleiche Buchstabe zu verwenden, für verschiedene Aussagen nehme man verschiedene Buchstaben. Die logischen Ausdrücke werden durch *logische Operatoren* ersetzt, für die es spezielle Symbole gibt. In der klassischen Aussagenlogik beschränkt man sich üblicherweise auf fünf logische Operatoren:

---

1 Manche Logiker verwenden statt Großbuchstaben lieber Kleinbuchstaben – das ist Geschmackssache. Auch die Bezeichnungen sind nicht einheitlich. Was wir hier als „Aussagebuchstaben" bezeichnen, nennen andere Logiker „(Aussage-) Variablen" – ein Ausdruck, der ein wenig überraschend ist. Schon Gottlob Frege hat sich gewundert, weshalb seine englischsprachigen Anhänger diese Buchstaben als „variables" bezeichneten (vgl. die Anmerkungen Freges zu Philip E. B. Jourdain, in: Gottlob Frege: *Kleine Schriften*, Hildesheim / Zürich / New York 1967, S. 334). Dennoch haben viele deutschsprachige Logiker den Ausdruck „(Aussage-) Variable" übernommen, während die englischsprachigen Logiker zu Freges Terminologie zurückgekehrt sind und von „sentence letter" sprechen. Einige Logiker unterscheiden zwischen Aussagevariablen und Aussagekonstanten, denen sie unterschiedliche Buchstabentypen zuweisen (z. B. Großbuchstaben für Aussagekonstanten und Kleinbuchstaben für Aussagevariablen). Eine Aussagekonstante ist ein Buchstabe, der für eine bestimmte Aussage eingesetzt wird, während eine Aussagevariable für jede beliebige Aussage stehen kann. Wir erwähnen diese Unterscheidung hier, weil sie in vielen Logik-Büchern auftaucht.

logischer Operator	Symbol	logischer Ausdruck
Negation	¬	nicht
Konjunktion	&	und
Disjunktion	∨	oder
Konditional	⊃	wenn – dann
Bikonditional	≡	genau dann – wenn

Leider konnten sich die Logiker bisher nicht auf eine einheitliche Terminologie einigen. Die logischen Operatoren heißen manchmal „logische Konstanten" oder „logische Junktoren". Als Symbol für die Negation verwenden einige Logiker die Tilde „~" oder einen Strich „-". Die Konjunktion wird häufig durch das Zeichen „∧" symbolisiert, in seltenen Fällen durch einen Punkt. Das Konditional wird auch als „Subjunktion" oder „materiale Implikation" bezeichnet und durch den Pfeil „→" symbolisiert. Das Bikonditional heißt auch „Bisubjunktion" oder „materiale Äquivalenz"; ein alternatives Symbol ist der Doppelpfeil „↔". Die Disjunktion wird gelegentlich „Adjunktion" genannt. Ihr Symbol „∨" hat sich allgemein durchgesetzt; es ist angelehnt an den ersten Buchstaben des lateinischen Wortes *vel*: oder.

Das Ergebnis der aussagenlogischen Formalisierung ist eine *aussagenlogische Formel*, welche die aussagenlogische Form symbolisch darstellt. Aussagenlogische Formeln sind Ausdrücke der aussagenlogischen Sprache, für die es einige Formationsregeln zu beachten gilt. Formationsregeln sind grammatische Regeln, die jedoch im Vergleich zu den Grammatikregeln der deutschen Sprache viel einfacher sind. Sie legen fest, was eine aussagenlogische Formel ist:

1. Jeder Aussagebuchstabe ist eine aussagenlogische Formel.
2. Wenn α und β aussagenlogische Formeln sind, so sind auch $(\alpha \,\&\, \beta)$, $(\alpha \vee \beta)$, $(\alpha \supset \beta)$ und $(\alpha \equiv \beta)$ aussagenlogische Formeln.
3. Wenn α eine aussagenlogische Formel ist, so ist auch $\neg\alpha$ eine aussagenlogische Formel.

Gemäß der ersten Regel ist beispielsweise der Großbuchstabe *B* nicht nur ein Aussagebuchstabe, sondern zugleich eine aussagenlogische Formel.

In der zweiten und dritten Regel sind die griechischen Buchstaben α und β Platzhalter für beliebige aussagenlogische Formeln. Die zweite Regel besagt: Aus zwei beliebigen aussagenlogischen Formeln lässt sich eine neue aussagenlogische Formel bilden, indem die beiden Formeln durch die Symbole „&", „∨", „⊃" oder „≡" verknüpft werden; zudem ist um das Ganze eine Klammer zu setzen. So können wir beispielsweise aus den zwei aussagenlogischen Formeln *A* sowie *B* die neue aussagenlogische Formel $(A \vee B)$ bilden.

Die aussagenlogische Formel $(A \vee B)$ enthält die beiden Aussagebuchstaben *A* sowie *B*, die aufgrund der ersten Regel selbst wiederum aussagenlogische Formeln sind. Diese aussagenlogischen Formeln, die Teil einer längeren Formel sind, nennen wir *Teilformeln*. Die linke Teilformel ist das Vorderglied, die rechte Teilformel das Hinterglied. Demnach kommen in der aussagenlogischen Formel *(C & (A ⊃ B))* das Vorderglied *C* und das Hinterglied *(A ⊃ B)* vor, wobei die Teilformel *(A ⊃ B)* wiederum die beiden Teilformeln *A* und *B* enthält.

Die dritte Regel besagt: Aus jeder beliebigen aussagenlogischen Formel lässt sich eine neue aussagenlogische Formel bilden, indem man der Formel eine Negation voranstellt. So können wir aus der aussagenlogischen Formel *A* die neue aussagenlogische Formel ¬*A* bilden und daraus wiederum ¬¬*A* usw. Ebenso ließe sich aus der aussagenlogischen Formel *(C & (A ⊃ B))* die aussagenlogische Formel ¬*(C & (A ⊃ B))* gewinnen.

Aus den drei Formationsregeln lassen sich zwei Verbote ableiten:

a) Zwei Aussagebuchstaben dürfen nicht unmittelbar aufeinander folgen. Deshalb wäre z.B. *(A B ⊃ C)* keine aussagenlogische Formel.

b) Die Symbole „&", „∨", „⊃" und „≡" dürfen nicht unmittelbar aufeinander folgen. So ist die Zeichenfolge *(A ⊃ & B)* keine aussagenlogische Formel. Erlaubt ist hingegen eine Formel wie *(A ⊃ ¬B)*, die aus dem Vorderglied *A* und dem Hinterglied ¬*B* zusammengesetzt ist.

Die Klammern spielen eine wichtige Rolle. Die zweite Regel verlangt eine Klammer je Konjunktion, Disjunktion, Konditional oder Bikonditional. d.h. die Zahl der geöffneten und geschlossenen Klammern muss mit der Zahl der Symbole „&", „∨", „⊃" und „≡" exakt übereinstimmen. So fehlt z.B. der Zeichenfolge *(A ⊃ (B & C) ∨ D)* eine Klammer. Aussagenlogische Formeln sind hingegen *((A ⊃ (B & C)) ∨ D)* sowie *(A ⊃ ((B & C) ∨ D))*.

Um bei längeren Formeln nicht den Überblick zu verlieren, sind bezüglich der zweiten Regel zwei Ausnahmen gestattet:

4. Wenn eine aussagenlogische Formel nicht wiederum Teilformel einer längeren aussagenlogischen Formel ist, so kann die Außenklammer wegfallen.
5. Anstelle einer runden Klammer können eckige Klammern verwendet werden.

Die aussagenlogische Formel *(A ⊃ ((B & C) ∨ D))* darf vereinfacht werden zu *A ⊃ ((B & C) ∨ D)*. Künftig werden wir die Außenklammer normalerweise weglassen. Noch übersichtlicher wird die Formel, wenn neben einer runden Klammer eine eckige Klammer verwendet wird: *A ⊃ [(B & C) ∨ D]*.

Auf die Klammern müssen Sie besonders achten, wenn Sie deutsche Sätze mit drei oder mehr Einzelaussagen formalisieren wollen. Häufig geben die Kommata einen Hinweis darauf, wo die Klammern zu setzen sind. Vergleichen Sie die beiden Sätze:

(1) Der Attentäter würgt oder bedroht seine Opfer, und er raubt sie aus.
(2) Der Attentäter würgt seine Opfer, oder er bedroht sie und raubt sie aus.

- W: Der Attentäter würgt seine Opfer.
- B: Der Attentäter bedroht seine Opfer.
- R: Der Attentäter raubt seine Opfer aus.

Obwohl die beiden Sätze die gleichen Einzelaussagen und logischen Ausdrücke enthalten, unterscheiden sie sich deutlich voneinander. Satz (1) besagt: Zum einen würgt *oder* bedroht der Attentäter seine Opfer, zum anderen raubt er sie aus. Das Komma und der Satzbau machen deutlich, dass die Möglichkeiten Würgen oder Drohen unmittelbar zusammengehören. Dies wird zunächst durch die Teilformel *(W ∨ B)* formalisiert, an die sich per Konjunktion die Teilformel *R* anschließt. Die logische Form von (1) lautet *((W ∨ B) & R)*. Ohne Außenklammer ergibt sich daraus die aussagenlogische Formel:

(W ∨ B) & R

In Satz (2) gehören das Drohen *und* Rauben unmittelbar zusammen. Daher bilden wir zuerst aus den Aussagebuchstaben *B* und *R* die Teilformel *(B & R)*. Die Alternative zum Drohen und Rauben besteht darin, dass der Attentäter seine Opfer würgt. Daher verknüpfen wir den Aussagebuchstaben *W* per Disjunktion mit *(B & R)*:

W ∨ (B & R)

Der Unterschied zwischen (1) und (2) ist in den aussagenlogischen Formeln deutlich zu erkennen. Auch in den folgenden Beispielsätzen entsprechen die Kommata den Klammern:

Wenn du mich abholst und etwas Gutes für mich kochst, verbringe ich gern den ganzen Abend mit dir.

Der Wenn-Teil enthält zwei mit „und" verknüpfte Einzelaussagen. Dementsprechend müssen wir deren Aussagebuchstaben mit der Konjunktion verknüpfen und einklammern.

- H: Du holst mich ab.
- K: Du kochst etwas Gutes für mich.
- A: Ich verbringe gern den ganzen Abend mit dir.

(H & K) ⊃ A

Wenn du mich abholst, dann kochst du etwas Gutes für mich und ich verbringe gern den ganzen Abend mit dir.

Hier besteht der Dann-Teil aus zwei Einzelaussagen, deren Aussagebuchstaben zur Teilformel (*K* & *A*) verknüpft werden.

H ⊃ (K & A)

Die Klammern dürfen allerdings ganz wegfallen, wenn mehrere Einzelaussagen mit dem logischen Ausdruck „und" aneinandergereiht werden. Das Gleiche gilt für das Wort „oder".

Luis ist schlecht gelaunt und verkatert und hungrig.
- S: Luis ist schlecht gelaunt.
- V: Luis ist verkatert.
- H: Luis ist hungrig.

S & V & H

Luis ist schlecht gelaunt oder verkatert oder hungrig.
S ∨ V ∨ H

Leider sind manche deutsche Sätze so ungenau formuliert, dass ohne näheres Wissen nicht bestimmbar ist, wo die Klammern zu setzen sind. So bei der Aussage:

Heute Abend gehe ich tanzen oder ins Kino und treffe Freunde.

Um diese Äußerung zu formalisieren, müssten Sie den Sprecher fragen, wie der Satz gemeint ist. Grundsätzlich erlaubt er zwei Deutungen.

1. Heute Abend gehe ich tanzen, oder ich gehe ins Kino und treffe Freund.
2. Heute Abend gehe ich tanzen oder ins Kino, und ich treffe Freunde.

Wie sehr sich die beiden Sätze unterscheiden, wird beim Vergleich ihrer aussagenlogischen Form deutlich:

- T: Heute Abend gehe ich tanzen.
- K: Heute Abend gehe ins Kino.
- F: Heute Abend treffe ich Freunde.

1. T ∨ (K & F)
2. (T ∨ K) & F

3. Wahrheitstafeln

Wahrheitstafeln geben einen tabellarischen Überblick über alle möglichen Kombinationen der Wahrheitswerte *wahr* und *falsch*; sie zeigen, unter welchen Bedingungen aussagenlogische Formen wahr oder falsch sind. Daher bezeichnet man Wahrheitstafeln auch als „Wahrheitstabellen“; noch genauer wäre die Bezeichnung „Wahrheitswerte-Tabelle“. Mit Hilfe der Wahrheitstafeln lässt sich fast mechanisch entscheiden, ob ein Argument logisch gültig ist. Definitionsgemäß ist es bei einem logisch gültigen Argument unmöglich, dass sämtliche Prämissen wahr sind und die Konklusion falsch ist.

In diesem Kapitel werden wir nicht nur zeigen, wie eine Wahrheitstafel zu erstellen ist, sondern auch einige Fragen aus der Philosophie der Logik diskutieren: Ausführlich besprechen wir das Verhältnis zwischen den logischen Operatoren und den entsprechenden deutschen Ausdrücken. Im letzten Abschnitt behandeln wir den Begriff der logischen Wahrheit.

Beim Ausfüllen der Wahrheitstafel spielen wir alle möglichen Situationen durch, indem wir bei jeder Einzelaussage zwei Fälle untersuchen: einmal ist sie wahr, im anderen Fall falsch. Wir überprüfen, ob es möglich ist, dass sämtliche Prämissen wahr sind und die Konklusion falsch ist. Trifft das zu, ist das Argument nicht logisch gültig. Bei einem logisch gültigen Argument ist dies hingegen unmöglich.

Dem Verfahren der Wahrheitstafeln liegt ein Prinzip zugrunde, das auf Gottlob Frege zurückgeht.

Zweiwertigkeitsprinzip **(Bivalenzprinzip):**
Jede Aussage ist entweder wahr oder falsch.

Nach Frege hat jede wissenschaftliche Aussage genau einen Wert: Entweder sie ist wahr und hat den Wahrheitswert des Wahren, oder sie ist falsch und hat den Wahrheitswert des Falschen. Nach dem Zweiwertigkeitsprinzip hat demnach jede wissenschaftliche Aussage einen und nur einen *Wahrheitswert*: *wahr* oder *falsch.*[2]

Das Zweiwertigkeitsprinzip ist umstritten. Aristoteles hält viele Aussagen über die Zukunft weder für wahr noch für falsch. Andere Logiker glauben, es gebe neben *wahr* und *falsch* noch weitere Wahrheitswerte; den Grad der Wahrheit geben sie meist mit Zahlen zwischen 1 und 0 an. Diese Überzeugung gab den Anstoß zur Entwicklung mehrwertiger Logiken, die von der klassischen Logik abweichen und Wahrheitstafeln mit mehr als zwei Wahrheitswerten verwenden. Diese sind jedoch so kompliziert, dass wir hier nicht näher darauf eingehen können.

3.1 Wahrheitsbedingungen

In diesem Abschnitt überprüfen wir zwei Argumente mit Aussagen, deren Wahrheitswert den wenigsten Lesern bekannt sein dürfte. Wir werden nicht verraten, ob sie wahr oder falsch sind; stattdessen fragen wir, unter welchen Bedingungen sie wahr sind, d. h. wir fragen nach den Wahrheitsbedingungen.

1. Erich Mühsam wurde in Ahrensfelde geboren, oder er wurde in Berlin geboren.
2. Erich Mühsam wurde nicht in Ahrensfelde geboren.

---

3. Also: Erich Mühsam wurde in Berlin geboren.

Selbst wenn Sie über den Schriftsteller und Anarchisten Erich Mühsam (1878–1934) noch nichts gehört haben, können Sie mit Hilfe einer Wahrheitstafel heraus-

---

2 Frege formuliert das Zweiwertigkeitsprinzip nicht für Aussagen, sondern für Behauptungssätze. Den Unterschied können wir hier jedoch vernachlässigen; zu Beginn des nächsten Kapitels kommen wir darauf zurück. Zudem meint Frege, jeder Behauptungssatz *bedeute* einen Wahrheitswert. Ein wahrer Behauptungssatz wie „Die Summe aus 3 und 6 ist größer als 8" bedeute demnach das Wahre, während der falsche Behauptungssatz „Die Summe aus 3 und 6 ist kleiner als 8" das Falsche bedeute. Vgl. Gottlob Frege: „Funktion und Begriff", in: ders.: *Funktion, Begriff, Bedeutung. Fünf logische Studien*. Hrsg. v. Günther Patzig, Göttingen 2008, S. 9 f.

finden, ob das Argument logisch gültig ist. Zuerst muss das Argument formalisiert werden: Die erste Prämisse enthält zwei Einzelaussagen, die durch den logischen Ausdruck „oder" verknüpft sind. In der zweiten Prämisse wird eine der Einzelaussagen durch den logischen Ausdruck „nicht" verneint, während die Konklusion auf die andere Einzelaussage schließt.

- A: Erich Mühsam wurde in Ahrensfelde geboren.
- B: Erich Mühsam wurde in Berlin geboren.

$A \vee B$
$\neg A$
———
B

Für die Einzelaussagen *A* und *B* gibt es vier Kombinationen der Wahrheitswerte *wahr* und *falsch*, d.h. es sind insgesamt vier Fälle zu berücksichtigen:

1. *A* ist wahr, *B* ist wahr.
2. *A* ist wahr, *B* ist falsch.
3. *A* ist falsch, *B* ist wahr.
4. *A* ist falsch, *B* ist falsch.

Für jede dieser vier Kombinationen ist zu fragen, ob in diesem Fall die Prämissen und die Konklusion wahr oder falsch sind. Beginnen wir mit der ersten Prämisse: „Erich Mühsam wurde in Ahrensfelde geboren, oder er wurde in Berlin geboren." Den ersten Fall stellen wir kurz zurück. Im zweiten Fall ist *A* wahr und *B* falsch, d.h. es ist wahr, dass Mühsam in Ahrensfelde geboren wurde, und es ist falsch, dass er in Berlin geboren wurde. In diesem Fall ist die Prämisse wahr. Sie besagt ja, Mühsam sei in Ahrensfelde oder Berlin geboren worden. Das Gleiche gilt für den dritten Fall, in dem *A* falsch und *B* wahr ist, in dem also Mühsam nicht in Ahrensfelde, sondern in Berlin zur Welt kam. Im vierten Fall ist Aussage *A* ebenso falsch wie *B*; danach ist Mühsams Geburtsort weder Ahrensfelde noch Berlin. Damit ist die erste Prämisse im vierten Fall falsch.

Am schwierigsten zu bestimmen ist der erste Fall, in dem sowohl *A* als auch *B* wahr sind. Danach ist es wahr, dass Mühsam in Ahrensfelde geboren wurde, und ebenfalls ist es wahr, dass er in Berlin geboren wurde. Aber wird dieser Fall nicht von der ersten Prämisse ausgeschlossen? Die Frage lässt sich nicht eindeutig beantworten, weil das Wort „oder" zweideutig ist. Zu unterscheiden ist zwischen dem ausschließenden und dem einschließenden „oder".

Das ausschließende „oder" erklärt der Duden folgendermaßen: Es „drückt aus, dass von zwei od. mehreren Möglichkeiten jeweils nur eine als Tatsache feststehen kann". Beispielsweise verstehen die meisten Restaurantbesucher das Wort „oder" ausschließend, wenn sie auf der Speisekarte lesen: „Wiener Schnitzel mit Bratkartoffeln *oder* Pommes frites". Um Verwechslungen zu vermeiden, lässt sich das ausschließende „oder" durch „entweder-oder" betonen: „Sie erhalten *entweder* Bratkartoffeln *oder* Pommes frites.“ Anders zu beurteilen ist die folgende Aussage, wie sie ein Zeuge vor Gericht machen könnte: „Am Abend des 15. Mai war ich den ganzen Abend über zu Hause; ich habe ferngesehen *oder* gelesen.“ Sollte sich herausstellen, dass der Sprecher am bewussten Abend sowohl ferngesehen als auch gelesen hat, würde man den Zeugen keiner Falschaussage bezichtigen. Ähnlich zu interpretieren sind Stellenanzeigen, die von den Bewerbern „Fremdsprachenkenntnisse in Englisch *oder* Französisch“ verlangen. Ein Bewerber, der beide Sprachen beherrscht, wird deshalb nicht ausgeschlossen.

Kommen wir zurück zur ersten Prämisse unseres Arguments: „Erich Mühsam wurde in Ahrensfelde geboren, *oder* er wurde in Berlin geboren.“ Eigentlich liegt es nahe, das Wort „oder“ ausschließend zu verstehen, da ein Mensch für gewöhnlich nur einen Geburtsort hat; bei dieser Deutung muss der erste Fall ausgeschlossen werden, in dem Mühsam sowohl in Ahrensfelde als auch in Berlin geboren wurde. Andererseits ist auch eine einschließende Deutung des Wortes „oder“ möglich. Eine langwierige Geburt kann bekanntlich einige Stunden dauern; in dieser Zeit können Mutter und Kind den Ort wechseln, z. B. von Ahrensfelde ins benachbarte Berlin. Versteht man „oder“ einschließend, so wird man die Prämisse auch im ersten Fall als wahr einstufen.

Um ganz sicher zu gehen, müsste man meistens den Urheber fragen, ob er das Wort „oder“ einschließend oder ausschließend gebraucht. Anders ist beispielsweise nicht zu bestimmen, wie die folgende Ankündigung aufzufassen ist: „Hubert wird heute Abend Kant *oder* Sartre lesen.“ Soll damit gesagt werden, dass Hubert einen der beiden Autoren auswählt (ausschließendes „oder“), oder wird auch der Fall zugelassen, dass er beide Autoren liest (einschließendes „oder“)? Den Logikern ist es grundsätzlich zu aufwändig, jedes Mal zwischen ausschließendem und einschließendem „oder“ zu unterscheiden. Sie wollen die logische Gültigkeit formal bestimmen, ohne nachzuforschen, wie die Sprecher ihre Aussage verstehen. Deshalb bevorzugen die meisten Logiker die einschließende Deutung und weichen davon nur in bestimmten Fällen ab, auf die wir im nächsten Kapitel zu sprechen kommen.

Damit haben wir die Wahrheitsbedingungen der ersten Prämisse ermittelt: Eine Aussage mit einschließendem „oder“ ist in den ersten drei Fällen wahr, in denen mindestens eine der Einzelaussagen wahr ist; nur im vierten Fall, in dem beide Einzelaussagen falsch sind, ist die Oder-Aussage falsch. Durch eine Wahrheitstafel lassen sich die Wahrheitsbedingungen tabellarisch darstellen; dabei steht *W* für den Wahrheitswert *wahr* und *F* für den Wahrheitswert *falsch*:

A	B	A ∨ B
W	W	W
W	F	W
F	W	W
F	F	F

Unter der Kopfzeile hat die Tabelle vier Zeilen (die Kopfzeile wird grundsätzlich nicht mitgerechnet). Jede berücksichtigt jeweils eine der vier Kombinationen von Wahrheitswerten für *A* (linke Spalte) und *B* (mittlere Spalte). Die erste Zeile unter der Kopfzeile repräsentiert den ersten Fall, die zweite Zeile den zweiten Fall usw. In der rechten Spalte steht der jeweilige Wahrheitswert der ersten Prämisse *A* ∨ *B*.

Betrachten wir als Nächstes die zweite Prämisse: „Erich Mühsam wurde nicht in Ahrensfelde geboren". Da sie nur eine Einzelaussage enthält, sind nur zwei Fälle zu unterscheiden:

1. *A* ist wahr.
2. *A* ist falsch.

Im ersten Fall ist es wahr, dass Herr Mühsam in Ahrensfelde geboren wurde. Die zweite Prämisse verneint das. Da die Verneinung einer wahren Aussage bekanntlich falsch ist, ist die Prämisse im ersten Fall falsch. Sie stimmt hingegen mit dem zweiten Fall überein, in dem *A* als falsch gilt. Denn die Verneinung einer falschen Aussage ergibt eine wahre Aussage. Damit haben wir die Wahrheitsbedingungen der zweiten Prämisse ermittelt, die in der folgenden Wahrheitstafel tabellarisch dargestellt sind. Die Negation kehrt den Wahrheitswert jeweils um: Ist *A* wahr, so ist ¬*A* falsch (erste Zeile). Ist *A* hingegen falsch, so ist ¬*A* wahr (zweite Zeile):

A	¬A
W	F
F	W

Für einen besseren Überblick fügen wir die beiden Wahrheitstafeln zusammen:

1 A	2 B	3 A ∨ B	4 ¬A	5 B
W	W	W	F	W
W	F	W	F	F
F	W	W	W	W
F	F	F	W	F

In den beiden linken Spalten stehen wiederum die Wahrheitswerte der Einzelaussagen *A* und *B*. Sie sind von den Spalten der Prämissen durch einen doppelten Strich getrennt. Spalte 3 enthält die Wahrheitswerte der ersten Prämisse *A* ∨ *B*. Die Werte der zweiten Prämisse ¬*A* finden sich in Spalte 4: In den ersten beiden Zeilen, in denen *A* in Spalte 1 wahr ist, ist ¬*A* falsch; in der dritten und vierten Zeile ist *A* falsch und ¬*A* wahr. In der rechten Spalte, getrennt von einem kräftigeren Strich, stehen die Wahrheitswerte der Konklusion, die mit der Einzelaussage *B* identisch ist: Daher können wir die Wahrheitswerte direkt aus Spalte 2 übernehmen.

Jetzt können wir überprüfen, ob es möglich ist, dass sämtliche Prämissen wahr sind und die Konklusion falsch ist: Nur in der dritten Zeile ist sowohl in Spalte 3 als auch in Spalte 4 der Wert *W* eingetragen. Das bedeutet, dass nur im dritten Fall beide Prämissen wahr sind. Die übrigen Zeilen beachten wir fortan nicht mehr. In der dritten Zeile steht auch bei der Konklusion (Spalte 5) der Wert *W*. Damit ist in jenem einzigen Fall, in dem alle Prämissen wahr sind, auch die Konklusion wahr, und das Argument entspricht der Definition logischer Gültigkeit: Es ist unmöglich, dass sämtliche Prämissen wahr sind und die Konklusion falsch ist.

Nicht nur das Argument über den Geburtsort von Erich Mühsam ist logisch gültig – jedes weitere Argument mit derselben Argumentform ist ebenfalls logisch gültig. Deshalb ist auch die Argumentform logisch gültig.

Eine Argumentform ist *logisch gültig*, wenn ihre Wahrheitstafel keine Zeile mit ausschließlich wahren Prämissen und falscher Konklusion enthält.
Ein Argument ist logisch gültig, wenn seine Argumentform logisch gültig ist.

Die gleiche Argumentform wie das dargestellte Argument hatte eines der russischen Argumente des vorigen Kapitels. Wie dort erwähnt, nennt man diese Argumentform *Disjunktiver Syllogismus* oder seltener *Modus tollendo ponens*:

A ∨ B
¬A
———
B

Um symbolisch auszudrücken, dass die Konklusion aus den Prämissen logisch folgt, schreiben wir die Prämissen, durch Kommata getrennt, nebeneinander und setzen dahinter das Zeichen der logischen Folgerung „⊨" sowie die Konklusion:

A ∨ B, ¬A ⊨ B

Das bedeutet: Aus *A* ∨ *B* und ¬*A* folgt logisch *B*.

Im vorigen Kapitel suchten wir ein Gegenbeispiel zu dem folgenden Argument, zu dem nun eine Wahrheitstafel erstellt werden soll:

1. Wenn die Bundeskanzlerin Wahlversprechen bricht, dann wird sie bei der nächsten Bundestagswahl abgewählt.
2. Die Bundeskanzlerin bricht Wahlversprechen nicht.

---

3. Also: Die Bundeskanzlerin wird bei der nächsten Bundestagswahl nicht abgewählt.

- A: Die Bundeskanzlerin bricht Wahlversprechen.
- B: Die Bundeskanzlerin wird bei der nächsten Bundestagswahl abgewählt.

A ⊃ B
¬A
———
¬B

Die erste Prämisse ist eine Bedingungsaussage: Sie enthält den logischen Ausdruck „wenn – dann“, der mit dem Konditional und dessen Symbol „⊃“ formalisiert wird. Seit der Antike streiten sich Logiker, Sprachphilosophen und Linguisten über die Wahrheitsbedingungen der Bedingungsaussagen, die auch „Konditionalaussagen“ oder „hypothetische Aussagen“ genannt werden. Wir müssen daher zunächst einige allgemeine Überlegungen anstellen, bevor wir die Frage beantworten können, in welchen Fällen die erste Prämisse wahr ist.

Bedingungsaussagen drücken aus, dass zwei Sachverhalte einander bedingen. Der Wenn-Teil nennt einen Grund, der Dann-Teil die damit verbundene Folge. Der Wenn-Teil heißt auch „Antezedens“, der Dann-Teil „Konsequens“ oder „Succedens“.

In vielen Bedingungsaussagen wird ein kausaler Zusammenhang zweier Sachverhalte beschrieben:

(1) Wenn mein Telefon aus 15 cm Höhe auf den Boden fällt, dann geht es kaputt.

Andere Sätze drücken einen räumlichen oder zeitlichen Zusammenhang aus:

(2) Wenn du mit dem Auto von Frankreich nach Portugal fährst, durchquerst du Spanien.
(3) Wenn es jetzt schneit, dann ist es jetzt kalt.

Der Schneefall ist zwar keine Ursache der Kälte, vielmehr wird Schneefall durch geeignete klimatische Bedingungen verursacht, zu denen die Temperatur gehört. Der Schneefall hängt jedoch zeitlich mit Kälte zusammen; er tritt nur gemeinsam mit Kälte auf.

Manche Bedingungsaussagen beschreiben einen epistemischen Zusammenhang, d. h. einen Zusammenhang zwischen einem Sachverhalt und einer Erkenntnis oder Meinung:

(4) Wenn Sylvia nicht ans Telefon geht, dann trifft sie sich vermutlich mit ihrem Liebhaber.

Andere Sätze beschreiben einen begrifflichen Zusammenhang wie den der Begriffe „Junggeselle“ und „(nicht) verheiratet sein“:

(5) Wenn Udo ein Junggeselle ist, dann ist er nicht verheiratet.

Eine Bedingungsaussage ist grundsätzlich falsch, falls ihr Wenn-Teil wahr und der Dann-Teil falsch ist. In diesem Fall zeigt sich nämlich, dass die Sachverhalte nicht wie beschrieben zusammenhängen. Meist werden auch jene Aussagen für falsch gehalten, in denen der Zusammenhang falsch dargelegt wird. Nehmen wir etwa an, Sylvia kann gar nicht telefonieren, weil der Akku leer ist. In diesem Fall erliege ich einem Irrtum, solange ich einen epistemischen Zusammenhang zwischen dem Nicht-Telefonieren und Sylvias Liebhaber herstelle. Aussage (4) ist daher falsch – ganz egal, ob Sylvia sich mit dem Liebhaber trifft oder nicht. Ähnliches gilt für Aussage (1), die einen kausalen Zusammenhang beschreibt: Es ist vernünftig, sie für falsch zu halten, da das Telefon so robust gebaut ist, dass es Stürze aus 15 cm Höhe überstehen müsste.

Kommen wir zurück zur ersten Prämisse des Ausgangsarguments: „Wenn die Bundeskanzlerin Wahlversprechen bricht, dann wird sie bei der nächsten Bundestagswahl abgewählt." Am ehesten lässt sich die Aussage als Beschreibung eines kausalen Zusammenhangs auffassen: Sollte die Bundeskanzlerin Wahlversprechen brechen, würde dies ihre Wahlniederlage verursachen. Vier Fälle sind zu unterscheiden:

1. *A* ist wahr, *B* ist wahr.
2. *A* ist wahr, *B* ist falsch.
3. *A* ist falsch, *B* ist wahr.
4. *A* ist falsch, *B* ist falsch.

Betrachten wir den ersten Fall, in dem es sowohl wahr ist, dass die Bundeskanzlerin Wahlversprechen bricht, als auch, dass sie bei der nächsten Bundestagswahl abgewählt wird. Ist nun die Prämisse wahr? Diese Frage lässt sich nicht pauschal beantworten – schon gar nicht von Philosophen. Sowohl vor als auch nach der Wahl ist schwer zu beurteilen, inwieweit der Bruch von Wahlversprechen die Wahlniederlage verursacht. Wahlforscher erklären ein Wahlergebnis meist durch die Kombination mehrerer Faktoren. Wir müssen daher den Wahrheitswert des ersten Falls offen lassen.

Eindeutig zu beurteilen ist der zweite Fall, in dem die Bundeskanzlerin Wahlversprechen bricht und dennoch nicht abgewählt wird. Der in der Prämisse ausgedrückte Zusammenhang zwischen dem Bruch der Wahlversprechen und der Wahlniederlage wird in diesem Fall widerlegt; die Prämisse erweist sich als falsch.

Schwierig zu bewerten sind hingegen der dritte und vierte Fall, in denen die Bundeskanzlerin ihre Wahlversprechen nicht bricht. Welche Folgen dies hat, ist der Prämisse nicht zu entnehmen. Keinesfalls darf sie gleichgesetzt werden mit der Behauptung „Wenn die Bundeskanzlerin die Wahlversprechen nicht bricht, dann wird sie nicht abgewählt". Daher müssen wir auch die Wahrheitswerte des dritten und vierten Falles offen lassen.

Ein ähnliches Problem stellt sich bei Oder-Aussagen, deren Wahrheitswert im ersten Fall oft nicht pauschal zu beurteilen ist. Die meisten Logiker vermeiden es, sich auf langwierige Untersuchungen einzulassen, indem sie der Aussage im Zweifel den Wahrheitswert *wahr* zuschreiben. Diese Strategie wenden sie auch auf Bedingungsaussagen an. So können sie die logische Gültigkeit formal bestimmen, ohne jemand anderen zu Rate zu ziehen. Sie greifen damit eine Anregung des griechischen Philosophen Philon von Megara (4./3. Jh. v. Chr.) auf, die sein Landsmann Sextus Empiricus überliefert hat:

> Philon beispielsweise sagt, dass die Konditionalaussage wahr wird, wenn sie nicht mit Wahrem beginnt und mit Falschem endet, sodass nach seiner Ansicht die Konditionalaussage auf dreierlei Weise wahr wird und auf eine falsch. Denn wenn sie mit Wahrem beginnt und mit Wahrem endet, ist sie wahr, wie etwa „Wenn es Tag ist, ist es hell". Und wenn sie mit Falschem beginnt und mit Falschem endet, ist sie abermals wahr, wie etwa „Wenn die Erde

fliegt, dann hat die Erde Flügel". Ebenso ist sie wahr, wenn sie mit Falschem beginnt und mit Wahrem endet, wie etwa „Wenn die Erde fliegt, existiert die Erde". Einzig dann wird sie falsch, wenn sie mit Wahrem beginnt und mit Falschem endet, wie z. B. „Wenn es Tag ist, ist es Nacht". Denn bei Tage ist „Es ist Tag" wahr, das aber war das Antecedens, dagegen ist „Es ist Nacht" falsch, das aber war das Succedens.[3]

Nach Philon ist jede Bedingungsaussage im ersten, dritten und vierten Fall wahr; das sind die Fälle, in denen der Wenn-Teil falsch oder der Dann-Teil wahr ist. Nur im zweiten Fall ist sie falsch. Daraus ergibt sich die folgende Wahrheitstafel:

A	B	$A \supset B$
W	W	W
W	F	F
F	W	W
F	F	W

Mit dieser Wahrheitstafel ist es leicht zu arbeiten: Der Wahrheitswert der gesamten Aussage hängt allein von den Wahrheitswerten der Einzelaussagen ab. Zwischen den Wahrheitswerten besteht eine Beziehung, die man in mathematischer Fachsprache *Wahrheitswerte-Funktion* nennt. Sie ordnet jedem der vier Paare von Wahrheitswerten, d.h. jeder der vier Kombinationen von *wahr* und *falsch*, genau einen dieser Wahrheitswerte zu. Damit gilt „wenn – dann" als wahrheitsfunktionaler Ausdruck.

Philons Vorschlag wurde allerdings schon in der Antike kritisiert; heute lehnen ihn u.a. die Vertreter mehrwertiger Logiken ab, die den umstrittenen Fällen andere oder gar keine Wahrheitswerte zuweisen. Sextus Empiricus weist selbst auf folgendes Problem hin: „Überdies ist sogar die Konditionalaussage ‚Wenn es Nacht ist, ist es Tag' nach Philon bei Tage deshalb wahr, weil sie mit der falschen Aussage ‚Es ist Nacht' beginnt und mit der wahren Aussage ‚Es ist Tag' endet".[4] Das erscheint merkwürdig; doch ein Blick in die dritte Zeile der Wahrheitstafel bestätigt es: Bei falschem Antezedens und wahrem Konsequens wäre die Bedingungsaussage wahr. Dagegen wendet Sextus ein, dass die Aussage „Wenn es Nacht ist, ist es Tag" den Zusammenhang zwischen Tag und Nacht falsch darstellt. In Wahrheit ist der Tag vorbei, wenn es Nacht ist. Deshalb ist der Satz zu jeder Tages- und Nachtzeit falsch.

Trotz der berechtigten Kritik an Philon gibt es unserer Überzeugung nach keine bessere Alternative zu der vorigen Wahrheitstafel des Konditionals. Zwar ist sie nicht dafür geeignet, die Wahrheit oder Falschheit deutscher Bedingungsaussagen

3 Sextus Empiricus: *Adversus mathematicos*, 8.113–114, zitiert nach Theodor Ebert: *Dialektiker und frühe Stoiker bei Sextus Empiricus. Untersuchungen zur Entstehung der Aussagenlogik*, Göttingen 1991, S. 317.

4 Ebd., 8.117.

zu bestimmen; sie ist aber ein ziemlich verlässliches Instrument zur Überprüfung der logischen Gültigkeit des jeweiligen Arguments.

Die Wahrheitsbedingungen der zweiten Prämisse und der Konklusion sind leicht zu ermitteln: Die zweite Prämisse „Die Bundeskanzlerin bricht Wahlversprechen nicht“ verneint die Aussage *A*. Daher ist $\neg A$ in jenen Zeilen falsch, in denen *A* wahr ist; wo hingegen *A* falsch ist, wird $\neg A$ wahr. Entsprechendes gilt für die Konklusion „Die Bundeskanzlerin wird bei der nächsten Bundestagswahl nicht abgewählt“. Die folgende Wahrheitstafel enthält alle Wahrheitsbedingungen:

A	B	A ⊃ B	¬A	¬B
W	W	W	F	F
W	F	F	F	W
F	W	Ⓦ	Ⓦ	Ⓕ
F	F	W	W	W

Interessant sind nur die beiden unteren Zeilen, in denen beide Prämissen wahr sind. Während in der vierten Zeile die Konklusion $\neg B$ wahr ist, ist sie in der dritten Zeile falsch. Die Wahrheitstafel enthält also eine Zeile mit ausschließlich wahren Prämissen und falscher Konklusion. Bei logisch gültigen Argumenten ist es jedoch definitionsgemäß unmöglich, dass sämtliche Prämissen wahr sind und die Konklusion falsch ist. Das Argument enthält also einen Fehlschluss, und zwar den Fehlschluss der Verneinung des Antezedens.

Um symbolisch auszudrücken, dass die Konklusion nicht aus den Prämissen logisch folgt, schreiben wir:

$$A \supset B, \neg A \nvDash \neg B$$

Das bedeutet: Es ist nicht der Fall, dass aus $A \supset B$ und $\neg A$ die Formel $\neg B$ logisch folgt.

Das Ergebnis überrascht nicht, haben wir doch schon anhand eines Gegenbeispiels nachgewiesen, was die Wahrheitstafel auf abstrakte Weise zeigt: Bei unserer Argumentform ist es möglich, dass sämtliche Prämissen wahr sind und die Konklusion falsch ist:

1. Wenn die Bundeskanzlerin 115 Jahre alt ist, dann ist sie schon volljährig.
2. Die Bundeskanzlerin ist nicht 115 Jahre alt.

---

3. Also: Die Bundeskanzlerin ist nicht volljährig.

Die Aussagen dieses Gegenbeispiels haben die Wahrheitswerte der dritten Zeile der Wahrheitstafel: Aussage *A* (*Die Bundeskanzlerin ist 115 Jahre alt*) ist falsch, Aussage *B* (*Die Bundeskanzlerin ist schon volljährig*) ist wahr.

Die Wahrheitstafel der Konjunktion erfordert keine langen Erläuterungen. Unter welchen Bedingungen ist z. B. die Aussage „Anton ging gestern um 22.00 Uhr zu Bett, und er schlief nach wenigen Minuten ein“ wahr? Offensichtlich ist sie nur in dem Fall wahr, dass beide Einzelaussagen wahr sind (A: „Anton ging gestern um 22.00 Uhr zu Bett“; B: „Anton schlief nach wenigen Minuten ein“). Falsch ist sie hingegen in den drei übrigen Fällen, in denen mindestens eine Einzelaussage falsch ist.

A	B	A & B
W	W	W
W	F	F
F	W	F
F	F	F

Auch bei der Wahrheitstafel der Konjunktion lässt sich darüber streiten, ob sie den Wahrheitswert aller Und-Aussagen korrekt wiedergibt. Zweifel können aufkommen, wenn die Einzelaussagen des vorigen Beispiels in umgekehrter Reihenfolge stehen: „Anton schlief nach wenigen Minuten ein, und er ging gestern um 22.00 Uhr zu Bett“. Die meisten Logiker neigen dazu, die umgekehrte Aussage für wahr zu halten, sofern die beiden Einzelaussagen unabhängig voneinander wahr sind. Sie verstehen damit auch den Ausdruck „und“ wahrheitsfunktional: Der Wahrheitswert der zusammengesetzten Aussagen hänge nur von den Wahrheitswerten der Einzelaussagen ab. Es gibt allerdings ein paar Ausnahmen, bei denen man das Wort „und“ nicht wahrheitsfunktional verstehen sollte (mehr dazu im fünften Kapitel, im Abschnitt über die Kommutation).

Wie ist es beim Bikonditional? Wir betrachten zunächst einen Beispielsatz mit dem entsprechenden logischen Ausdruck: „Anton tritt genau dann beim zweiten Klausurtermin an, wenn er bei der ersten Klausur durchfällt“. Damit wird ausgedrückt, dass zwei Sachverhalte aufs engste miteinander zusammenhängen: Wenn es wahr ist, dass Anton bei der ersten Klausur durchfällt, dann ist es auch wahr, dass er beim zweiten Termin antritt. Sollte er aber beim ersten Termin nicht durchfallen, dann tritt er beim zweiten nicht an. Die Aussage mit dem logischen Ausdruck „genau dann, wenn“ ist sonach wahr, wenn die Einzelaussagen dieselben Wahrheitswerte haben, andernfalls ist sie falsch:

A	B	A ≡ B
W	W	W
W	F	F
F	W	F
F	F	W

Die Wahrheitstafeln der Konjunktion und des Bikonditionals unterscheiden sich nur in der untersten Zeile: Im Falle, dass beide Einzelaussagen falsch sind, ist *A* & *B* falsch, *A* ≡ *B* hingegen wahr.

Im Folgenden stellen wir die Wahrheitstafeln der fünf logischen Operatoren zusammen. Die griechischen Buchstaben α und β verwenden wir als Platzhalter, an deren Stelle nicht nur beliebige Aussagebuchstaben, sondern auch längere Teilformeln stehen können:

Wahrheitstafel der Negation:

α	$\neg\alpha$
W	F
F	W

Wahrheitstafel der Konjunktion:

α	β	$\alpha \mathbin{\&} \beta$
W	W	W
W	F	F
F	W	F
F	F	F

Wahrheitstafel der Disjunktion:

α	β	$\alpha \vee \beta$
W	W	W
W	F	W
F	W	W
F	F	F

Wahrheitstafel des Konditionals:

α	β	$\alpha \supset \beta$
W	W	W
W	F	F
F	W	W
F	F	W

Wahrheitstafel des Bikonditionals:

α	β	$\alpha \equiv \beta$
W	W	W
W	F	F
F	W	F
F	F	W

Die Wahrheitsbedingungen der logischen Operatoren lassen sich folgendermaßen zusammenfassen:

> $\neg\alpha$ ist wahr genau dann, wenn α falsch ist; $\neg\alpha$ ist falsch genau dann, wenn α wahr ist.
> $\alpha \mathbin{\&} \beta$ ist wahr genau dann, wenn beide Teilformeln wahr sind, andernfalls falsch.
> $\alpha \vee \beta$ ist wahr genau dann, wenn mindestens eine der Teilformeln wahr ist, andernfalls falsch.
> $\alpha \supset \beta$ ist wahr genau dann, wenn α falsch oder β wahr ist; $\alpha \supset \beta$ ist dann und nur dann falsch, wenn α wahr und β falsch ist.
> $\alpha \equiv \beta$ ist wahr genau dann, wenn beide Teilformeln wahr oder beide falsch sind, andernfalls falsch.

3.2 Ausfüllen von Wahrheitstafeln

In diesem Abschnitt füllen wir einige kompliziertere Wahrheitstafeln aus und stellen einige Regeln auf, die dabei zu beachten sind. Am Ende schlagen wir einige Vereinfachungen vor. Als Erstes erstellen wir eine Wahrheitstafel zu dem folgenden Argument:

1. Wenn Gott die Welt erschaffen hat, dann weisen die natürlichen Abläufe gesetzmäßige Ordnung auf.

---

2. Also: Wenn die natürlichen Abläufe gesetzmäßige Ordnung aufweisen, dann hat Gott die Welterschaffen.

- G: Gott hat die Welt erschaffen.
- O: Die natürlichen Abläufe weisen gesetzmäßige Ordnung auf.

$$\frac{G \supset O}{O \supset G}$$

Da in der Argumentformel zwei verschiedene Aussagebuchstaben, *G* und *O*, vorkommen, sind erneut vier Fälle zu unterscheiden. Wenn Sie Ihre ersten Wahrheitstafeln selbst ausfüllen, empfehlen wir Ihnen, auch unter den Aussagebuchstaben Wahrheitswerte einzutragen. Sie übertragen die in den linken Spalten angegebenen Wahrheitswerte: In der ersten Zeile tragen Sie für *G* wie für *O* den Wert *W* ein, in der zweiten Zeile tragen Sie für *G* den Wert *W* und für *O* den Wert *F* ein usw.

G	O	G	⊃	O	O	⊃	G
W	W	W		W	W		W
W	F	W		F	F		W
F	W	F		W	W		F
F	F	F		F	F		F

Als Nächstes setzen wir die Wahrheitswerte der beiden Formeln in den freien Raum unter die Konditionale. Wir gehen dabei nicht Zeile für Zeile vor, sondern behandeln die logischen Operatoren getrennt voneinander. Los geht's mit dem Konditional der Prämisse $G \supset O$. Gemäß der Wahrheitstafel des Konditionals ist eine beliebige Formel $\alpha \supset \beta$ nur in dem Fall falsch, dass das Antezedens α wahr und das Konsequens β falsch ist. Dieser Fall tritt bei der Prämisse $G \supset O$ in der zweiten Zeile auf, weshalb dort der Wert *F* einzutragen ist. Bei der Konklusion $O \supset G$ tritt dieser Fall hingegen in der dritten Zeile auf. Alle übrigen Felder erhalten den Wert *W*:

G	O	G	⊃	O	O	⊃	G
W	W	W	W	W	W	W	W
W	F	W	F	F	F	W	W
F	W	F	(W)	W	W	(F)	F
F	F	F	W	F	F	W	F

Zum Abschluss vergleichen Sie die zuletzt eingetragenen Wahrheitswerte unter den Konditionalen. In der dritten Zeile ist die Prämisse wahr und die Konklusion falsch. Aus diesem Grund sind die Argumentform und das Argument *nicht* logisch gültig. Allgemein ist damit gezeigt: Es ist unzulässig, das Antezedens und das Konsequens einer Bedingungsaussage zu vertauschen. Aus „wenn α, dann β" folgt keineswegs „wenn β, dann α".

Alle bisher behandelten Formeln haben bloß einen logischen Operator. Die Konklusion des folgenden Schlusses hat deren drei:

1. Wenn Gott die Welt erschaffen hat, dann weisen die natürlichen Abläufe gesetzmäßige Ordnung auf.

---

2. Also: Wenn die natürlichen Abläufe keine gesetzmäßige Ordnung aufweisen, dann hat Gott die Welt nicht erschaffen.

$G \supset O$

$\neg O \supset \neg G$

Enthält eine Formel mehrere logische Operatoren, so sollten Sie die zugehörigen Spalten in einer bestimmten Reihenfolge ausfüllen. Es gilt die folgende Regel, aus der sich drei Faustregeln ableiten lassen:

> Gehen Sie schrittweise von innen nach außen: Notieren Sie zuerst die Wahrheitswerte der jeweils einfacheren, untergeordneten Teilformeln!
>
> Faustregel 1: Bei Bedarf notieren Sie im ersten Schritt die Wahrheitswerte der Aussagebuchstaben.
> Faustregel 2: Im zweiten Schritt notieren Sie die Wahrheitswerte jeder Negation, die direkt vor einem Aussagebuchstaben steht.
> Faustregel 3: Innere Klammern haben Vorrang. Notieren Sie daher zunächst die Wahrheitswerte der Teilformeln in den inneren Klammern, ehe Sie die jeweils übergeordneten Teilformeln berücksichtigen.

Die einfachsten Teilformeln sind die Aussagebuchstaben. Gemäß Faustregel 1 tragen Sie deren Wahrheitswerte zuerst ein; sobald Sie mehr Routine haben, können Sie diesen Schritt auslassen. In den folgenden Wahrheitstafeln schreiben wir auch die Wahrheitswerte der Aussagebuchstaben auf, verwenden dafür aber eine kleinere Schrift.

Eine Stufe komplexer sind die negierten Formeln ¬*O* sowie ¬*G*. Daher notieren Sie im zweiten Schritt die Wahrheitswerte der Negationen. Die Negation kehrt bekanntlich den jeweiligen Wahrheitswert um: Wo immer ein Aussagebuchstabe mit *W* bewertet ist, erhält die vorangestellte Negation den Wert *F* – und umgekehrt. Nach den ersten beiden Schritten sieht die Wahrheitstafel folgendermaßen aus:

G	O	G	⊃	O	¬	O	⊃	¬	G
W	W	W		W	F	W		F	W
W	F	W		F	W	F		F	W
F	W	F		W	F	W		W	F
F	F	F		F	W	F		W	F

Von jetzt an berücksichtigen wir bei der Konklusion ¬*O* ⊃ ¬*G* die Wahrheitswerte unter den Negationen. Nur in der zweiten Zeile steht unter der linken Negation der Wahrheitswert *W* und unter der rechten Negation *F*, sodass das Konditional falsch wird; in allen übrigen Zeilen notieren wir unter dem Konditional den Wert *W*. Auch bei der Prämisse *G* ⊃ *O* ist nur in der zweiten Zeile das Antezedens *G* wahr und das Konsequens *O* falsch:

G	O	G	⊃	O	¬	O	⊃	¬	G
W	W	W	**W**	W	F		**W**	F	
W	F	W	**F**	F	W		**F**	F	
F	W	F	**W**	W	F		**W**	W	
F	F	F	**W**	F	W		**W**	W	

Der abschließende Vergleich zwischen den zuletzt eingetragenen, fett markierten Wahrheitswerten zeigt, dass die Wahrheitstafel keine Zeile mit wahrer Prämisse und falscher Konklusion enthält. Definitionsgemäß sind daher die Argumentform und das Argument logisch gültig. Während es unzulässig ist, von „wenn α, dann β" auf „wenn β, dann α" zu schließen, ist der Schluss auf „wenn nicht β, dann nicht α" logisch gültig. Dieses logische Gesetz mit dem Namen „Kontraposition" spielt im fünften Kapitel eine wichtige Rolle.

Enthält eine Formel mehrere Klammern, ist Faustregel 3 zu beherzigen: „Innere Klammern haben Vorrang." Es ist dies dieselbe Reihenfolge wie beim Rechnen mit den Grundrechenarten:

[-(10–4) : -(5–8)] + 3 =

Machen Sie sich kurz bewusst, wie man dieses Rechenbeispiel löst: Zuerst errechnet man die Werte der inneren Klammern. Die linke hat den Wert *10 - 4 = 6*, die rechte *5 - 8 = -3*. Als Nächstes berücksichtigt man die Minuszeichen vor den Klammern, welche die Zahlenwerte umkehren. Dann erst wird der Wert der eckigen Klammer berechnet: *-6 : 3 = -2*, ehe man sich schließlich dem Pluszeichen zuwendet, das außerhalb der Klammern liegt: *-2 + 3 = 1*. Beim Ausfüllen einer Wahrheitstafel gehen Sie im Prinzip genauso vor. Wir führen das vor an der Formel *[(A & ¬B) ∨ ¬(¬A & B)] ⊃ A*, deren Wahrheitswerte in folgender Reihenfolge einzutragen sind:

1	3	2	1	5	4	2	1	3	1	6	1
[(A	&	¬	B)	∨	¬	(¬	A	&	B)]	⊃	A

Gemäß Faustregel 1 kann man bei Bedarf im ersten Schritt die Wahrheitswerte der Aussagebuchstaben eintragen. Nach Faustregel 2 sind im zweiten Schritt die Negationen an der Reihe, die unmittelbar vor einem Aussagebuchstaben stehen. Gemäß Faustregel 3 haben die Teilformeln in den inneren Klammern Vorrang vor der äußeren, eckigen Klammer. Deren Wahrheitswerte schreibt man im dritten Schritt unter die dortigen Konjunktionen. Daraus ergibt sich vorerst folgende Wahrheitstafel:

A	B	[(A	&	¬	B)	∨	¬	(¬	A	&	B)]	⊃	A
W	W	W	F	F	W			F	W	F	W		W
W	F	W	W	W	F			F	W	F	F		W
F	W	F	F	F	W			W	F	W	W		F
F	F	F	F	W	F			W	F	F	F		F

Vor der rechten runden Klammer steht eine Negation, die im vierten Schritt den Wahrheitswert der Teilformel *(¬A & B)* umkehrt. Zur besseren Übersicht lassen wir die Wahrheitswerte weg, die wir im Weiteren nicht mehr benötigen.

A	B	[(A	&	¬	B)	∨	¬	(¬	A	&	B)]	⊃	A
W	W		F				W			F			W
W	F		W				W			F			W
F	W		F				F			W			F
F	F		F				W			F			F

Im fünften Schritt kommen wir zu den Wahrheitswerten der eckig umklammerten Teilformel *[(A & ¬B) ∨ ¬(¬A & B)]*, die wir unterhalb der Disjunktion eintragen. Wir berücksichtigen dabei die Wahrheitswerte des Vorderglieds *(A & ¬B)*, die unter der Konjunktion stehen, und die des Hinterglieds *¬(¬A & ¬B)*, die unter der linken Negation zu finden sind. Nur in der dritten Zeile sind beide Glieder falsch, sodass auch die Disjunktion den Wert *F* erhält:

A	B	[(A	&	¬	B)	∨	¬	(¬	A	&	B)]	⊃	A
W	W		F			W	W						W
W	F		W			W	W						W
F	W		F			F	F						F
F	F		F			W	W						F

Jede Formel hat einen (und nur einen) logischen Operator, dessen Wahrheitswerte zuletzt ermittelt werden; dies ist der *Hauptoperator*. Es sollte daher keine Frage sein, was in einer Wahrheitstafel zuletzt ausgefüllt wird. Der Hauptoperator unserer Formel ist das Konditional, das außerhalb der Klammern liegt. (Der Hauptoperator ist allenfalls von einer Außenklammer umgeben, die wir aber normalerweise weglassen.) Wir vergleichen nun die Wahrheitswerte des Vorderglieds *[(A & ¬B)* ∨ *¬(¬A & B)]*, die unter der Disjunktion stehen, mit den Werten des Hinterglieds *A* und stellen fest: Nur in der vierten Zeile ist das Vorderglied wahr und das Hinterglied falsch, was das Konditional und so die gesamte Formel falsch werden lässt, während sie in den drei übrigen Zeilen wahr ist:

A	B	[(A	&	¬	B)	∨	¬	(¬	A	&	B)]	⊃	A
W	W					W						**W**	W
W	F					W						**W**	W
F	W					F						**W**	F
F	F					W						**F**	F

Bislang haben wir uns auf vierzeilige Wahrheitstafeln für zwei verschiedene Aussagebuchstaben beschränkt. Für jeden weiteren Aussagebuchstaben bedarf es jeweils doppelt so vieler Zeilen. Achtzeilige Wahrheitstafeln mit drei Aussagebuchstaben lassen sich noch mit vertretbarem Aufwand bewältigen. Betrachten wir ein Argument, dessen Argumentform den Namen *Kettenschluss* trägt:

1. Wenn es regnet, dann sind die Straßen nass.
2. Wenn die Straßen nass sind, dann steigt die Zahl der Unfälle.

---

3. Also: Wenn es regnet, dann steigt die Zahl der Unfälle.

- R: Es regnet.
- N: Die Straßen sind nass.
- U: Die Zahl der Unfälle steigt.

R ⊃ N
N ⊃ U

R ⊃ U

Um alle acht Kombinationen von Wahrheitswerten zu ermitteln, gehen wir folgendermaßen vor: Für *R* setzen wir in den ersten vier Zeilen *W* und in den unteren vier

Zeilen *F* ein. Unter *N* schreiben wir abwechselnd zweimal *W* und zweimal *F*. Unter *U* wechseln sich *W* und *F* von Zeile zu Zeile ab.

R	N	U	R	$\supset$	N	N	$\supset$	U	R	$\supset$	U
W	W	W	W	**W**	W	W	**W**	W	W	**W**	W
W	W	F	W	**W**	W	W	**F**	F	W	**F**	F
W	F	W	W	**F**	F	F	**W**	W	W	**W**	W
W	F	F	W	**F**	F	F	**W**	F	W	**F**	F
F	W	W	F	**W**	W	W	**W**	W	F	**W**	W
F	W	F	F	**W**	W	W	**F**	F	F	**W**	F
F	F	W	F	**W**	F	F	**W**	W	F	**W**	W
F	F	F	F	**W**	F	F	**W**	F	F	**W**	F

In der ersten, fünften, siebten und achten Zeile sind beide Prämissen wahr. Da dort auch die Konklusion wahr ist, ist der Kettenschluss logisch gültig.

Durch verkürzte Verfahren lässt sich die Arbeit mit Wahrheitstafeln beschleunigen. Leider sind die meisten Verfahren selbst wieder recht kompliziert. Es lohnt sich nicht, sie zu erlernen – es sei denn, Sie werden Logiker und beschäftigen sich ihr Leben lang mit Wahrheitstafeln. Eine effektive Vereinfachung ist jedoch schnell erklärt:

Eine Zeile mit falscher Prämisse oder wahrer Konklusion brauchen Sie nicht vollständig auszufüllen.

Steht unter dem Hauptoperator einer Prämisse der Wahrheitswert *F*, können Sie den Rest der Zeile durchstreichen. Das Gleiche gilt für Zeilen mit wahrer Konklusion. Bei diesen Zeilen ist es ausgeschlossen, dass sie ausschließlich wahre Prämissen und eine falsche Konklusion aufweisen.

Wir führen die Vereinfachung an der vorigen Wahrheitstafel vor. Die erste Prämisse $R \supset N$ ist in der dritten und vierten Zeile falsch; daher können wir den Rest dieser Zeilen durchstreichen:

R	N	U	R	$\supset$	N	N $\supset$ U	R $\supset$ U
W	W	W	W	W	W		
W	W	F	W	W	W		
W	F	W	W	F	F	–	–
W	F	F	W	F	F	–	–
F	W	W	F	W	W		
F	W	F	F	W	W		
F	F	W	F	W	F		
F	F	F	F	W	F		

Prinzipiell ist es irrelevant, in welcher Reihenfolge wir die Spalten ausfüllen. Bei dieser Wahrheitstafel ist es jedoch strategisch günstig, mit der Konklusion *R* ⊃ *U* fortzusetzen: Sie hat in fünf der noch übrigen Zeilen den Wahrheitswert *W*, weshalb es nicht erforderlich ist, diese vollständig auszufüllen. So müssen wir bei der zweiten Prämisse *N* ⊃ *U* nur noch die zweite Zeile berücksichtigen:

R	N	U	R	⊃	N	N	⊃	U	R	⊃	U
W	W	W		W			–			W	
W	W	F		W		W	F	F		F	
W	F	W		F			–			–	
W	F	F		F			–			–	
F	W	W		W			–			W	
F	W	F		W			–			W	
F	F	W		W			–			W	
F	F	F		W			–			W	

Da die zweite Prämisse in der zweiten Zeile falsch ist, gibt es keine einzige Zeile mit ausschließlich wahren Prämissen und falscher Konklusion – die Argumentform ist logisch gültig.

3.3 Logische Wahrheit

Den Begriff der logischen Wahrheit erwähnten wir bisher nur am Rande. Da er auch außerhalb der Logik, etwa in der Sprachphilosophie, eine prominente Rolle spielt, behandeln wir ihn zum Abschluss dieses Kapitels ein wenig genauer. Ein anderer Ausdruck für „logisch wahr" ist „allgemeingültig". Zudem bezeichnet man logisch wahre Formen und Aussagen als „Tautologien".

Eine logische Form ist *logisch wahr*, wenn sie in allen Zeilen der Wahrheitstafel wahr ist.
Eine Aussage ist logisch wahr, wenn ihre logische Form logisch wahr ist.

Jedes logisch gültige Argument lässt sich umwandeln in eine logisch wahre Bedingungsaussage: Deren Antezedens bilden die mit dem logischen Ausdruck „und" verknüpften Prämissen, wohingegen die Konklusion ins Konsequens rückt. Auf diese Weise entsteht zum Beispiel aus dem Argument zu Erich Mühsams Geburtsort die logisch wahre Aussage:

Wenn Erich Mühsam in Ahrensfelde *oder* in Berlin geboren wurde *und* er *nicht* in Ahrensfelde geboren wurde, *dann* wurde er in Berlin geboren.

Die Aussage ist allein aufgrund der Bedeutung der darin vorkommenden logischen Ausdrücke (*wenn – dann*, *oder*, *und*, *nicht*) und der Anordnung ihrer Einzelaussagen wahr, wodurch sie auch notwendigerweise wahr ist. Die folgende Wahrheitstafel zeigt, dass ihre logische Form *[(A ∨ B) & ¬A] ⊃ B* in allen Zeilen wahr ist. Entscheidend sind die Wahrheitswerte unter dem Hauptoperator, dem Konditional:

A	B	[(A	∨	B)	&	¬	A]	⊃	B
W	W		W		F	F		W	W
W	F		W		F	F		W	F
F	W		W		W	W		W	W
F	F		F		F	W		W	F

Logische Wahrheiten entstehen nicht nur aus der Umwandlung logisch gültiger Argumente. Logisch wahr ist auch jede Aussage, die dem *Satz vom ausgeschlossenen Dritten* entspricht (*tertium non datur*). Dieses Prinzip der klassischen Logik besagt: Jede Aussage mit der logischen Form *A* ∨ ¬*A* ist logisch wahr.

Erich Mühsam wurde in Ahrensfelde geboren, *oder* er wurde *nicht* in Ahrensfelde geboren.

Diese logisch wahre Aussage nennt alle Alternativen; eine dritte Möglichkeit ist nicht denkbar. In der zugehörigen Wahrheitstafel steht unter dem Hauptoperator, der Disjunktion, nur der Wahrheitswert *W*:

A	A	∨	¬	A
W	W	W	F	
F	F	W	W	

Der Gegenbegriff zu „logisch wahr" ist „logisch falsch":

Eine logische Form ist *logisch falsch*, wenn sie in allen Zeilen der Wahrheitstafel falsch ist.
Eine Aussage ist logisch falsch, wenn ihre logische Form logisch falsch ist.

Logisch falsche Formen und Aussagen bezeichnet man auch als „logische Widersprüche". In der Wahrheitstafel erkennt man sie daran, dass unter dem Hauptoperator nur der Wahrheitswert *F* steht, so bei der folgenden Aussage mit der logischen Form *A* & ¬*A*:

Erich Mühsam wurde in Ahrensfelde geboren, *und* er wurde *nicht* in Ahrensfelde geboren.

A	A	&	¬	A
W	W	F	F	
F	F	F	W	

Die Aussage ist aufgrund der Bedeutung der darin vorkommenden logischen Ausdrücke (*und*, *nicht*) falsch, wodurch sie auch notwendigerweise falsch ist. Aus ihr lässt sich jedoch problemlos eine logisch wahre Aussage bilden, indem sie verneint wird:

Es ist *nicht* der Fall, dass Erich Mühsam in Ahrensfelde geboren wurde *und* dass er *nicht* in Ahrensfelde geboren wurde.

A	¬	(A	&	¬	A)
W	**W**	W	F	F	
F	**W**	F	F	W	

Das Beispiel entspricht einem anderen Prinzip der klassischen Logik, dem *Satz vom ausgeschlossenen Widerspruch*, der auch *Satz vom Widerspruch* heißt: Jede Aussage mit der logischen Form $\neg(A \& \neg A)$ ist logisch wahr.

Umgekehrt entsteht aus jeder logisch wahren Aussage durch Verneinung eine logisch falsche Aussage:

Es ist *nicht* der Fall, dass Erich Mühsam in Ahrensfelde geboren wurde *oder* dass er *nicht* in Ahrensfelde geboren wurde.

A	¬	(A	∨	¬	A)
W	**F**	W	W	F	
F	**F**	F	W	W	

Ein weiterer wichtiger Begriff ist „logische Äquivalenz“. Zwei Formen sind logisch äquivalent (gleichwertig), wenn sie dieselben Wahrheitswerte haben. In diesem Fall ist der Schluss von der einen Form auf die jeweils andere logisch gültig.

Zwei logische Formen α und β sind *logisch äquivalent*, wenn $\alpha \equiv \beta$ (wie auch $\alpha \supset \beta$ und $\beta \supset \alpha$) logisch wahr ist.
Zwei Aussagen sind logisch äquivalent, wenn ihre logischen Formen logisch äquivalent sind.

Logisch äquivalente Aussagen haben den gleichen Wahrheitsgehalt und drücken das Gleiche aus, wie das Beispiel zeigt:

Bert Brecht ist in Augsburg geboren und in Berlin gestorben.
Es ist nicht der Fall, dass Bert Brecht nicht in Augsburg geboren oder nicht in Berlin gestorben ist.

Um mit Hilfe einer Wahrheitstafel herauszufinden, ob zwei Aussagen logisch äquivalent sind, setzt man zwischen den entsprechenden Formeln ein Bikonditional. Dadurch erhalten wir für unser Beispiel die neue Formel *(A & B)* ≡ *¬(¬A* ∨ *¬B)*.

A	B	(A	&	B)	≡	¬	(¬	A	∨	¬	B)
W	W		W			W	F		F	F	
W	F		F			F	F		W	W	
F	W		F			F	W		W	F	
F	F		F			F	W		W	W	

Die Formeln *A* & *B* und *¬(¬A* ∨ *¬B)* haben in allen Zeilen dieselben Wahrheitswerte. Das Bikonditional wird genau dann wahr, wenn beide Teilformeln wahr oder beide falsch sind:

A	B	(A	&	B)	≡	¬	(¬	A	∨	¬	B)
W	W		W		W	W					
W	F		F		W	F					
F	W		F		W	F					
F	F		F		W	F					

Da die Form *(A & B)* ≡ *¬(¬A* ∨ *¬B)* in allen Zeilen wahr ist, ist sie logisch wahr. Die Formen *A* & *B* und *¬(¬A* ∨ *¬B)* sind logisch äquivalent. Dieser Umstand kommt in einem der *De Morgan'schen Gesetze* zum Ausdruck, die im fünften Kapitel zum Kalkül des natürlichen Schließens näher vorgestellt werden.

Übungen

Prüfen Sie durch Wahrheitstafeln, ob die folgenden Argumentformen logisch gültig sind! Es steht Ihnen frei, die Wahrheitstafeln zu vereinfachen, indem Sie die Zeilen mit falscher Prämisse oder wahrer Konklusion nicht vollständig ausfüllen. Die Musterlösungen zu den Aufgaben 5 bis 8 nutzen diese Vereinfachung.

1

$$\begin{array}{l} A \supset B \\ A \\ \hline B \end{array}$$

2

$$\begin{array}{l} A \supset B \\ \neg B \\ \hline \neg A \end{array}$$

3

$$\begin{array}{l} A \supset B \\ B \\ \hline A \end{array}$$

4

$$\begin{array}{l} A \\ \hline \neg\neg A \end{array}$$

5

$$\begin{array}{l} A \\ \hline A \vee B \end{array}$$

6

$$\begin{array}{l} A \vee B \\ \hline \neg(\neg A \,\&\, \neg B) \end{array}$$

7

$$\begin{array}{l} \neg(A \supset B) \\ \hline A \,\&\, \neg B \end{array}$$

8

$$\begin{array}{l} (A \,\&\, B) \supset C \\ \neg C \\ \hline \neg A \end{array}$$

Ein Tipp: Es erleichtert das Vorgehen, wenn Sie die lange erste Prämisse zuletzt ausfüllen.

9 Zeigen Sie, dass die logischen Formen $A \equiv B$ und $(A \supset B) \,\&\, (B \supset A)$ logisch äquivalent sind!

4. Aussagenlogische Formalisierung

Die aussagenlogische Formalisierung ist die Ermittlung der aussagenlogischen Form. Dabei abstrahiert man vom Inhalt der Sätze oder Argumente und beachtet nur deren formale Merkmale: ihre Struktur und die Anordnung der Teile. Schon in den vorigen Kapiteln haben wir verschiedene Aussagen und Argumente formalisiert. Bisher beschränkten wir uns jedoch auf sehr einfache Beispiele; die meisten deutschsprachigen Texte enthalten jedoch Sätze, die nicht mehr so einfach zu formalisieren sind. In diesem Kapitel befassen wir uns mit den Herausforderungen der Formalisierung. Zuerst erläutern wir noch einmal genauer, was eine (Einzel-) Aussage ist. Dann gehen wir nacheinander alle logischen Operatoren durch; zu jedem logischen Operator bietet die deutsche Sprache erstaunlich viele Wörter. Am Ende befassen wir uns mit der Formalisierung von Argumenten.

4.1 Aussagen

Der erste Schritt der Formalisierung erscheint trivial, hat jedoch so manche Tücke: Man muss die kleinsten Elemente identifizieren, die sich nicht weiter analysieren lassen. Aus Sicht der Aussagenlogik sind das die Einzelaussagen. An dieser Stelle ist erst einmal zu klären, was eine Aussage ist. Wir halten es hier weitgehend mit Gottlob Frege, wenngleich seine Antwort nicht ganz unproblematisch ist: Eine *Aussage* ist die Intension, d.h. der Sinn („Gedanke") eines mündlich oder schriftlich geäußerten Aussagesatzes. Im 20. Jahrhundert haben die Sprachphilosophen ausgiebig darüber diskutiert, was der Sinn eines Aussagesatzes ist. Aussagesätze heißen auch „Behauptungssätze", „Deklarativsätze" und „assertorische Sätze", weil man durch sie behauptet, dass ein bestimmter Sachverhalt besteht. Zumeist sind Aussagen bzw. Aussagesätze entweder wahr oder falsch. (Es ist umstritten, ob dies für *alle* Aussagen zutrifft. Einige Philosophen behaupten, es gebe Ausnahmefälle, die weder wahr noch falsch seien.) Von Aussagesätzen zu unterscheiden sind Frage-, Wunsch- und Befehlssätze, mit denen man nichts behaupten kann. Wer etwa fragt „Willst du bei mir übernachten?", macht damit keine Aussage. Das Gleiche gilt für einen Befehlssatz wie „Rühr mich nicht an!" Sätze dieser Art können von vornherein nicht wahr oder falsch sein.

An dieser Stelle tritt eine weitere Schwierigkeit auf: Behauptet beispielsweise Herr Meyer „Ich fühle mich krank", so äußert er damit eine andere Aussage, als wenn Herr Huber ebendiesen Satz ausspricht, weil sich das Personalpronomen „ich" jeweils auf eine andere Person bezieht. Unterschiedliche Sprecher treffen also mit mit dem Satz „Ich fühle mich krank" unterschiedliche Aussagen. Umgekehrt können zwei unterschiedliche Sätze denselben Sinn haben und dieselbe Aussage ausdrücken. Herr Huber könnte zu Herrn Meyer sagen: „Du fühlst dich krank". Dieser Satz drückt dasselbe aus wie zuvor Herrn Meyers Aussage „Ich fühle mich krank". Um diese Unklarheiten zu vermeiden, fügen wir jeder Formalisierung eine *Zuordnungsliste* hinzu, in der die Aussagen eindeutig formuliert werden – ohne Pronomina wie „ich" oder „du". Dazu mehr im nächsten Abschnitt.

Eine Aussage kann sich aus mehreren Einzelaussagen zusammensetzen. Die logischen Ausdrücke „und", „oder", „wenn – dann" und „genau dann – wenn" erlauben es, Einzelaussagen miteinander zu verbinden und so eine komplexe, zusammengesetzte Aussage zu bilden, z.B.: „Ich bin Tarzan, *und* du bist Jane". In dieser Aussage sind die Einzelaussagen deutlich voneinander getrennt: Erst kommt die Einzelaussage „Ich bin Tarzan", danach der logische Ausdruck „und", worauf sich die zweite Einzelaussage „Du bist Jane" anschließt. Oft sind aber die Einzelaussagen ineinander verschlungen, wie etwa im folgenden Satz: „Peter *und* Paul sind schön *und* schlau." Liegen hier drei oder vier Einzelaussagen vor? Allein durch Abzählen der logischen Ausdrücke lässt sich die Anzahl der Einzelaussagen nicht ermitteln. Stattdessen müssen wir zunächst klären, welche Funktion eine Einzelaussage hat. Wie im vorigen Kapitel erwähnt, beschreibt jede Einzelaussage jeweils einen Sachverhalt. Das ist aber weder eine Definition noch ein Kriterium zur Identifizierung der Einzelaussagen, da der Begriff „Sachverhalt“ selbst erläuterungsbedürftig ist. Stattdessen möchten wir Ihnen eine Faustregel anbieten, die sich fast immer anwenden lässt:

Mit einer *Einzelaussage* wird

a) einem Gegenstand / Ereignis[5] oder den Mitgliedern einer Gruppe eine *Eigenschaft* oder Tätigkeit zu-/abgesprochen oder

b) mehreren Gegenständen / Ereignissen oder den Mitgliedern mehrerer Gruppen eine gemeinsame *Beziehung* zu-/abgesprochen.

Beispiele für a):

- Kevin ist Deutscher.
- Antonie schwimmt.
- Der Zweite Weltkrieg war grauenhaft.
- Der Orkan Kyrill richtete große Schäden an.
- Alle Griechen sind Menschen.
- Einige Deutsche sind nicht sportlich.
- Neun Gäste baden.

Beispiele für b):

- Fritz liebt Berta.
- Angela und Tom sind Nachbarn.
- Max Frisch war ein Freund von Bert Brecht.
- Herr Wilhelm sitzt nicht im Café Duft.
- Berlin liegt zwischen Leipzig und Hamburg.
- Anton schenkt Silke drei Jagdgewehre.
- Die Österreicher und Deutschen mögen einander.

Aufmerksamkeit erfordern die unter b) aufgeführten Aussagen über Beziehungen. In drei Beispielen kommt das Wort „und“ vor, ohne die Funktion eines logischen Ausdrucks zu erfüllen. Denn in diesen Sätzen verknüpft er keine Einzelaussagen: Mit dem Satz „Angela und Tom sind Nachbarn“ wird zwei Gegenständen (Menschen) *eine* gemeinsame Beziehung – die des Benachbartseins – zugesprochen. Folglich liegt hier nur eine Einzelaussage vor. Nicht anders ist es bei „Berlin liegt zwischen Leipzig und Hamburg“. Hier wird drei Städten (die ebenfalls Gegenstände sind) *eine* gemeinsame räumliche Beziehung zugesprochen. Im Satz „Die Österreicher und Deutschen mögen einander“ wird den Mitgliedern zweier Gruppen *eine* gemeinsame Beziehung zugesprochen, und damit liegt ebenfalls nur eine Einzelaussage vor.

---

5 Zu „Gegenständen“ zählen hier auch Menschen und Lebewesen; zu Ereignissen zählen lang andauernde Geschehnisse wie der Zweite Weltkrieg ebenso wie kurze Vorgänge, z. B. die Ermordung Kennedys.

Wer sich unsicher ist, ob ein Satz nicht doch zwei Einzelaussagen enthält, sollte versuchen, sie aufzuschreiben. Unsere Beispielsätze lassen sich jedoch nicht in sinnvolle Einzelaussagen zerlegen:

(1) Angela ist Nachbar. Tom ist Nachbar.
(2) Die Österreicher mögen sich. Die Deutschen mögen sich.
(3) Berlin liegt zwischen Leipzig. Berlin liegt zwischen Hamburg.

Diese neuen Sätze sind unsinnig oder verfehlen den ursprünglichen Sinn der Beispielsätze.

Das Wort „und" kann auch dazu dienen, eine Gruppe zu benennen. Wird dieser Gruppe *eine* Eigenschaft oder Tätigkeit zu-/abgesprochen, liegt ebenfalls bloß eine Einzelaussage vor. So im folgenden Satz:

Horkheimer und Adorno verfassten die „Dialektik der Aufklärung".

Die Frankfurter Philosophen Horkheimer und Adorno schrieben die „Dialektik der Aufklärung" gemeinsam – sie bildeten *ein* Autorengespann. Es würde den Sinn des Satzes verfälschen, wenn man ihn durch zwei Einzelaussagen wiedergeben wollte:

Horkheimer verfasste die „Dialektik der Aufklärung". Adorno verfasste die „Dialektik der Aufklärung".

Die zuletzt aufgeführten Beispielsätze drücken jeweils nur eine Einzelaussage aus; deshalb darf das Wort „und" nicht durch die Konjunktion formalisiert werden.

4.2 Konjunktion

In diesem Abschnitt betrachten wir Aussagen, in denen der logische Ausdruck „und" durch die Konjunktion bzw. durch das Symbol „&" ersetzt werden darf, z. B.:

Kant stand der Theologie kritisch gegenüber, und seine Werke enthalten zahlreiche theologiekritische Stellen.

Die Worte vor dem Komma beschreiben den ersten Sachverhalt: Es geht um Kant, der ein Mensch und im weitesten Sinne ein Gegenstand ist; ihm wird die Eigenschaft zugesprochen, der Theologie kritisch gegenüber gestanden zu haben. Nach dem Komma und dem logischen Ausdruck „und" wird in einer zweiten Einzelaussage ein weiterer Sachverhalt beschrieben: Kants Werken, die eine Gruppe bilden, wird die Eigenschaft zugesprochen, zahlreiche theologiekritische Stellen zu enthalten:

1. Kant stand der Theologie kritisch gegenüber.
2. Seine Werke enthalten zahlreiche theologiekritische Stellen.

Zu jeder Formalisierung gehört eine *Zuordnungsliste*, die darüber Auskunft gibt, welche Aussagebuchstaben für die Einzelaussagen eingesetzt werden. Die in der Zuordnungsliste aufgeführten Einzelaussagen sollten allerdings aus sich heraus verständlich sein. So weit bekannt, sollte man daher Zeit- und Orts-Adverbien wie „jetzt", „heute", „hier" oder „dort" durch genaue Zeit- und Ortsangaben austauschen. Personalpronomina („ich", „du", „er" usw.) sollte man ebenso wie Possessivpronomina („mein", „dein", „sein" usw.) durch Namen ersetzen. Deshalb ersetzen wir in der zweiten Einzelaussage „seine" durch „Kants" und erhalten die die folgende Zuordnungsliste:

- T: Kant stand der Theologie kritisch gegenüber.
- R: Kants Werke enthalten zahlreiche theologiekritische Stellen.

Den logischen Ausdruck „und" formalisieren wir durch die Konjunktion, wobei wir das „&" zwischen die Aussagebuchstaben stellen. So erhalten wir die aussagenlogische Formel: $T \& R$.

Nicht immer lassen sich die Einzelaussagen so leicht voneinander unterscheiden wie beim vorigen Beispielsatz, bei dem der logische Ausdruck „und" zwischen den Einzelaussagen steht. Die Einzelaussagen können auch wie im folgenden Satz ineinander verschlungen sein:

Kant *und* Schopenhauer sind deutsche Philosophen.

Der logische Ausdruck „und" steht nicht zwischen zwei ausformulierten Einzelaussagen, sondern zwischen zwei Namen. Dennoch enthält der Satz zwei Einzelaussagen:

1. Kant ist deutscher Philosoph.
2. Schopenhauer ist deutscher Philosoph.

Das Beispiel zeigt, wie ökonomisch die deutsche Sprache sein kann: Die Wörter „sind deutsche Philosophen" gehören zu beiden Einzelaussagen.

Wie ist zu erkennen, dass ein Satz zwei Einzelaussagen ausdrückt? Auch dafür gibt es eine Faustregel.

Ein Satz drückt zwei verschiedene Einzelaussagen aus, wenn

a) **zwei Gegenständen/Ereignissen oder den Mitgliedern zweier Gruppen eine Eigenschaft, Tätigkeit oder Beziehung zu-/abgesprochen wird oder**
b) **einem Gegenstand/Ereignis zwei Eigenschaften, Tätigkeiten oder Beziehungen zu-/abgesprochen werden.**

Die aussagenlogische Form der folgenden Beispielsätze ist jeweils *A* & *B*:
Beispiele für a):

- Ute *und* Hans sind nett.
  ⇒ A: Ute ist nett. B: Hans ist nett.
- Der Erste Weltkrieg *und* der Zweite Weltkrieg gingen von Europa aus.
  ⇒ A: Der Erste Weltkrieg ging von Europa aus. B: Der Zweite Weltkrieg ging von Europa aus.
- Ute *und* Hans sind in Bernadette verliebt.
  ⇒ A: Ute ist in Bernadette verliebt. B: Hans ist in Bernadette verliebt.
- Brandenburg *und* Thüringen grenzen an Sachsen.
  ⇒ A: Brandenburg grenzt an Sachsen. B: Thüringen grenzt an Sachsen.
- Die Deutschen *und* Franzosen sind Europäer.
  ⇒ A: Die Deutschen sind Europäer. B: Die Franzosen sind Europäer.
- Viele Italiener und Franzosen glauben nicht an Gott.
  ⇒ A: Viele Italiener glauben nicht an Gott. B: Viele Franzosen glauben nicht an Gott.

Beispiel für b):

- Ute ist nett *und* lieb.
  ⇒ A: Ute ist nett. B: Ute ist lieb.
- Der Zweite Weltkrieg dauerte sechs Jahre *und* kostete etwa 55 Millionen Menschenleben.
  ⇒ A: Der Zweite Weltkrieg dauerte sechs Jahre. B: Der Zweite Weltkrieg kostete etwa 55 Millionen Menschenleben.
- Hans geht spazieren *und* genießt das warme Wetter.
  ⇒ A: Hans geht spazieren. B: Hans genießt das warme Wetter.
- Angela liebt Fred *und* Bert.
  ⇒ A: Angela liebt Fred. B: Angela liebt Bert.

Die Faustregeln lassen sich allerdings nicht mechanisch anwenden, denn manche Sätze sind für sich genommen mehrdeutig. Erst aus den Umständen ihrer Äußerung ist zu erschließen, wie sie zu formalisieren sind. So lassen sich aus dem folgenden Satz unterschiedliche Aussagen herauslesen:

Andrea und Susanne sind gute Freundinnen.

⇓ ⇓

Andrea ist eine gute Freundin von mir, und *Susanne ist eine gute Freundin von mir.*	*Andrea und Susanne sind miteinander gut befreundet.*
⇓ • A: Andrea ist eine gute Freundin von mir. • B: Susanne ist eine gute Freundin von mir. ⇓ A & B	⇓ • C: Andrea und Susanne sind miteinander gut befreundet. ⇓ C

Gemäß der linken Interpretation drückt der Satz zwei Einzelaussagen aus. Gemäß der rechten Interpretation wird Andrea und Susanne *eine* Beziehung der Freundschaft zugesprochen, und damit liegt nur eine Einzelaussage vor.

Das Wort „und" ist nicht das einzige, das durch die Konjunktion zu formalisieren ist. Das Deutsche kennt noch einige weitere Ausdrücke mit der Funktion, Sachverhalte aneinanderzureihen. Dazu einige Beispiele:

sowie, sowohl – als auch, zudem, ferner, zum einen – zum anderen, einerseits – andererseits

Ute *sowie* Hans sind nett.
Sowohl der Erste Weltkrieg *als auch* der Zweite Weltkrieg gingen von Europa aus.
Der Zweite Weltkrieg dauerte sechs Jahre, *zudem* kostete er etwa 55 Millionen Menschenleben.
Hans geht spazieren, *ferner* genießt er das warme Wetter.
Zum einen ist Olaf in Bernadette verliebt, *zum anderen* ist Hans in sie verliebt.
Angela liebt *einerseits* Fred, *andererseits* liebt sie Bert.

Alle diese Sätze haben die logische Form *A & B*. Das Gleiche gilt für die folgenden Sätze mit Bindewörtern, die einen Gegensatz zweier Sachverhalte andeuten.

aber, jedoch, trotzdem, dennoch, obwohl, obgleich, obschon, obzwar, wenngleich, wiewohl

Ich bin zwar schon über 30, *aber* noch klar im Kopf.
Der Gast war schon sehr betrunken, *trotzdem* schenkte ihm der Wirt alkoholische Getränke aus.
Obwohl Olaf eifersüchtig ist, kommt er zur Hochzeit von Bernadette und Hans.

Etwas anders funktioniert der Ausdruck „weder-noch", der zwei Einzelaussagen aneinanderfügt und jede von ihnen verneint. So bedeutet z. B. der Satz „Weder Erich noch Ludwig hat mir geholfen" so viel wie: „Erich hat mir nicht geholfen, und Ludwig hat mir nicht geholfen."

- E: Erich hat mir nicht geholfen.
- L: Ludwig hat mir nicht geholfen.

¬E & ¬L

In der Schriftsprache lassen sich Einzelaussagen auch durch Komma oder Semikolon verbinden. In Georg Büchners Novelle *Lenz* findet sich beispielsweise der Satz:

Endlich hörte er Stimmen; er sah Lichter, es wurde ihm leichter.

Drei Einzelaussagen stehen hier auf engstem Raum, aneinandergereiht durch Semikolon und Komma. Die logische Form des Satzes lautet *A* & *B* & *C*.

Auch die sogenannten explikativen Relativsätze formalisiert man am besten mit der Konjunktion. Diese Nebensätze enthalten eine zusätzliche Information, die für das Verständnis des Hauptsatzes nicht unbedingt erforderlich ist.

Kain erschlug seinen Bruder Abel, den er hasste.
Matthias, dessen Freundin in mich verliebt ist, hat mich zum Duell gefordert.

Der erste Satz enthält zwei Einzelaussagen: „Kain erschlug seinen Bruder" und „Kain hasste seinen Bruder". Das Gleiche gilt für das zweite Beispiel: „Andreas hat mich zum Duell aufgefordert" und „Andreas' Freundin ist in mich verliebt". Die logische Form lautet jeweils *A* & *B*. Anders zu formalisieren sind die restriktiven Relativsätze, die ein Satzglied des Hauptsatzes näher spezifizieren:

Die USA suchten lange nach dem Mann, der die Anschläge auf das World Trade Center plante.
Die Firma, für die Herbert arbeitet, bezahlt schlecht.

Für das Verständnis des Hauptsatzes ist die Information des restriktiven Relativsatzes essentiell. Haupt- und Nebensatz drücken gemeinsam nur eine Einzelaussage aus. Die englische Grammatik ist in dieser Hinsicht konsequenter als die deutsche: Sie schreibt vor, restriktive Relativsätze (*defining relative clauses*) nicht durch Kommata abzugrenzen, z. B.: „The company that Herbert works for pays lousily." Englische explikative Relativsätze (*non-defining relative clauses*) werden hingegen durch Kommata vom Hauptsatz abgehoben. So wird deutlich, dass sie eine eigenständige Aussage ausdrücken, z. B.: „Matthias, whose girlfriend is in love with me, challenged me to a duel."

4.3 Disjunktion

Die Formalisierung des logischen Ausdrucks „oder" wäre äußerst schwierig, wenn man gewissenhaft zwischen einschließendem und ausschließendem „oder" unterscheiden wollte. Die Wahrheitstafel der Disjunktion legt fest, dass eine beliebige Formel $\alpha \lor \beta$ auch dann wahr ist, wenn sowohl α als auch β wahr sind. Daher passt die Disjunktion besser zum einschließenden „oder". Für das ausschließende „oder" gibt es einen separaten logischen Operator, genannt *Kontravalenz*, für den u.a. die Symbole „⊕“, „>-<“ und „><“ üblich sind. Die Wahrheitstafeln der Kontravalenz und der Disjunktion unterscheiden sich in der ersten Zeile:

Wahrheitstafel der Kontravalenz:

α	β	$\alpha \oplus \beta$
W	W	F
W	F	W
F	W	W
F	F	F

Wir empfehlen aber, den logischen Ausdruck „oder“ in der Regel nicht mit der Kontravalenz, sondern mit der Disjunktion zu formalisieren. Dafür sprechen zwei pragmatische Gründe: Zum einen ist häufig kaum zu entscheiden, ob das Wort „oder“ einschließend oder ausschließend zu verstehen ist, wie bereits im vorigen Kapitel gezeigt wurde. Zum anderen ist der Unterschied zwischen Disjunktion und Kontravalenz nur bei ganz wenigen Argumenten ausschlaggebend, vor allem bei Argumenten mit einer der folgenden Argumentformen:

entweder A oder B
A

---

nicht B

entweder A oder B
B

---

nicht A

1. Nach seiner Pensionierung zieht Herr Schuster *entweder* nach Mallorca, *oder* er bleibt in Berlin.
2. Herr Schuster bleibt nach seiner Pensionierung in Berlin.

---

3. Also: Nach seiner Pensionierung zieht Herr Schuster nicht nach Mallorca.

Argumente dieser Art sind logisch gültig. Um dies zu erkennen, darf man die erste Prämisse des Arguments nicht mit der Disjunktion formalisieren. Dennoch führen wir die Kontravalenz nicht als offiziellen logischen Operator ein. Sie lässt sich nämlich leicht mit Hilfe anderer logischer Operatoren ausdrücken. Die erste Prämisse besagt ungefähr (a) „Nach seiner Pensionierung zieht Herr Schuster nach Mallorca, *oder* er bleibt in Berlin, *und* er macht *nicht* beides: nach Mallorca ziehen *und* in Berlin bleiben.“ Einfacher könnte man sagen (b) „Nach seiner Pensionierung zieht Herr Schuster *genau dann* nach Mallorca, *wenn* er *nicht* in Berlin bleibt.“ Das Gleiche besagt die Aussage (c) „Nach seiner Pensionierung zieht Herr Schuster *nicht* nach Mallorca *genau dann*, *wenn* er in Berlin bleibt.“ So gibt es mehrere Möglichkeiten, das ausschließende „oder“ zu formalisieren:

- M: Nach seiner Pensionierung zieht Herr Schuster nach Mallorca.
- B: Nach seiner Pensionierung bleibt Herr Schuster in Berlin.

(a) (M ∨ B) & ¬(M & B)
(b) M ≡ ¬B
(c) ¬M ≡ B

Wenn man die erste Prämisse beispielsweise durch $M \equiv \neg B$ formalisiert, erweist sich das Argument in der Wahrheitstafel als logisch gültig:

M	B	M	≡	¬B	B	¬	M
W	W	W	F	F	W	F	
W	F	W	W	W	F	F	
F	W	F	W	F	W	W	
F	F	F	F	W	F	W	

Vergleichen Sie die Wahrheitswerte der Formel $M \equiv \neg B$ (und zwar die Wahrheitswerte unter dem Bikonditional) mit der Wahrheitstafel der Kontravalenz. Sie stellen fest: Die Wahrheitswerte sind identisch.

Die Formalisierung der Oder-Aussagen ist weitgehend analog zu derjenigen der Und-Aussagen. Nur selten steht der logische Ausdruck zwischen zwei säuberlich getrennten Einzelaussagen. Manchmal steht das Wort „oder" a) zwischen den Bezeichnungen zweier Gegenstände, Ereignisse oder Gruppen, manchmal b) zwischen den Bezeichnungen zweier Eigenschaften, Tätigkeiten oder Beziehungen. Die folgenden Sätze haben jeweils die logische Form $A \vee B$:

Beispiele für a):

- Ute *oder* Hans ist nett.
- Der Erste Weltkrieg *oder* der Zweite Weltkrieg ging von Europa aus.
- Ute *oder* Hans ist in Bernadette verliebt.
- Brandenburg *oder* Thüringen grenzt an Sachsen.
- Die Deutschen *oder* Franzosen sind Europäer.
- Viele Italiener *oder* Franzosen glauben nicht an Gott.

Beispiele für b):

- Ute ist nett *oder* lieb.
- Der Zweite Weltkrieg dauerte sechs Jahre *oder* kostete etwa 55 Millionen Menschenleben.
- Hans geht spazieren *oder* genießt das warme Wetter.
- Angela liebt Fred *oder* Bert.

4.4 Negation

Die Negation ist der logische Operator für den logischen Ausdruck „nicht"; ihr Symbol ist der Haken „¬". Das Wort „nicht" hat im Deutschen mindestens zwei verschiedene Funktionen: Einerseits lässt sich damit der Inhalt einer Aussage als Ganzes verneinen; dies ist die *äußere Verneinung*. Um sie besonders zu betonen, kann man vor die zu verneinende Aussage eine der folgenden Wendungen stellen:

es ist nicht der Fall, dass…; es gilt nicht, dass…; es stimmt nicht, dass…; es ist falsch, dass…

Die äußere Verneinung lässt sich problemlos durch die Negation formalisieren. So hat die Aussage „Es ist nicht der Fall, dass Irene Irrgang die Bambi-Bar um 3.00 Uhr allein verließ" die logische Form $\neg A$. In der Zuordnungsliste sollte man die Einzelaussagen grundsätzlich positiv (affirmativ) formulieren:

A: Irene Irrgang verließ die Bambi-Bar um 3.00 Uhr allein.

Andererseits lässt sich mit dem Wort „nicht" eine *innere Verneinung* ausdrücken. In diesem Fall betrifft sie je nach Position innerhalb des Satzes nur ein bestimmtes Satzglied. So könnte man Aussage *A* an mindestens vier Positionen verneinen:

a) *Nicht* Irene Irrgang verließ die Bambi-Bar um 3.00 Uhr allein.
b) Irene Irrgang verließ *nicht* die Bambi-Bar um 3.00 Uhr allein.
c) Irene Irrgang verließ die Bambi-Bar *nicht* um 3.00 Uhr allein.
d) Irene Irrgang verließ die Bambi-Bar um 3.00 Uhr *nicht* allein.

Die vier neuen Sätze unterscheiden sich inhaltlich: Satz a) setzt voraus, dass irgendjemand die Bambi-Bar um 3.00 Uhr allein verließ; bestritten wird, dass dies Irene Irrgang war. Dem Satz b) ist zu entnehmen, dass Irene Irrgang um 3.00 Uhr allein ein Lokal verließ; verneint wird, dass dies die Bambi-Bar war. Die Sätze unterscheiden sich einerseits in ihren Voraussetzungen, andererseits in dem, was verneint wird. Im Gegensatz dazu setzen außen verneinte Aussagen nichts voraus und enthalten weniger Informationen als die innen verneinten Sätze.

Zum Glück ist es nur äußerst selten erforderlich, bei der Formalisierung zwischen äußerer und innerer Verneinung zu unterschieden. In der Regel ergeben sich keine Probleme, wenn man die innere Verneinung genauso formalisiert wie die äußere und den Sätzen a) bis d) die logische Form $\neg A$ zuweist. Das gilt jedenfalls für alle weiteren Argumente in diesem Buch. Wer die Sätze dennoch präziser formalisieren möchte, müsste die jeweils vorausgesetzte Information explizit berücksichtigen. Beispielsweise setzt Satz d) „Irene Irrgang verließ die Bambi-Bar um 3.00 Uhr *nicht* allein" voraus, dass Irene Irrgang die Bambi-Bar um 3.00 Uhr verließ. Er drückt genau genommen zwei Einzelaussagen aus:

Irene Irrgang verließ die Bambi-Bar um 3.00 Uhr, *und* es ist nicht der Fall, dass Irene Irrgang die Bambi-Bar um 3.00 Uhr allein verließ.

- B: Irene Irrgang verließ die Bambi-Bar um 3.00 Uhr.
- C: Irene Irrgang verließ die Bambi-Bar um 3.00 Uhr allein.

B & ¬C

Das Wort „nicht" ist im Deutschen nicht das einzige, mit dem sich Aussagen verneinen lassen. Dieselbe Funktion erfüllen die folgenden Ausdrücke:

kein, keinesfalls, keineswegs, mitnichten, auf keinen Fall, in keiner Weise, niemals

Das Pronomen „kein" ist die wichtigste Alternative zu „nicht", da es stilistisch schönere Wendungen zulässt: „Karl-Theodor zu Guttenberg ist kein Doktor" ist die Verneinung von „Karl-Theodor zu Guttenberg ist Doktor". „Kein Mensch war zu sehen" verneint die Aussage „Mindestens ein Mensch war zu sehen".

Etwas problematischer sind die Verneinungen durch Vorsilben wie un-, im-, in-, miss-, ver-, ohn- usw. (*unfreundlich, impotent, indiskutabel, missverständlich, verlieren, ohnmächtig*) und Nachsilben wie -frei und -los (*arbeitsfrei, arbeitslos*). Diese Silben bilden meist Adjektive und Verben mit einem speziellen Sinn und haben nicht bloß die Bedeutung von „nicht". So ist etwa der Satz „Udo ist arbeitslos" nicht gleichzusetzen mit „Udo arbeitet nicht". Ähnlich ist es beim Adjektiv „ohnmächtig"; es wäre ein Missverständnis, den Satz „Peter ist ohnmächtig" zu deuten als: „Peter ist nicht mächtig". Deshalb empfiehlt es sich, verneinende Vor- und Nachsilben in der Regel nicht mit der Negation zu formalisieren.

Ein letzter Hinweis: Enthält ein Satz mehrere Einzelaussagen und am Ende eine *nachgestellte* Verneinung, so wird durch sie jede Einzelaussage verneint. Wir formalisieren das, indem wir jedem Aussagebuchstaben eine Negation beistellen:

Claudia und Franziska kommen nicht zum Fest.

- C: Claudia kommt zum Fest.
- F: Franziska kommt zum Fest.

¬C & ¬F

Ich kann das Wittgenstein-Seminar und den Latein-Kurs nicht besuchen.

- W: Ich kann das Wittgenstein-Seminar besuchen.
- L: Ich kann den Latein-Kurs besuchen.

¬W & ¬L

Eine *vorangestellte* Verneinung bezieht sich hingegen auf eine aus mehreren Einzelaussagen zusammengesetzte Aussage. Wir setzen daher die Negation vor die Klammer:

Ich kann nicht das Wittgenstein-Seminar und den Latein-Kurs besuchen.

¬(W & L)

Es ist nicht der Fall, dass Andreas Psychologie oder Soziologie studiert.

- P: Andreas studiert Psychologie.
- S: Andreas studiert Soziologie.

¬(P ∨ S)

4.5 Konditional

Der wichtigste logische Operator ist das Konditional, mit dem der logische Ausdruck „wenn – dann“ formalisiert wird. Er ist gleichsam die Seele des Argumentierens; gäbe es die Wörter „wenn“ und „dann“ nicht, wäre wissenschaftliches Argumentieren kaum möglich.

Aussagen mit „wenn – dann“ sind Bedingungsaussagen respektive Konditionalaussagen. Bedingungsaussagen drücken aus, dass zwei Sachverhalte einander bedingen. Das Antezedens (Wenn-Teil) nennt einen Grund, das Konsequens (Dann-Teil) die damit verbundene Folge. Anders gesagt: Das Antezedens beschreibt die *hinreichende Bedingung* für den im Konsequens aufgeführten Sachverhalt. So ist beispielsweise Schneefall eine hinreichende Bedingung für Kälte: „Wenn es jetzt schneit, dann ist es jetzt kalt“. Das Umgekehrte gilt nicht: Die Kälte ist keine hinreichende Bedingung für Schneefall – es kann kalt sein, ohne dass es schneit. Das Konsequens beschreibt hingegen die *notwendige Bedingung* für den im Antezedens aufgeführten Sachverhalt: Kälte ist notwendig für Schneefall.

Das Symbol für das Konditional ist das liegende, links geöffnete Hufeisen-Zeichen „⊃“. Davor steht der Aussagebuchstabe des Antezedens, dahinter der des Konsequens:

- S: Es schneit jetzt.
- K: Es ist jetzt kalt.

S ⊃ K

Im Konsequens kann das Wort „dann“ wegfallen: „Wenn es jetzt schneit, ist es jetzt kalt.“ Auch das Antezedens kommt ohne den Ausdruck „wenn“ aus, wenn man das Verb vorzieht: „Schneit es jetzt, ist es jetzt kalt.“ Ferner lässt sich das Konsequens vor das Antezedens stellen: „Es ist jetzt kalt, wenn es jetzt schneit.“

Die deutsche Sprache kennt zahlreiche weitere Ausdrücke, die eine ähnliche Funktion wie der logische Ausdruck „wenn – dann“ erfüllen und sich ebenfalls durch das Konditional formalisieren lassen: Das Antezedens kann auch durch „falls“ und „sofern“ eingeleitet werden. Alle im Folgenden aufgeführten Sätze haben dieselbe logische Form *S ⊃ K*:

Wenn es (jetzt) schneit, *dann* ist es (jetzt) kalt.
Wenn es schneit, ist es kalt.
Schneit es, ist es kalt.
Es ist kalt, *wenn* es schneit.
Wenn es schneit, so ist es kalt.
Wenn es schneit, *dann* muss es kalt sein.
Wenn es schneien würde, *so* wäre es kalt.
Falls es schneit, ist es kalt.
Sofern es schneit, ist es kalt.

Soweit es schneit, ist es kalt.
Gesetzt, es schneit, ist es kalt.
Schneefall ist *hinreichend* für Kälte.
Schneefall ist eine *hinreichende Bedingung* für Kälte.
Kälte ist *notwendig* für Schneefall.
Kälte ist eine *notwendige Bedingung* für Schneefall.
Voraussetzung für Schneefall ist Kälte.
Ohne Kälte schneit es nicht.
Nur (erst/bloß/allein) wenn es kalt ist, schneit es.
Es schneit *nur (erst/bloß/allein) dann, wenn* es kalt ist.

Besonders zu beachten ist das Wort „nur", das in den beiden letzten Sätzen vorkommt. Es dreht gewissermaßen den Sinn der Sätze um. In diesen Fällen wird der Wenn-Teil zum Konsequens und der Dann-Teil zum Antezedens. Ein anderes Beispiel: „*Nur* wenn du gesund bist, gelingt dir die Besteigung des Mount Everest". Das heißt keineswegs: „Wenn du gesund bist, dann gelingt dir die Besteigung des Mount Everest". Stattdessen müssen wir, um den Satz richtig zu verstehen, die Anordnung der Einzelaussagen vertauschen: „Wenn dir die Besteigung des Mount Everest gelingt, dann bist du gesund."

- M: Dir gelingt die Besteigung des Mount Everest.
- G: Du bist gesund.

$M \supset G$

Genauso verfahren Sie mit den selteneren Ausdrücken „erst", „bloß" und „allein". Betrachten wir den Satz: „Das Seminar findet *erst* dann statt, wenn mindestens fünf Studierende angemeldet sind". Er lässt sich umwandeln in: „Wenn das Seminar stattfindet, dann sind mindestens fünf Studierende angemeldet".

Schließlich müssen wir hinweisen auf Aussagen, die zwar den Ausdruck „wenn – dann" enthalten, sich aber nicht durch $A \supset B$ formalisieren lassen – so etwa die folgenden:

Wenn (falls/sofern) jemand betrunken Auto fährt, dann riskiert er sein Leben.
Wenn (falls/sofern) man betrunken Auto fährt, dann riskiert man sein Leben.
Wenn (falls/sofern) ein Autofahrer betrunken ist, dann riskiert er sein Leben.

Dies sind sogenannte Allaussagen, weil darin nicht von einem bestimmten Gegenstand die Rede ist, sondern von allen betrunkenen Autofahrern: „Alle betrunkenen Autofahrer riskieren ihr Leben." Solche Allaussagen können wir jetzt noch nicht formalisieren, weil wir dafür die Werkzeuge der Prädikatenlogik benötigen.

4.6 Bikonditional

Das Bikonditional ist, wie der Name sagt, ein zweifaches Konditional. $A \equiv B$ ist logisch äquivalent zu $(A \supset B)$ & $(B \supset A)$. Entsprechendes gilt für eine Aussage der Form „*A* genau dann, wenn *B*", die gleichbedeutend ist mit „wenn *A*, dann *B*; und wenn *B*, dann *A*". Für das Bikonditional hält das Deutsche wiederum zahlreiche Ausdrücke bereit:

> Du liebst mich genau dann, wenn ich glücklich bin.
> Dann und nur dann, wenn du mich liebst, bin ich glücklich.
> Wenn du mich liebst, bin ich glücklich; und wenn ich glücklich bin, liebst du mich.
> Wenn Du mich liebst, bin ich glücklich; wenn du mich aber nicht liebst, dann bin ich nicht glücklich.
> Deine Liebe ist hinreichend und notwendig für mein Glück.
> Deine Liebe ist die hinreichende und notwendige Bedingung für mein Glück.

Außerhalb der Wissenschaft kommen der Ausdruck „genau dann – wenn" und die vergleichbaren Ausdrücke selten vor. Manchmal wird aber der Ausdruck „wenn – dann" im Sinne von „genau dann – wenn" verwendet. Stellen Sie sich vor, eine Freundin sagt Ihnen: „Wenn heute Nachmittag die Sonne scheint, dann spiele ich Fußball." Nehmen wir weiter an, dass am Nachmittag die Sonne nicht zu sehen ist. Dürfen Sie daraus schließen, dass Ihre Freundin nicht Fußball spiele? Dem Wortlaut nach wäre der Schluss unzulässig, denn es handelt sich um einen Fehlschluss der Verneinung des Antezedens. Vielleicht aber meinte Ihre Freundin, der Sonnenschein sei hinreichend und notwendig fürs Fußballspielen. In diesem Fall ist der folgende Schluss logisch gültig:

1. Meine Freundin spielt genau dann Fußball, wenn die Sonne scheint.
2. Die Sonne scheint nicht.

---

3. Also: Meine Freundin spielt nicht Fußball.

Auch der folgende Schluss ist logisch gültig:

1. Meine Freundin spielt genau dann Fußball, wenn die Sonne scheint.
2. Meine Freundin spielt Fußball.

---

3. Also: Die Sonne scheint.

Im Alltag löst es zum Glück nur selten Missverständnisse aus, wenn die Ausdrücke „wenn – dann" und „genau dann – wenn" nicht unterschieden werden. Vor einigen Jahren zog diese Ungenauigkeit jedoch in der Niederbayerischen Kleinstadt Straubing verheerende Folgen nach sich: Der 16-jährige Realschüler Markus V. war in seine gleichaltrige Mitschülerin Melissa C. verliebt, die allerdings mit dem Metzger-Lehrling Harald P. (18) liiert war. Anfang 2003 kursierte an der Schule das Gerücht, Harald sei fremdgegangen und Melissa wolle sich von ihm trennen – Markus schöpfte neue Hoffnung. Harald war allerdings ein Kerl wie ein Baum, zwei Meter groß und Mitglied eines berüchtigten Motorradclubs. Angeblich drohte er Melissa, er und seine Kumpel würden sie „fertig machen", falls sie ihm den Laufpass gebe.

Eines Abends rief Melissa bei Markus an und schilderte ihm ihre Angst vor Harald. Zugleich deutete sie vage ihr Interesse an Markus an – das Problem sei aber: Solange Harald lebe, könne sie keinen anderen Freund haben. „Du musst verstehen", sagte sie, „wenn du mit mir zusammen sein willst, dann musst du ihn umbringen." Melissa hatte die Worte mit Bedacht gewählt. Sie wusste, dass Markus Zugriff auf die Sportwaffen seines Vaters hatte. Tatsächlich lauerte er noch in derselben Nacht Harald vor dessen Elternhaus auf und erschoss ihn. Anschließend flüchtete er zu Melissa und berichtete stolz von der Tat. Die aber zeigte ihm die kalte Schulter: Sie wolle doch nichts von ihm. Markus fühlte sich betrogen und lief davon. Am nächsten Morgen stellte er sich der Polizei und beschuldigte Melissa der Anstiftung zum Mord.[6]

Wurde Markus von Melissa betrogen? Vermutlich wollte sie ihn tatsächlich in die Irre führen, als sie ihm sagte: „Wenn du mit mir zusammen sein willst, dann musst du ihn [Harald] umbringen." Sie rechnete wohl damit, dass Markus zwischen den logischen Ausdrücken „wenn – dann" und „genau dann – wenn" nicht unterscheiden würde. Markus verstand Melissas Aussage als Versprechen im folgenden Sinn: „Ich bin mit Melissa genau dann zusammen, wenn ich Harald umgebracht habe." Nimmt man aber Melissa beim Wort, so behauptete sie lediglich, der Mord sei eine notwendige Bedingung für eine Beziehung zwischen ihr und Markus. Das heißt nicht, dass Haralds Ableben hinreichend sei und automatisch zu der von Markus ersehnten Beziehung führe. Logisch betrachtet durfte Markus nach dem Mord nicht darauf schließen, dass Melissa nunmehr seine Freundin sei. Er beging einen Fehlschluss der Bejahung des Konsequens:

1. Wenn ich mit Melissa zusammen bin, habe ich Harald umgebracht.
2. Ich habe Harald umgebracht.

---

3. Also: Ich bin mit Melissa zusammen.

4.7 Formalisierung von Argumenten

Die Formalisierung eines Arguments trägt dazu bei, die Prämissen und die Konklusion zu finden und die Struktur des Arguments zu durchschauen. Dadurch wird der Gedankengang transparent, und man versteht, warum der Autor eine bestimmte These aufstellt und welche Gründe er dafür hat.

Als Erstes sollte man die Konklusion identifizieren, die häufig am Ende, bisweilen aber am Anfang des Arguments zu finden ist. Meist wird sie deutlich herausgestellt, etwa durch *Signalwörter* wie:

6 Ausführlich berichtete u. a. die *Niederbayerische Neue Presse* Nr. 76/2009 vom 01.04.2009, S. 34.

also, ergo
folglich, infolgedessen, demzufolge, somit
daher, deshalb, darum
aus … folgt, lässt sich ableiten, ist zu schließen, dass …
… beweist, zeigt, begründet, rechtfertigt, impliziert, dass …

Auch für Prämissen gibt es verschiedene Signalwörter:

da, weil, denn, nämlich, aufgrund, infolge, wegen

Sie sollten sich allerdings nicht darauf verlassen, dass alle Prämissen und Konklusionen durch solche Wörter markiert sind. „Wenn Prämissenindikatoren fehlen oder nicht eindeutig sind, muss eine indirekte Methode angewandt werden: Welche Annahmen müsste ich machen, um in dem Glauben an die Konklusion gerechtfertigt zu sein?“[7] Empfehlenswert ist es, die Überlegungen des Autors in eigenen Worten neu zu formulieren. *Merke: Rekonstruieren Sie Argumente nach Möglichkeit als logisch gültige und vollständige Argumente mit plausiblen, akzeptablen Prämissen.*

Bei der Formalisierung eines Arguments sind Sie oftmals mit zwei Schwierigkeiten konfrontiert: Zum einen enthalten philosophische Texte auch erläuternde Passagen, die aus logischer Perspektive nicht Bestandteile des Arguments sind, das in einem Text entwickelt wird, also weder Prämisse noch Konklusion des jeweiligen Arguments sind. Zum anderen lassen Autoren oft eine oder sogar mehrere Prämissen aus und erwarten, dass die Leser die fehlenden Prämissen gedanklich hinzufügen. Wir gehen zunächst auf die erstgenannte Schwierigkeit ein.

Viele Phrasen und Sätze haben eine lediglich rhetorische Funktion (z. B.: „Es ist nun offensichtlich…“, „Wie jeder erkennt, ….“). In der logischen Analyse brauchen wir solche Sätze nicht zu berücksichtigen. Das gilt auch für Wiederholungen, Begriffsklärungen, Definitionen und Beispiele, die nur der Erläuterung einer Prämisse oder der Konklusion dienen. Auch Unterargumente berücksichtigen wir in den meisten Fällen nicht. Betrachten wir diesen Sachverhalt an einem Beispiel – einem Gottesbeweis von John Locke. Die Prämissen und die Konklusion sind in dem folgenden Zitat unterstrichen, um sie besser identifizieren zu können:

Ferner findet der Mensch in sich selbst *Wahrnehmung* und *Wissen*. Wir sind damit einen Schritt weiter gekommen; und wir sind uns nun sicher, dass es in der Welt nicht nur etwas Seiendes gibt, sondern auch manch wissendes intelligentes Seiendes [Prämisse 1].

Es gab dann eine Zeit, zu der es noch kein wissendes Seiendes (Being) gab und das Wissen zu existieren anfing; oder es hat andernfalls auch *ein wissendes Seiendes von Ewigkeit her gegeben* [Prämisse 2]. Wenn gesagt wird, es habe eine Zeit gegeben, zu der noch kein Seiendes irgendein Wissen hatte, zu der dieses ewige Seiende ohne jeden Verstand war, so erwidere ich, dass es dann unmöglich war, dass es jemals irgendein Wissen gegeben hat [Prämisse 3]. So unmöglich es ist, dass Dinge ohne jedes Wissen, die blind wirken und überhaupt keine

7 Oliver R. Scholz: „Was heißt es, eine Argumentation zu verstehen?“, in: Geert-Lueke Lueken (Hg.): *Formen der Argumentation*, Leipzig 2000, S. 167.

Wahrnehmung haben, ein wissendes Seiendes erzeugen, so unmöglich ist es auch, dass ein Dreieck sich selbst drei Winkel gibt, die größer als zwei rechte Winkel [180 Grad] sind. Denn es ist mit der *Idee* (Idea) empfindungsloser Materie unvereinbar, dass sie sich selbst Sinnesempfindung, Wahrnehmung und Wissen gibt, wie es mit der *Idee* eines Dreiecks unvereinbar ist, dass es sich selbst Winkel gibt, die größer als zwei rechte Winkel sind.

So führt uns unsere Vernunft von der Betrachtung unserer selbst und dessen, was wir unfehlbar in unseren eigenen Veranlagungen finden, zu dem Wissen der sicheren und evidenten Wahrheit, dass *es ein ewiges, allmächtiges und allwissendes Seiendes gibt* [Konklusion]; ob irgendjemand geneigt ist, dieses (Seiende) *Gott* zu nennen, ist gleichgültig.[8]

Der erste Satz des Texts begründet die erste Prämisse „Es gibt in der Welt manch wissendes intelligentes Seiendes". Die zweite Prämisse ist eine Bedingungsaussage, die an die erste Prämisse anknüpft. Nur ihr Dann-Teil wird im ersten Satz des zweiten Absatzes angeführt; ihr Wenn-Teil ist identisch mit der ersten Prämisse. Vollständig formuliert lautet die zweite Prämisse: „Wenn es in der Welt manch wissendes intelligentes Seiendes gibt, dann gab es entweder eine Zeit, zu der es kein wissendes Seiendes gab, oder es hat ein wissendes Seiendes (Wesen) von Ewigkeit her gegeben." Die dritte Prämisse besagt: „Wenn es eine Zeit gab, zu der es kein wissendes Seiendes gab, dann war es unmöglich, dass es jemals irgendein Wissen gegeben hat, d.h. dann gibt es in der Welt kein wissendes intelligentes Seiendes." Die folgenden beiden Sätze begründen relativ ausführlich die dritte Prämisse, welche die Hauptlast des Arguments trägt. Während die übrigen Prämissen kaum zu kritisieren sind, dürften viele Philosophen und wohl auch die Evolutionsbiologen die dritte Prämisse bestreiten. Wir brauchen hier nicht zu beurteilen, wie überzeugend das Unterargument ist.

Aus den drei Prämissen folgt, dass es ein wissendes Seiendes (Wesen) von Ewigkeit her gegeben hat. Lockes Konklusion im letzten Absatz ist allerdings etwas weitreichender. Er schreibt, es gebe „ein ewiges, allmächtiges und allwissendes Seiendes". Offensichtlich setzt er stillschweigend voraus, dass ein von Ewigkeit her wissendes Wesen gleichzusetzen ist mit einem allmächtigen und allwissenden ewigen Wesen, wie Gott es nach der traditionellen christlichen Auffassung ist. Damit kommen wir zu der zweiten der oben genannten Schwierigkeiten: Der Autor lässt eine Prämisse aus, welche die Leser aus dem Zusammenhang des Texts erschließen müssen. Dies ist eine *implizite Prämisse*. Sie lässt sich folgendermaßen ausdrücken: „Es hat genau dann ein wissendes Seiendes (Wesen) von Ewigkeit her gegeben, wenn es ein ewiges, allmächtiges und allwissendes Seiendes (Wesen) gibt." Einschließlich der impliziten Prämisse hat das Argument die folgende Form:

- W: Es gibt in der Welt manch wissendes intelligentes Seiendes.
- Z: Es gab eine Zeit, zu der es kein wissendes Seiendes gab.
- E: Es hat ein wissendes Seiendes (Wesen) von Ewigkeit her gegeben.
- A: Es gibt ein ewiges, allmächtiges und allwissendes Seiendes (Wesen).

8 John Locke: *An Essay Concerning Human Understanding*, Book IV, Chapter X, § 5 f.

W
W ⊃ (Z ∨ E)
Z ⊃ ¬W
E ≡ A

A

Abschließend ist zu prüfen, ob wir alle Prämissen berücksichtigt haben und ob die ermittelte Argumentform logisch gültig ist. Dazu könnten wir eine Wahrheitstafel heranziehen, die jedoch 16 Zeilen lang wäre, da die Argumentform vier verschiedene Aussagebuchstaben enthält. Wesentlich schneller können Sie die Argumentform mit dem Kalkül des natürlichen Schließens prüfen, das Sie im nächsten Kapitel erwartet.

Im Weiteren betrachten wir noch einige andere Argumente mit impliziten Prämissen. Grundsätzlich dürfen Sie davon ausgehen, dass diese Prämissen relativ plausibel und aus dem Kontext zu erschließen sind. Zudem enthält eine implizite Prämisse niemals ganz neue Informationen, sondern lässt sich aus den Formulierungen des Autors zusammenstellen. So müssen wir den meisten Argumenten mit dem Wort „weil" eine implizite Prämisse hinzufügen. Dieses Wort darf nicht wie der logische Ausdruck „wenn – dann" verstanden werden; „weil" ist ein Signalwort für eine Prämisse, für das es keinen eigenen logischen Operator gibt. Vergleichen Sie die beiden Sätze:

(1) Die Einwohnerzahl Deutschlands wird langfristig um ein Drittel abnehmen, *wenn* die Geburtenrate weiterhin bei 1,35 Kindern pro Frau bleibt.
(2) Die Einwohnerzahl Deutschlands wird langfristig um ein Drittel abnehmen, *weil* die Geburtenrate weiterhin bei 1,35 Kindern pro Frau bleibt.

Satz (1) ist kein Argument, sondern eine Aussage, die einen bestimmten Zusammenhang zwischen Geburtenrate und Einwohnerzahl herstellt. Er drückt weder aus, dass die Geburtenrate weiterhin bei 1,35 Kindern bleibe, noch behauptet er, dass die Einwohnerzahl um ein Drittel abnehmen werde. Anders verhält es sich mit Satz (2), in dem anstelle von „wenn" das Wort „weil" steht. Mit Satz (2) begründet man die These, der zufolge die Einwohnerzahl Deutschlands um ein Drittel abnehmen werde. Das entsprechende Argument hat zwei Prämissen, von denen nur eine explizit ausgesprochen wird, und zwar in dem mit „weil" eingeleiteten Nebensatz: „Die Geburtenrate bleibt weiterhin bei 1,35 Kindern pro Frau". Allein damit wäre aber das Argument noch unvollständig:

Die Geburtenrate bleibt weiterhin bei 1,35 Kindern pro Frau.

Also: Die Einwohnerzahl Deutschlands wird langfristig um ein Drittel abnehmen.

Mit nur einer Prämisse wäre das Argument logisch ungültig. Es ist nämlich durchaus möglich, dass die Prämisse wahr ist und die Konklusion falsch. Deutschland könnte beispielsweise mehr ausländische Zuwanderer ins Land lassen, um die Einwohnerzahl trotz niedriger Geburtenrate konstant zu halten. Das Argument ist jedoch logisch gültig, wenn wir eine zweite Prämisse gedanklich hinzufügen, die einen Zusammenhang zwischen Geburtenrate und Einwohnerzahl herstellt:

1. Die Geburtenrate bleibt weiterhin bei 1,35 Kindern pro Frau.
2. Wenn die Geburtenrate weiterhin bei 1,35 Kindern pro Frau bleibt, dann wird die Einwohnerzahl Deutschlands langfristig um ein Drittel abnehmen.

---

3. Also: Die Einwohnerzahl Deutschlands wird langfristig um ein Drittel abnehmen.

Dieses vervollständigte Argument entspricht der bekannten Argumentform Modus ponens und ist logisch gültig:

- A: Die Geburtenrate bleibt weiterhin bei 1,35 Kindern pro Frau.
- B: Die Einwohnerzahl Deutschlands wird langfristig um ein Drittel abnehmen.

A
$A \supset B$

B

Mit Wörtern wie „da", „denn" und „nämlich" lassen sich ebenfalls verkürzte Argumente ausdrücken, die in vollständiger Fassung die Form eines Modus ponens haben:

Embryonen genießen den Schutz durch die Grundrechte, *da* sie bereits Menschen sind.
Embryonen genießen den Schutz durch die Grundrechte, *denn* sie sind bereits Menschen.
Embryonen genießen den Schutz durch die Grundrechte, sie sind *nämlich* bereits Menschen.

1. Embryonen sind bereits Menschen.
2. Wenn Embryonen bereits Menschen sind, dann genießen sie den Schutz durch die Grundrechte.

---

3. Also: Embryonen genießen den Schutz durch die Grundrechte.

Betrachten wir nun einen Originaltext eines großen Philosophen: David Hume. Darin weist er durch Signalwörter sehr deutlich auf die Prämissen und die Konklusion hin:

Da die Moral … Einfluss auf die Handlungen und Affekte ausübt, folgt, dass sie nicht aus der Vernunft abgeleitet werden kann; und zwar weil die Vernunft allein, wie wir bereits bewiesen haben, niemals einen solchen Einfluss ausüben kann.[9]

Die beiden mit „da" und „weil" eingeleiteten Nebensätze sind Prämissen. Die Konklusion steht zwischen den beiden Prämissen; Hume führt sie mit den Worten „folgt, dass" ein. Die beiden Prämissen reichen aber nicht hin, um daraus die Konklusion abzuleiten. Logisch gültig ist das Argument erst, wenn wir eine dritte Prä-

9 David Hume: *A Treatise of Human Nature*, Book III, Part I, Sect. I.

misse hinzufügen, die zwischen den beiden anderen Prämissen und der Konklusion eine Verbindung herstellt. Das gelingt durch das Einfügen einer Prämisse der Form „wenn *A* und ¬*B*, dann ¬*C*“:

1. Die Moral übt Einfluss auf die Handlungen und Affekte aus.
2. Die Vernunft allein kann niemals Einfluss auf die Handlungen und Affekte ausüben.
3. Wenn die Moral Einfluss auf die Handlungen und Affekte ausübt und die Vernunft allein niemals Einfluss auf die Handlungen und Affekte ausüben kann, dann kann die Moral nicht aus der Vernunft abgeleitet werden.

---

4. Also: Die Moral kann nicht aus der Vernunft abgeleitet werden.

Die Argumentform ist eine Variante des Modus ponens:

- A: Die Moral übt Einfluss auf die Handlungen und Affekte aus.
- B: Die Vernunft allein kann Einfluss auf die Handlungen und Affekte ausüben.
- C: Die Moral kann aus der Vernunft abgeleitet werden.

A
¬B
(A & ¬B) ⊃ ¬C

¬C

Das nächste Argument eines weiteren großen Philosophen ist etwas anspruchsvoller. In Platons Dialog *Phaidon* erörtern Sokrates und seine Gesprächspartner verschiedene Argumente, die für die Unsterblichkeit der menschlichen Seele zu sprechen scheinen. Eines dieser Argumente wird von Sokrates' Gesprächspartner Kebes vorgebracht:

Sokrates: Es gibt wirklich das Wiederaufleben und das Entstehen der Lebenden aus den Gestorbenen und eine Existenz für die Seelen der Gestorbenen.

Kebes: Das ergibt sich auch nach jener häufig von dir vorgebrachten These, Sokrates, wenn sie denn wahr ist, dass das Lernen für uns nichts anderes sei als Wiedererinnerung; auch danach müssen wir wohl in einer früheren Zeit das gelernt haben, woran wir uns jetzt wiedererinnern. Das wäre aber unmöglich, wenn unsere Seele nicht irgendwo existiert hätte, bevor sie in dieser menschlichen Gestalt geboren wurde. Also scheint die Seele auch hiernach etwas Unsterbliches zu sein.[10]

Bevor wir das Argument formalisieren, ist es nützlich, den Wortlaut der Prämissen zu vereinheitlichen und zu vervollständigen. Dabei ist es nicht nur erlaubt, sondern oft sogar notwendig, sich von den Formulierungen des Autors ein wenig zu lösen. Jedoch sollten die ursprünglichen Behauptungen nicht entstellt werden. Wichtig ist

10 Platon: *Phaidon*, Übersetzung und Kommentar von Theodor Ebert, Göttingen 2004, 72e-73a. Die Übersetzung wurde geringfügig geändert. Die Dramaturgie des *Phaidon* zeigt übrigens, dass Sokrates selbst ein viel raffinierteres Argument mit einer hypothetischen Konklusion entwickelt, das wir in Teil IV vorstellen.

es, den Gehalt der Aussagen nicht zu verkürzen. Wir entnehmen dem Text drei Prämissen, aus denen aber nur folgen würde: „Die Seele hat irgendwo existiert, bevor sie in menschlicher Gestalt geboren wurde.“ Die Verbindung zur Konklusion „Die Seele ist etwas Unsterbliches“ schafft die vierte, implizite Prämisse:

1. Unser Lernen ist nichts anderes als Wiedererinnerung.
2. Wenn unser Lernen nichts anderes als Wiedererinnerung ist, dann haben wir in einer früheren Zeit das gelernt, woran wir uns jetzt wiedererinnern.
3. Wenn die Seele nicht irgendwo existiert hat, bevor sie in menschlicher Gestalt geboren wurde, dann haben wir nicht in einer früheren Zeit das gelernt, woran wir uns jetzt wiedererinnern.
4. Wenn die Seele irgendwo existiert hat, bevor sie in menschlicher Gestalt geboren wurde, dann ist die Seele etwas Unsterbliches.

---

5. Also: Die Seele ist etwas Unsterbliches.

Nach diesen Vorbereitungen ist es einfacher, die Zuordnungsliste zu erstellen und das Argument zu formalisieren:

- A: Unser Lernen ist etwas anderes als Wiedererinnerung.
- B: Wir haben in einer früheren Zeit das gelernt, woran wir uns jetzt wiedererinnern.
- C: Die Seele hat irgendwo existiert, bevor sie in menschlicher Gestalt geboren wurde.
- D: Die Seele ist etwas Unsterbliches.

$\neg A$
$\neg A \supset B$
$\neg C \supset \neg B$
$C \supset D$

D

Ob diese Argumentform logisch gültig ist, prüfen wir im nächsten Kapitel mit dem Kalkül des natürlichen Schließens.

Übungen

Formalisieren Sie die folgenden Aussagen und geben Sie jeweils in einer Zuordnungsliste die Buchstaben an, die Sie den Einzelaussagen zuweisen.

1 a) Bayern München und Inter Mailand spielen gegeneinander.
b) Bayern München und Inter Mailand spielen morgen Abend.
c) Philosophen und Soziologen sind Intellektuelle.
d) Beate und Fred sind seit einem Jahr ein Paar.
e) Beate und Fred sind ganz nett.
f) Der erste Bundeskanzler nach dem Zweiten Weltkrieg war CDU-Mitglied.
g) Sepp und Hans sitzen im Wirtshaus „Zum röhrenden Hirschen“.
h) Fritz ist blond und blauäugig.

i) Peter und Paul sind schön und schlau.
j) Starke und zugleich intelligente Männer sind selten.

2 a) Sepp und Trude lieben sowohl die Beatles als auch die Rolling Stones.
b) Für einen Ausflug aufs Oktoberfest habe ich weder Zeit noch genug Geld.
c) Henrike ist schon sehr verärgert, und wenn ihr Freund nicht bald auftaucht, wird sie wieder nach Hause gehen.
d) Es stimmt überhaupt nicht, dass sowohl Sepp als auch Trude kommen.
e) Herr Huber, welcher der beste Kenner französischer Weine ist, empfiehlt mir den Bordeaux vom Vorjahr.
f) Die Firma, der ich immer noch Geld schulde, schickte mir eine Mahnung.
g) Goethe reiste ins Land, wo die Zitronen blüh'n.
h) Goethe reiste nach Italien, wo die Zitronen blüh'n.
i) Schiller war keineswegs bisexuell oder blauäugig.
j) Goethe und Schiller waren keine Jäger.

3 a) Erst wenn du eine Freundin hast, wirst du glücklich.
b) Friedrich tanzt nur, wenn Petra oder seine Kumpel mit ihm tanzen.
c) Andreas fährt nur dann in den Urlaub, wenn er sich wieder gesund fühlt und sein Arzt keine Bedenken gegen die Reise äußert.
d) Den Schein bekommst du nur, wenn du regelmäßig anwesend bist, alle Übungsblätter bearbeitest und die Klausur bestehst.
e) Notwendige und zugleich hinreichende Bedingungen für den Scheinerwerb sind deine regelmäßige Anwesenheit, die Bearbeitung aller Übungsblätter und das Bestehen der Klausur.
f) Notwendige Bedingung für deine Teilnahme an der Wahl zum Deutschen Bundestag ist die deutsche Staatsbürgerschaft.

5. Aussagenlogischer Kalkül des natürlichen Schließens

Ein Kalkül (lateinisch *calculus*: Rechenstein) ist eine künstliche Sprache mit genau definierten Zeichen und Regeln, mit denen sich Formeln bilden und aus gegebenen Formeln weitere Formeln ableiten lassen. Zu Beginn von Teil II wurden bereits die Zeichen und Formationsregeln des aussagenlogischen Kalküls des natürlichen Schließens vorgestellt. In diesem Kapitel lernen Sie 15 Schlussregeln kennen. Es handelt sich dabei um logische Gesetze, die Sie größtenteils bereits aus dem zweiten und dritten Kapitel kennen, im nächsten Kapitel kommen zwei hinzu. Mit Hilfe dieser Schlussregeln lässt sich *beweisen*, dass bestimmte Argumentformen logisch gültig sind.

Als Erfinder des Kalküls des natürlichen Schließens gelten der deutsche Logiker Gerhard Gentzen und der Pole Stanisław Jaśkowski, die den Kalkül um etwa 1930 unabhängig voneinander entwickelten. Seither haben andere Logiker verschiedene

Varianten vorgeschlagen, die sich hinsichtlich der Schlussregeln und der Notation unterscheiden. Der Grundgedanke ist jedoch stets derselbe und lässt sich treffend in Gentzens Worten ausdrücken: „Ich wollte … einen Formalismus aufstellen, der dem wirklichen Schließen möglichst nahe kommt.“[11]

Eigentlich würden wir nur zehn Schlussregeln benötigen: für jeden logischen Operator der Aussagenlogik eine Regel für dessen Einführung und eine für dessen Beseitigung. Die Beweise werden jedoch kürzer, wenn wir einige zusätzliche Schlussregeln verwenden. Deshalb stellen wir in diesem Kapitel neben acht unentbehrlichen Schlussregeln sieben weitere vor, welche die Beweisführung erheblich erleichtern. Wir beschränken uns auf sieben, da eine noch größere Anzahl zu unübersichtlich ist.

5.1 Modus ponens

Zuerst stellen wir die wohl bekannteste Schlussregel vor, den *Modus ponens* (abgekürzt: *MP*). Die Bezeichnung leitet sich von den lateinischen Wörtern *modus* (Art und Weise) und *ponere* (setzen) ab und bedeutet so viel wie *setzende Schlussfigur*. Die mittelalterlichen Logiker nannten die Schlussregel *Modus ponendo ponens*: Schlussfigur, die durch Setzen setzt. Indem man nämlich das Vorderglied einer Prämisse „setzt“, darf man das Hinterglied „setzen“. Genauer gesagt lässt sich der Modus ponens auf eine Prämisse anwenden, deren Hauptoperator das Konditional ist, und auf eine Prämisse, die mit dem Vorderglied der anderen identisch ist; er erlaubt es, daraus das Hinterglied abzuleiten.

Modus ponens (MP)

$\alpha \supset \beta$

α

β

In der symbolischen Darstellung der Schlussregeln verwenden wir die griechischen Buchstaben als Platzhalter, an deren Stelle nicht nur beliebige Aussagebuchstaben stehen können, sondern auch längere (Teil-) Formeln mit mehreren Aussagebuchstaben. Die Reihenfolge der Prämissen spielt beim Modus ponens ebenso wie bei allen anderen Schlussregeln keine Rolle. Der waagerechte Strich markiert den Schluss von den jeweiligen Prämissen auf die darunter stehende Konklusion.

Betrachten wir ein erstes Beispiel eines Schlusses, in dem der Modus ponens angewendet wird:

11 Gerhard Gentzen: „Untersuchungen über das logische Schließen. I“, in: *Mathematische Zeitschrift* 39, 1934/1935, S. 176.

$(A \& B) \supset (C \vee D)$
$A \& B$
———————
$C \vee D$

Die zweite Prämisse *A & B* ist identisch mit dem Vorderglied der ersten Prämisse *(A & B) ⊃ (C ∨ D)*. Der Modus ponens erlaubt es nun, das Hinterglied der ersten Prämisse abzuleiten: *C ∨ D*.

Weitere Beispiele eines korrekten Modus-ponens-Schlusses sind:

$A \supset B$	A	$\neg A \supset B$
A	$A \supset B$	$\neg A$
———	———	———
B	B	B

Der Modus ponens ist leicht zu verwechseln mit dem *Fehlschluss der Bejahung des Konsequens*. In diesem Fall ist eine der Prämissen identisch mit dem Hinterglied der. Es ist aber unzulässig, daraus das Vorderglied abzuleiten. Die folgenden Schlüsse sind daher *nicht* logisch gültig:

$A \supset B$	$A \& B$	$A \supset \neg B$
B	$C \supset (A \& B)$	$\neg B$
———	———	———
A	C	A

Beweise im Kalkül des natürlichen Schließens haben eine bestimmte Form. Sie bestehen aus mehreren nummerierten Zeilen, beginnend mit den Prämissen. Meist werden mehrere Schlüsse gezogen und Zwischenkonklusionen abgeleitet, aus denen am Ende die Konklusion abgeleitet wird. Im Einzelnen gehen Sie wie folgt vor:

1. Schreiben Sie die Prämissen jeweils in eine eigene Zeile und nummerieren Sie diese und alle folgenden Zeilen. In einer rechten Spalte kennzeichnen Sie die Prämissen durch den Zusatz „Annahme“ (abgekürzt: „Ann.“).
2. Aus den Prämissen leiten Sie mit Hilfe der Schlussregeln Zwischenkonklusionen ab, wobei Sie je Zeile nur eine Schlussregel anwenden.
3. Anschließend leiten Sie aus den Zwischenkonklusionen weitere Zwischenkonklusionen ab, bis Sie die Konklusion der Argumentform ableiten können.
4. In die rechte Spalte tragen Sie zum einen die Nummern der Prämissen oder Zwischenkonklusionen ein, aus denen Sie die jeweilige (Zwischen-) Konklusion abgeleitet haben, zum anderen die Bezeichnung der jeweiligen Schlussregel.

Eine Argumentform ist *logisch gültig*, wenn die Konklusion mit Hilfe der Schlussregeln aus den Prämissen abgeleitet werden kann.

Um beispielsweise zu beweisen, dass die folgende Argumentform logisch gültig ist, kommt der Modus ponens zweimal zum Einsatz:

$B \supset C$
A
$A \supset B$

C

Im ersten Schritt notieren wir die drei Prämissen der obigen Argumentform:

(1)	$B \supset C$	Annahme
(2)	A	Annahme
(3)	$A \supset B$	Annahme

Die zweite Prämisse *A* ist identisch mit dem Vorderglied der dritten Prämisse $A \supset B$. Deshalb dürfen wir daraus in der nächsten Zeile per Modus ponens die Zwischenkonklusion *B* ableiten. Sie ist wiederum identisch mit dem Vorderglied der ersten Prämisse $B \supset C$, was den Schluss auf *C* erlaubt. Damit ist der Beweis abgeschlossen, da *C* die Konklusion der Argumentform ist:

(4)	B	2, 3, Modus ponens	
(5)	C	1, 4, Modus ponens	q.e.d.

Damit ist bewiesen, was zu beweisen war: Die Argumentform ist logisch gültig. Neben oder unter die letzte Zeile eines erfolgreichen Beweises schreiben wir „q.e.d.". Das ist die Abkürzung für die lateinische Phrase „quod erat demonstrandum" und bedeutet: was zu beweisen war. Um symbolisch auszudrücken, dass die Konklusion aus den Annahmen ableitbar ist, schreiben wir die Prämissen, durch Kommata getrennt, nebeneinander und setzen dahinter das Zeichen der Ableitbarkeit „$\vdash$" sowie die Konklusion:

$B \supset C, A, A \supset B \vdash C$

Das bedeutet: Aus $B \supset C$, *A* und $A \supset B$ ist mit Hilfe der Schlussregeln des Kalküls *C* ableitbar. Man sagt auch: Der Schluss von $B \supset C$, *A* und $A \supset B$ auf *C* ist syntaktisch gültig. Das heißt, dass der Schluss von den Prämissen auf die Konklusion aufgrund der Schlussregeln und der Anordnung der Zeichen gültig ist.

Auch mit einer Wahrheitstafel lässt sich beweisen, dass diese Argumentform logisch gültig ist. Das ist jedoch vergleichsweise aufwändig, weil eine Wahrheitstafel mit drei Aussagebuchstaben acht Zeilen lang ist:

A	B	C	B ⊃ C	A	A ⊃ B	C
W	W	W	W W W	W	W W W	W
W	W	F	W F F	W	W W W	F
W	F	W	F W W	W	W F F	W
W	F	F	F W F	W	W F F	F
F	W	W	W W W	F	F W W	W
F	W	F	W F F	F	F W W	F
F	F	W	F W W	F	F W F	W
F	F	F	F W F	F	F W F	F

Nur in der ersten Zeile sind alle drei Prämissen wahr. Da in diesem Fall auch die Konklusion wahr ist, ist die Argumentform logisch gültig.

Wenn wir mit einer Wahrheitstafel nachgewiesen haben, dass die Konklusion aus den Prämissen logisch folgt, können wir dies mit dem Zeichen der logischen Folgerung „⊨" symbolisieren:

B ⊃ C, A, A ⊃ B ⊨ C

Das bedeutet: Aus *B ⊃ C*, *A* und *A ⊃ B* folgt logisch *C*. Man sagt auch: Der Schluss von *B ⊃ C*, *A* und *A ⊃ B* auf *C* ist semantisch gültig. Das heißt, dass der Schluss von den Prämissen auf die Konklusion aufgrund der Bedeutung der darin vorkommenden Zeichen gültig ist.

Die Unterscheidung zwischen Ableitbarkeit und logischer Folgerung ist allerdings in der klassischen Logik nicht so wichtig, weil ein Schluss genau dann syntaktisch gültig ist, wenn er zugleich semantisch gültig ist. Anders gesagt: Eine Konklusion ist genau dann aus bestimmten Prämissen ableitbar, wenn sie aus diesen Prämissen logisch folgt. Für die Aussagenlogik hat das die Konsequenz, dass Sie die logische Gültigkeit sowohl mit einer Wahrheitstafel als auch mit dem Kalkül des natürlichen Schließens beweisen können; Sie gelangen stets zu demselben Resultat.

Umgekehrt erlaubt jedoch nur die Wahrheitstafel einen echten Beweis der logischen Ungültigkeit. Enthält sie eine Zeile mit wahren Prämissen und falscher Konklusion, so ist die Argumentform gewiss nicht logisch gültig (vorausgesetzt, Sie haben die Wahrheitstafel korrekt ausgefüllt). Wenn Sie hingegen mit dem Kalkül des natürlichen Schließens die Konklusion nicht ableiten können, stellt das nicht den Beweis der logischen Ungültigkeit dar. Dies könnte ja auch daran liegen, dass Sie nicht die passenden Schlüsse gezogen haben. Manche Logiker zählen daher den Kalkül des natürlichen Schließens nicht zu den Entscheidungsverfahren, weil es nicht endgültig zu entscheiden erlaubt, ob eine Argumentform ungültig ist.

5.2 Modus tollens

Der kleine Bruder des Modus ponens ist der *Modus tollens* (abgekürzt: *MT*). Der Ausdruck setzt sich aus den lateinischen Wörtern *modus* (Art und Weise) und *tollere* (aufheben) zusammen und bedeutet „aufhebende Schlussfigur“. Die eine Prämisse enthält ein Konditional, die andere hebt das Hinterglied der ersten Prämisse durch eine Negation auf. Daraufhin darf man das Vorderglied aufheben, d.h. die Negation des Vorderglieds ableiten. Die mittelalterlichen Logiker gaben der Schlussregel daher die genauere Bezeichnung *Modus tollendo tollens*, wörtlich übersetzt: „Schlussfigur, die durch Aufheben aufhebt“:

Modus tollens (MT)

$$\frac{\alpha \supset \beta \qquad \neg\beta}{\neg\alpha}$$

Der Modus tollens ließe sich prinzipiell durch andere Schlussregeln ersetzen. Er vereinfacht jedoch so viele Beweise, dass Sie ihn sich gut merken sollten. Betrachten wir einige Beispiele von Modus-tollens-Schlüssen. Die Reihenfolge der Prämissen ist wiederum irrelevant:

$$\frac{A \supset B \qquad \neg B}{\neg A} \qquad\qquad \frac{\neg B \qquad A \supset B}{\neg A} \qquad\qquad \frac{A \supset \neg B \qquad \neg\neg B}{\neg A}$$

Erneut ist zu warnen vor einem Fehlschluss, der dem Modus tollens zum Verwechseln ähnlich sieht: der *Fehlschluss der Verneinung des Antezedens*. Die folgenden Schlüsse sind *nicht* zulässig:

$$\frac{A \supset B \qquad \neg A}{\neg B} \qquad\qquad \frac{A \supset (B \equiv C) \qquad \neg A}{\neg(B \equiv C)} \qquad\qquad \frac{\neg A \supset B \qquad A}{\neg B}$$

Modus ponens und Modus tollens lassen sich innerhalb eines Beweises kombinieren. Bevor Sie weiterlesen, empfehlen wir Ihnen, den Beweis für die folgende Argumentform zunächst selbst durchzuführen.

$$\frac{\neg A \supset \neg B \qquad C \supset B \qquad \neg A}{\neg C}$$

Die dritte Prämisse $\neg A$ ist identisch mit dem Vorderglied der ersten Prämisse $\neg A \supset \neg B$. Der Modus ponens erlaubt es, als Zwischenkonklusion das Hinterglied $\neg B$ abzuleiten. $\neg B$ ist die Negation des Hinterglieds der zweiten Prämisse $C \supset B$. Deshalb können wir den Modus tollens einsetzen und die Negation des Vorderglieds, also $\neg C$, ableiten:

(1)	$\neg A \supset \neg B$	Annahme
(2)	$C \supset B$	Annahme
(3)	$\neg A$	Annahme
(4)	$\neg B$	1, 3, Modus ponens
(5)	$\neg C$	2, 4, Modus tollens q.e.d.

5.3 Kettenschluss

In zahlreichen Argumenten werden mehrere Bedingungsaussagen miteinander verkettet:

1. Wenn es regnet, dann ist die Straße nass.
2. Wenn die Straße nass ist, dann steigt die Zahl der Unfälle.

---

3. Also: Wenn es regnet, dann steigt die Zahl der Unfälle.

Der *Kettenschluss* (abgekürzt: *KS*), oft auch *Transitivität* genannt, erlaubt es, aus Prämissen der Form $\alpha \supset \beta$ und $\beta \supset \gamma$ die Konklusion $\alpha \supset \gamma$ abzuleiten. Voraussetzung dafür ist, dass das Hinterglied der einen Prämisse identisch ist mit dem Vorderglied der anderen:

Kettenschluss (KS)

$$\frac{\alpha \supset \beta \quad \beta \supset \gamma}{\alpha \supset \gamma}$$

Die folgenden drei Schlüsse entsprechen dieser Schlussregel:

$$\frac{A \supset B \quad B \supset C}{A \supset C} \qquad \frac{B \supset C \quad A \supset B}{A \supset C} \qquad \frac{(A \vee B) \supset \neg(C \,\&\, \neg A) \quad \neg(C \,\&\, \neg A) \supset \neg B}{(A \vee B) \supset \neg B}$$

5.4 Kontraposition

Eng verwandt mit dem Modus tollens ist die *Kontraposition* (abgekürzt: *KP*). Sie erlaubt es, bei Formeln mit Konditional das Vorder- und Hinterglied zu vertauschen, wenn beide Glieder negiert werden:

Kontraposition (KP)^{T}

$$\frac{\alpha \supset \beta}{\neg\beta \supset \neg\alpha}$$

Was das hochgestellte ^{T} bedeutet, erklären wir in Kürze. Zuvor geben wir auch für diese Schlussregel drei Beispiele:

$$\frac{A \supset B}{\neg B \supset \neg A} \qquad \frac{A \supset \neg B}{\neg\neg B \supset \neg A} \qquad \frac{\neg(A \supset B) \supset (\neg A \vee B)}{\neg(\neg A \vee B) \supset \neg\neg(A \supset B)}$$

Die linke Argumentform findet Anwendung in dem folgenden Argument:

1. Wenn Präsident Obama sich in Los Angeles befindet, dann ist er in den USA.

---

2. Also: Wenn Präsident Obama nicht in den USA ist, dann befindet er sich nicht in Los Angeles.

Um gleich ein Missverständnis auszuschließen: Es wäre ein Fehlschluss, aus der Formel $A \supset B$ die Konklusion $B \supset A$ abzuleiten. Veranschaulichen lässt sich das anhand eines Gegenbeispiels mit wahrer Prämisse und falscher Konklusion: „Wenn Präsident Obama sich in Los Angeles befindet, dann ist er in den USA. Also: Wenn Präsident Obama in den USA ist, dann befindet er sich Los Angeles."

Einen Fehlschluss begeht ebenfalls, wer aus $A \supset B$ die Formel $\neg A \supset \neg B$ ableitet. Gegenbeispiel: „Wenn ich 200 kg wiege, dann wiege ich mehr als 3 kg. Also: Wenn ich nicht 200 kg wiege, dann wiege ich nicht mehr als 3 kg."

Im Gegensatz zu den vorigen Schlussregeln ist die Kontraposition eine *Äquivalenzregel*: Die Prämisse und die Konklusion sind nämlich logisch äquivalent; aus der Konklusion ließe sich wiederum die Prämisse ableiten. Äquivalenzregeln haben einen Vorteil: Wir dürfen sie auch auf Teilformeln anwenden; sie sind deshalb mit einem hochgestellten ^{T} gekennzeichnet. So enthält z. B. die Formel $A \;\&\; (B \supset C)$ die Teilformel $(B \supset C)$. Daraus dürfen wir mit Hilfe der Kontraposition auf $(\neg C \supset \neg B)$ schließen, während wir die andere Teilformel nicht verändern. So erhalten wir aus $A \;\&\; (B \supset C)$ die Konklusion $A \;\&\; (\neg C \supset \neg B)$. Auch in den folgenden drei Beispielen wenden wir die Kontraposition auf Teilformeln an:

$$\frac{A \supset (B \supset C)}{A \supset (\neg C \supset \neg B)} \qquad \frac{(\neg A \supset \neg B) \vee C}{(\neg\neg B \supset \neg\neg A) \vee C} \qquad \frac{\neg(A \supset B)}{\neg(\neg B \supset \neg A)}$$

An vorangegangener Stelle erwähnten wir, dass man auf den Modus tollens verzichten könnte. Er ließe sich ersetzen durch eine Kombination aus Kontraposition und Modus ponens. Dies sei anhand einer bekannten Argumentform veranschaulicht:

$\neg A \supset \neg B$
$C \supset B$
$\neg A$
———
$\neg C$

Im zweiten Abschnitt haben wir den Beweis mit Modus ponens und Modus tollens geführt. Es geht aber auch mit Modus ponens und Kontraposition:

(1)	$\neg A \supset \neg B$	Annahme
(2)	$C \supset B$	Annahme
(3)	$\neg A$	Annahme
(4)	$\neg B$	1, 3, Modus ponens
(5)	$\neg B \supset \neg C$	2, Kontraposition
(6)	$\neg C$	4, 5, Modus ponens q.e.d.

Dieser Beweis ist allerdings eine Zeile länger als der frühere Beweis. Es gibt noch eine dritte Beweisführung, die den Kettenschluss benutzt und ebenfalls ohne Modus tollens auskommt:

(1)	$\neg A \supset \neg B$	Annahme
(2)	$C \supset B$	Annahme
(3)	$\neg A$	Annahme
(4)	$\neg B \supset \neg C$	2, Kontraposition
(5)	$\neg A \supset \neg C$	1, 4, Kettenschluss
(6)	$\neg C$	3, 5, Modus ponens q.e.d.

5.5 Negations-Beseitigung

Die *Negations-Beseitigung* (abgekürzt: *¬-Bes.*) müsste eigentlich „doppelte Negations-Beseitigung“ heißen, denn sie erlaubt es, doppelte Negationen zu beseitigen.

Negations-Beseitigung (¬-Bes.) T S

$\neg\neg\alpha$
———
α

Beispiele für die Negations-Beseitigung:

$\neg\neg A$	$\neg\neg\neg A$	$\neg\neg(A \vee B)$
———	———	———
A	$\neg A$	$(A \vee B)$

Als „doppelte Negation“ bezeichnen wir zwei Negationen, die unmittelbar aufeinanderfolgen und durch keine anderen Zeichen getrennt sind. So enthält z.B. die Formel $\neg(\neg A \,\&\, B)$ keine doppelte Negation; es wäre unzulässig, daraus $A \,\&\, B$ abzuleiten.

Was das hochgestellte ^{S} bedeutet, erklären wir im nächsten Abschnitt. Das hochgestellte ^{T} macht wieder darauf aufmerksam, dass die Schlussregel auch auf Teilformeln anwendbar ist. Sie dürfen jede doppelte Negation an jeder Stelle beseitigen. Dazu zwei Beispiele:

$$\frac{A \supset \neg\neg\neg B}{A \supset \neg B} \qquad\qquad \frac{A \vee (\neg\neg B \,\&\, \neg C)}{A \vee (B \,\&\, \neg C)}$$

Den nächsten Beweis führen Sie bitte wieder selbst (schriftlich) durch: Leiten Sie aus $\neg B \supset \neg A$ die Konklusion $A \supset B$ ab!

Hier die Lösung:

(1)	$\neg B \supset \neg A$	Annahme	
(2)	$\neg\neg A \supset \neg\neg B$	1, Kontraposition	
(3)	$A \supset \neg\neg B$	2, Negations-Beseitigung	
(4)	$A \supset B$	3, Negations-Beseitigung	q.e.d.

5.6 Negations-Einführung

Während die Negations-Beseitigung zwei aufeinanderfolgende Negationen tilgt, fügt die *Negations-Einführung* (abgekürzt: *¬-Einf.*) eine doppelte Negation hinzu.

Negations-Einführung (¬-Einf.) $^{T\ S}$

$$\frac{\alpha}{\neg\neg\alpha}$$

$$\frac{A}{\neg\neg A} \qquad\qquad \frac{\neg A}{\neg\neg\neg A} \qquad\qquad \frac{A \,\&\, B}{\neg\neg(A \,\&\, B)}$$

Da die Negations-Einführung ebenfalls auf Teilformeln anwendbar ist, dürfen Sie die doppelte Negation vor einer Teilformel platzieren, beispielsweise vor einem Aussagebuchstaben oder vor einer Klammer (nicht aber vor einem anderen logischen Operator):

$$\frac{A \supset (\neg B \vee C)}{A \supset (\neg\neg\neg B \vee C)} \qquad\qquad \frac{A \supset (\neg B \vee C)}{A \supset \neg\neg(\neg B \vee C)}$$

Der Beweis für die folgende Argumentform kombiniert Negations-Einführung und Modus tollens:

A ⊃ ¬B
B

¬A

(1)	A ⊃ ¬B	Annahme	
(2)	B	Annahme	
(3)	¬¬B	2, Negations-Einführung	
(4)	A	1, 3, Modus tollens	q.e.d.

Die Negations-Beseitigung und die Negations-Einführung können Sie in Beweisen jederzeit stillschweigend vornehmen, worauf das hochgestellte ^{S} hinweist. Sie dürfen jederzeit eine doppelte Negation entfernen oder hinzufügen, ohne dies in der rechten Spalte des Beweises angeben zu müssen. Für diese Schlüsse bedarf es keiner gesonderten Beweiszeile. Deshalb kann die dritte Zeile des obigen Beweises wegfallen:

(1)	A ⊃ ¬B	Annahme	
(2)	B	Annahme	
(3)	¬A	1, 2, Modus tollens	q.e.d.

Jetzt können wir beweisen, dass Kebes' Argument zugunsten der Unsterblichkeit der menschlichen Seele aus Platons *Phaidon* (72e-73a) logisch gültig ist. Am Ende des vorigen Kapitels haben wir dessen Argumentform ermittelt:

¬A
¬A ⊃ B
¬C ⊃ ¬B
C ⊃ D

D

Der Beweis ist etwas anspruchsvoller und länger als die bisherigen. An solche Beweise sollten wir strategisch herangehen: Wir gehen vom Ende des Beweises aus nehmen in umgekehrter Reihenfolge alle Schritte vorweg, durch die wir auf die Konklusion schließen können. Zuerst überprüfen wir, ob die Konklusion, in unserem Fall die Formel *D*, in einer oder mehreren Prämissen als Teilformel enthalten ist. Tatsächlich findet sie sich im Hinterglied der vierten Prämisse *C* ⊃ *D*. Als Nächstes ist zu überlegen: Wie könnten wir aus *C* ⊃ *D* die Konklusion *D* ableiten? Geeignet wäre ein Modus-ponens-Schluss, für den wir allerdings die Formel *C* benötigen. Falls es uns gelänge, *C* abzuleiten, wäre am Ende des Beweises der folgende Schluss auf die Konklusion möglich:

$C \supset D$
C
———
D

Wie kommen wir zu *C*? Dieser Aussagebuchstabe kommt im Vorderglied der dritten Prämisse $\neg C \supset \neg B$ vor, ist dort aber negiert. Um aus $\neg C \supset \neg B$ die Formel *C* abzuleiten, wäre ein Modus-tollens-Schluss geeignet, für den wir allerdings die Negation des Hinterglieds benötigen: $\neg\neg B$. Gelänge es uns, $\neg\neg B$ abzuleiten, dürften wir per Modus tollens auf $\neg\neg C$ und per Negations-Beseitigung stillschweigend auf *C* schließen:

$\neg C \supset \neg B$
$\neg\neg B$
———
C

Die letzte Frage lautet: Wie erhalten wir $\neg\neg B$? Aus den beiden Prämissen $\neg A$ und $\neg A \supset B$ lässt sich per Modus ponens *B* ableiten, und daraus dürfen wir mit der Negations-Einführung stillschweigend auf $\neg\neg B$ schließen:

$\neg A$
$\neg A \supset B$
———
$\neg\neg B$

Damit sind wir die Schritte des Beweises in umgekehrter Reihenfolge durchgegangen. Nun beginnen wir mit dem zuletzt genannten Modus-ponens-Schluss und der Negations-Einführung:

(1)	$\neg A$	Annahme
(2)	$\neg A \supset B$	Annahme
(3)	$\neg C \supset \neg B$	Annahme
(4)	$C \supset D$	Annahme
(5)	B	1, 2, Modus ponens
[(6)	$\neg\neg B$	5, Negations-Einführung]

Da wir die Negations-Einführung ebenso wie die Negations-Beseitigung stillschweigend durchführen dürfen, könnten wir Zeile (6) auslassen. Künftig setzen wir um derartige Zeilen eckige Klammern oder lassen sie ganz weg. Der weitere Weg führt uns über den vorhin besprochenen Modus-tollens-Schluss und die Negations-Beseitigung zu dem eingangs vorweggenommenen Modus-ponens-Schluss, mit dem wir die Konklusion ableiten:

(7)	$\neg\neg C$	3, 6, Modus tollens
[(8)	C	7, ¬-Beseitigung]
(9)	D	4, 8, Modus ponens q.e.d.

Lassen wir die beiden überflüssigen Zeilen für die Negations-Einführung und die Negations-Beseitigung weg, hat der Beweis folgende Gestalt:

(1)	$\neg A$	Annahme
(2)	$\neg A \supset B$	Annahme
(3)	$\neg C \supset \neg B$	Annahme
(4)	$C \supset D$	Annahme
(5)	B	1, 2, Modus ponens
(6)	$\neg\neg C$	3, 5, Modus tollens
(7)	D	4, 6, Modus ponens q.e.d.

Es gibt noch einige weitere Beweiswege. Wir könnten beispielsweise auf den Modus tollens verzichten und stattdessen die Kontraposition und den Kettenschluss anwenden:

(1)	$\neg A$	Annahme
(2)	$\neg A \supset B$	Annahme
(3)	$\neg C \supset \neg B$	Annahme
(4)	$C \supset D$	Annahme
(5)	$B \supset C$	3, Kontraposition
(6)	$\neg A \supset C$	2, 5, Kettenschluss
(7)	$\neg A \supset D$	4, 6, Kettenschluss
(8)	D	1, 7, Modus ponens q.e.d.

Mit den bisherigen sechs Schlussregeln können wir auch das bekannte Gehirn-im-Tank-Argument von Hilary Putnam analysieren. Im ersten Absatz beschreibt Putnam ein skeptisches Szenario, in dem sich die Vorstellungen einer Person radikal von der Außenwelt unterscheiden. Der zweite Absatz enthält das eigentliche Argument, das wir gegenüber dem Originaltext gekürzt und vereinfacht haben. Putnam möchte damit nachweisen, dass das skeptische Szenario nicht eintreten könne.

Folgendes ist eine von Philosophen diskutierte Science-Fiction-Möglichkeit: Man stelle sich vor, ein Mensch (du kannst dir auch ausmalen, dass du selbst es bist) sei von einem bösen Wissenschaftler operiert worden. Das Gehirn dieser Person (dein Gehirn) ist aus dem Körper entfernt worden und in einen Tank mit Nährlösung, die das Gehirn am Leben erhält, gesteckt worden. Die Nervenenden sind mit einem superwissenschaftlichen Computer verbunden worden, der bewirkt, dass die Person, deren Gehirn es ist, der Täuschung unterliegt, alles verhalte sich völlig normal. Da scheinen Leute, Gegenstände, der Himmel usw. zu sein, doch in Wirklichkeit ist alles, was diese Person (du) erlebt, das Resultat elektronischer Impulse, die vom Computer in die Nervenenden übergehen.[12]

Wenn du ein Gehirn im Tank bist, dann stehst du zu den Dingen der Außenwelt in keiner kausalen Wechselbeziehung. Deine Worte und Gedanken haben aber nur dann eine gewöhnliche Bedeutung, wenn du zu den Dingen der Außenwelt in kausalen Wechselbeziehungen stehst. Wenn deine Worte und Gedanken hingegen keine gewöhnliche Bedeutung haben, kannst du nicht denken. Offensichtlich kannst du aber sehr wohl denken. Du kannst zum

12 Hilary Putnam: *Vernunft, Wahrheit und Geschichte*, Frankfurt/M. 1990, S. 21.

Beispiel darüber nachdenken, ob du ein Gehirn im Tank bist. Also bist du doch kein Gehirn im Tank.[13]

Versuchen Sie bitte, bevor Sie weiterlesen, das Argument des zweiten Absatzes zu formalisieren. Anschließend vergleichen Sie Ihr Ergebnis mit dem folgenden Vorschlag.

- T: Du bist ein Gehirn im Tank.
- A: Du stehst zu den Dingen der Außenwelt in kausalen Wechselbeziehungen.
- W: Deine Worte haben eine gewöhnliche Bedeutung.
- G: Deine Gedanken haben eine gewöhnliche Bedeutung.
- D: Du kannst denken.

$$\begin{array}{l} T \supset \neg A \\ (W \;\&\; G) \supset A \\ (\neg W \;\&\; \neg G) \supset \neg D \\ D \\ \hline \neg T \end{array}$$

In unserem Vorschlag entnehmen wir dem Satz „Deine Worte und Gedanken haben eine gewöhnliche Bedeutung" zwei Einzelaussagen, die wir mit den Aussagebuchstaben *W* und *G* formalisieren. Achten Sie auf die nachgestellte Verneinung im Wenn-Teil der dritten Prämisse „Wenn deine Worte und Gedanken hingegen *keine* gewöhnliche Bedeutung haben, kannst du nicht denken". Hierin wird sowohl *W* als auch *G* verneint (vgl. den vierten Abschnitt des vierten Kapitels). Sie dürfen die Worte und Gedanken jedoch auch als *eine* Gruppe von Gegenständen auffassen, denen eine gemeinsame Eigenschaft zugesprochen wird. Deshalb ist es auch legitim, dem Satz „Deine Worte und Gedanken haben eine gewöhnliche Bedeutung" bloß eine Einzelaussage zu entnehmen:

- B: Deine Worte und Gedanken haben eine gewöhnliche Bedeutung.

Solche Vereinfachungen sind, solange sie begründbar sind, sehr zu empfehlen. Wir werden daher im Weiteren die folgende Argumentform zugrunde legen:

$$\begin{array}{l} T \supset \neg A \\ B \supset A \\ \neg B \supset \neg D \\ D \\ \hline \neg T \end{array}$$

Wir dürfen davon ausgehen, dass Putnams Argument, so wie die meisten Argumente großer Philosophen, logisch gültig ist, da Putnam ein ausgezeichneter Logiker ist. Ein Beweis offenbart jedoch, ob wir in der obigen Argumentform alle Prä-

13 Vgl. Hilary Putnam: *Vernunft, Wahrheit und Geschichte*, Frankfurt/M., S. 21–35.

missen des Arguments berücksichtigt haben. Sollte sich die Konklusion nicht ableiten lassen, so wäre das ein Indiz dafür, dass wir eine Prämisse übersehen haben oder eine implizite Prämisse ergänzen müssen.

Wir schlagen Ihnen vor, den Beweis zunächst selbst zu versuchen. Wenn er Ihnen gelingt, können Sie die Erklärungen auf der folgenden Seite überspringen.

Wir empfehlen wiederum, vom Ende her zu denken und in umgekehrter Reihenfolge alle Schritte vorwegzunehmen, durch die wir auf die Konklusion schließen können. Als erstes sollten wir nachsehen, ob die Konklusion $\neg T$ in einer oder mehreren Prämissen als Teilformel enthalten ist. Offensichtlich ist das nicht der Fall, immerhin bildet aber der Aussagebuchstabe T das Vorderglied der ersten Prämisse. Als Nächstes ist zu überlegen: Wie könnten wir aus $T \supset \neg A$ die Konklusion $\neg T$ ableiten? Geeignet wäre ein Modus-tollens-Schluss, für den wir allerdings die Formel $\neg\neg A$ benötigen. Gelänge es uns, $\neg\neg A$ abzuleiten, könnten wir am Ende per Modus tollens auf die Konklusion $\neg T$ schließen:

T ⊃ ¬A
¬¬A

¬T

Wie können wir $\neg\neg A$ ableiten? A ist das Hinterglied der zweiten Prämisse $B \supset A$. Gelänge es uns, B abzuleiten, dürften wir per Modus ponens auf A und per Negations-Einführung auf $\neg\neg A$ schließen:

B ⊃ A
B

¬¬A

Wie gelangen wir zu B? Wir können B aus der dritten und vierten Prämisse ableiten. Fügen wir nämlich der vierten Prämisse D durch Negations-Einführung eine doppelte Negation hinzu, so erhalten wir $\neg\neg D$; dies ist die Negation des Hinterglieds der dritten Prämisse $\neg B \supset \neg D$. Daher dürfen wir per Modus tollens $\neg\neg B$ ableiten und per Negations-Beseitigung auf B schließen:

¬B ⊃ ¬D
¬¬D

B

Damit sind wir die Schritte des Beweises in umgekehrter Reihenfolge durchgegangen. Wenn wir nun den Beweis in kompakter Form aufschreiben, beginnen wir mit den zuletzt genannten Schlüssen, also mit der Negations-Einführung, dem Modus-tollens-Schluss und der anschließenden Negations-Beseitigung. Die mittleren Beweisschritte bilden der zuvor genannte Modus-ponens-Schluss und die Negations-Einführung, ehe wir am Ende per Modus tollens auf die Konklusion schließen:

(1) $T \supset \neg A$	Annahme	
(2) $B \supset A$	Annahme	
(3) $\neg B \supset \neg D$	Annahme	
(4) D	Annahme	
[(5) $\neg\neg D$	4, Negations-Einführung]	
(6) $\neg\neg B$	3, 5, Modus tollens	
[(7) B	6, Negations-Beseitigung]	
(8) A	2, 7, Modus ponens	
[(9) $\neg\neg A$	8, Negations-Einführung]	
(10) $\neg T$	1, 9, Modus tollens	q.e.d.

5.7 Konjunktions-Beseitigung

Die *Konjunktions-Beseitigung* (abgekürzt: *&-Bes.*) eliminiert das Vorder- oder Hinterglied einer Formel, deren Hauptoperator die Konjunktion ist.

Konjunktions-Beseitigung (&-Bes.)

$$\frac{\alpha \,\&\, \beta}{\alpha} \qquad\qquad \frac{\alpha \,\&\, \beta}{\beta}$$

Betrachten wir einige Beispiele der Konjunktions-Beseitigung:

$$\frac{A \,\&\, B}{A} \qquad \frac{A \,\&\, B}{B} \qquad \frac{[(A \,\&\, B) \,\&\, C] \,\&\, D}{D}$$

Die Konjunktions-Beseitigung ist (wie auch die folgende Konjunktions-Einführung) keine Äquivalenzregel und ist nicht auf Teilformeln anwendbar. Es wäre beispielsweise unzulässig, von *(A & B) ⊃ C* auf *A ⊃ C* zu schließen, da der Hauptoperator von *(A & B) ⊃ C* nicht die Konjunktion ist. Dass dieser Schluss ungültig ist, lässt sich an einem Gegenbeispiel veranschaulichen. „Wenn ich an der Lotterie teilnehme und alle Zahlen richtig tippe, gewinne ich mindestens 100.000 Euro. Also: Wenn ich an der Lotterie teilnehme, gewinne ich mindestens 100.000 Euro.“

5.8 Konjunktions-Einführung

Konjunktions-Einführung (&-Einf.)

$$\frac{\begin{array}{l}\alpha \\ \beta\end{array}}{\alpha \,\&\, \beta}$$

Es folgen drei Beispiele einer *Konjunktions-Einführung* (abgekürzt: &-*Einf.*):

A	A	¬B
B	B	A ⊃ C
A & B	B & A	(A ⊃ C) & ¬B

Für den Beweis zu der folgenden Argumentform benötigen wir sowohl die Konjunktions-Beseitigung als auch die Konjunktions-Einführung:

A & B
______
B & A

(1) A & B	Annahme	
(2) A	1, &-Beseitigung	
(3) B	1, &-Beseitigung	
(4) B & A	2, 3, &-Einführung	q.e.d.

Schon öfters haben wir empfohlen, zu Beginn eines Beweises zu überprüfen, ob die Konklusion in einer oder mehreren Prämissen als Teilformel enthalten ist. Wenn dies der Fall ist, versuchen wir, diese Teilformel freizulegen, beispielsweise durch Modus-ponens- und Modus-tollens-Schlüsse. Was ist aber zu tun, wenn die Konklusion in den Prämissen nicht vorkommt? So etwa in der folgenden Argumentform:

A ⊃ ¬B
B
¬C ⊃ ¬D
______
¬A & (D ⊃ C)

Natürlich sind alle Aussagebuchstaben der Konklusion auch in den Prämissen enthalten. Doch als Ganzes findet sich die Konklusion *¬A & (D ⊃ C)* in keiner der Prämissen. In diesem Fall bietet sich folgende Strategie an: Wir versuchen zunächst, das Vorder- und das Hinterglied der Konklusion getrennt voneinander abzuleiten, um dann am Ende den Hauptoperator der Konklusion, die Konjunktion, einzuführen.

Das Vorderglied der Konklusion *¬A* kommt zwar ebenfalls in keiner der Prämissen vor, dafür aber bildet der Aussagebuchstabe *A* das Vorderglied der ersten Prämisse. Da die zweite Prämisse *B* bzw. *¬¬B* das Hinterglied der ersten Prämisse *A ⊃ ¬B* negiert, dürfen wir per Modus tollens *¬A* ableiten (die Negations-Einführung führen wir stillschweigend durch). Um das Hinterglied der Konklusion abzuleiten, können wir die dritte Prämisse *¬C ⊃ ¬D* verwenden und per Kontraposition (und Negations-Beseitigung) auf *(D ⊃ C)* schließen. Zuletzt verbinden wir die Teilformeln *¬A* und *(D ⊃ C)* durch die Konjunktions-Einführung:

(1)	$A \supset \neg B$	Ann.	
(2)	B	Ann.	
(3)	$\neg C \supset \neg D$	Ann.	
(4)	$\neg A$	1, 2, MT	
(5)	$D \supset C$	3, KP	
(6)	$\neg A \; \& \; (D \supset C)$	4, 5, &-Einf.	q.e.d.

5.9 Disjunktiver Syllogismus

Disjunktiver Syllogismus (DS)

$$\frac{\alpha \lor \beta \qquad \neg\alpha}{\beta} \qquad\qquad \frac{\alpha \lor \beta \qquad \neg\beta}{\alpha}$$

Der *Disjunktive Syllogismus* (abgekürzt: *DS*), im Mittelalter *Modus tollendo ponens* genannt, beschäftigte uns schon im zweiten und dritten Kapitel. Daher genügen hier einige Beispiele:

$$\frac{A \lor B \qquad \neg A}{B} \qquad\qquad \frac{A \lor B \qquad \neg B}{A} \qquad\qquad \frac{(A \;\&\; B) \lor \neg(C \supset D) \qquad \neg\neg(C \supset D)}{A \;\&\; B}$$

Das folgende Argument bedient sich des Disjunktiven Syllogismus:

Dieses Jahr verbringe ich Silvester in Cannes oder in Graz. Franziska hat aber keine Lust auf Graz. Daher muss ich wohl Silvester in Cannes verbringen.

Es scheint zunächst einfach, das Argument zu formalisieren:

- C: Dieses Jahr verbringe ich Silvester in Cannes.
- G: Dieses Jahr verbringe ich Silvester in Graz.
- F: Franziska hat Lust auf Graz.

$$\frac{C \lor G \qquad \neg F}{C}$$

Aus den beiden Prämissen lässt sich jedoch die Konklusion nicht ableiten. Das Scheitern eines Beweises lässt sich als Indiz dafür deuten, dass wir entweder eine Prämisse übersehen haben oder eine implizite Prämisse ergänzen müssen. Da uns sicher keine Prämisse dieses kurzen Arguments entgangen ist, müssen wir eine implizite Prämisse ergänzen. Offensichtlich ist der Sprecher dazu bereit, sich nach

Franziskas Lust und Laune zu richten. Er wird, wenn Franziska auf Graz keine Lust hat, Silvester nicht dort verbringen. Wir ergänzen daher die implizite Prämisse: „Wenn Franziska keine Lust auf Graz hat, dann verbringe ich dieses Jahr Silvester nicht in Graz". Beweisen Sie bitte, bevor Sie weiterlesen, dass das erweiterte Argument logisch gültig ist.

$C \vee G$
$\neg F$
$\neg F \supset \neg G$
―――――
C

(1)	$C \vee G$	Annahme
(2)	$\neg F$	Annahme
(3)	$\neg F \supset \neg G$	Annahme
(4)	$\neg G$	2, 3, Modus ponens
(5)	C	1, 4, Disjunktiver Syllogismus q.e.d.

5.10 Disjunktions-Einführung

Disjunktions-Einführung (∨-Einf.)

$$\frac{\alpha}{\alpha \vee \beta} \qquad \frac{\alpha}{\beta \vee \alpha}$$

Die *Disjunktions-Einführung* (abgekürzt: *∨-Einf.*) wirkt auf den ersten Blick kurios, erlaubt sie es doch, eine Formel durch eine Disjunktion mit jeder beliebigen Formel zu verknüpfen:

$$\frac{A}{A \vee B} \qquad \frac{A}{B \vee A} \qquad \frac{A}{\neg[B \equiv (C \,\&\, A)] \vee A}$$

Es ist jedoch nicht alles erlaubt. Da die Disjunktions-Einführung nicht auf Teilformeln angewendet werden darf, wäre es etwa unzulässig, von $A \supset B$ auf $(A \vee C) \supset B$ zu schließen. Erlaubt wäre es hingegen, aus $A \supset B$ beispielsweise $(A \supset B) \vee \neg C$ abzuleiten.

Einige Logiker stehen der Disjunktions-Einführung argwöhnisch gegenüber, weil es kaum vernünftige Argumente gibt, die der Disjunktions-Einführung entsprechen. Stellen Sie sich vor, jemand äußerte das folgende Argument: „Meine Damen und Herren! Deutschland liegt in Europa. Daraus schließe ich: Deutschland liegt in Europa, oder die deutsche Wirtschaftsleistung sinkt, wenn mein Hund mich beißt." Sonnenklar: Das ist grober Unfug. Wenn jedoch die Disjunktions-Einführung mit anderen Schlussregeln kombiniert wird, entstehen akzeptable Argumente wie das folgende:

Wenn der Patient ACE-Hemmer oder Beta-Blocker einnimmt, sinkt sein Blutdruck. Der Patient nimmt Beta-Blocker ein. Also sinkt sein Blutdruck.

- A: Der Patient nimmt ACE-Hemmer ein.
- B: Der Patient nimmt Beta-Blocker ein.
- S: Der Blutdruck des Patienten sinkt.

(A ∨ B) ⊃ S
B
____
S

(1)	(A ∨ B) ⊃ S	Annahme	
(2)	B	Annahme	
(3)	A ∨ B	2, Disjunktions-Einführung	
(4)	S	1, 3, Modus ponens	q.e.d.

Wenn die Disjunktion Hauptoperator einer Konklusion ist, genügt es, nur das Vorderglied oder nur das Hinterglied der Konklusion abzuleiten. Das jeweils andere Glied lässt sich per Disjunktions-Einführung ergänzen:

A ∨ ¬B
B
____
[A ≡ (B & ¬C)] ∨ A

(1)	A ∨ ¬B	Ann.	
(2)	B	Ann.	
[(3)	¬¬B	2, ¬-Einf.]	
(4)	A	1, 3, DS	
(5)	[A ≡ (B & ¬C)] ∨ A	4, ∨-Einf.	q.e.d.

5.11 Bikonditional-Beseitigung

Das Bikonditional ist ein zweifaches Konditional. Die *Bikonditional-Beseitigung* (abgekürzt: ≡-*Bes.*) erlaubt es, das Bikonditional in die beiden Konditionale aufzuspalten.

Bikonditional-Beseitigung (≡-Bes.)[T]

$\alpha \equiv \beta$
____
$(\alpha \supset \beta) \,\&\, (\beta \supset \alpha)$

$$\frac{A \equiv B}{(A \supset B) \,\&\, (B \supset A)}$$

$$\frac{\neg(A \,\&\, B) \equiv C}{[\neg(A \,\&\, B) \supset C] \,\&\, [C \supset \neg(A \,\&\, B)]}$$

Eine Prämisse mit Bikonditional lässt wesentlich mehr Schlüsse zu als die entsprechende Formel mit Konditional. So ist es möglich, von $A \equiv B$ und $\neg A$ auf $\neg B$ zu schließen, wohingegen der Schluss von $A \supset B$ und $\neg A$ auf $\neg B$ ein Fehlschluss wäre.

(1)	$A \equiv B$	Annahme	
(2)	$\neg A$	Annahme	
(3)	$(A \supset B) \,\&\, (B \supset A)$	1, Bikonditional-Beseitigung	
(4)	$B \supset A$	3, Konjunktions-Beseitigung	
(5)	$\neg B$	2, 4, Modus tollens	q.e.d.

Im vorigen Kapitel berichteten wir von Markus, der von Melissa zum Mord an seinem Rivalen Harald verleitet wurde, als sie ihm sagte: „Wenn du mit mir zusammen sein willst, dann musst du ihn [Harald] umbringen.“ Vielleicht hätte sich das Unglück vermeiden lassen, wenn er sofort nachgefragt hätte: „Meinst du damit, dass wir genau dann zusammen sind, wenn ich Harald umgebracht habe?“ Nehmen wir einmal an, Melissa hätte das bejaht – in diesem Fall hätte sie sich den Gesetzen der Logik zufolge dazu verpflichtet, nach dem Mord mit Markus zusammen zu sein:

1. Markus ist mit Melissa genau dann zusammen, wenn er Harald umgebracht hat.
2. Markus hat Harald umgebracht.

---

3. Also: Markus ist mit Melissa zusammen.

- Z: Markus ist mit Melissa zusammen.
- U: Markus hat Harald umgebracht.

(1)	$Z \equiv U$	Ann.	
(2)	U	Ann.	
(3)	$(Z \supset U) \,\&\, (U \supset Z)$	1, ≡-Bes.	
(4)	$U \supset Z$	3, &-Bes.	
(5)	Z	2, 4, MP	q.e.d.

5.12 Bikonditional-Einführung

Bikonditional-Einführung (≡-Einf.)

$$\frac{\alpha \supset \beta \qquad \beta \supset \alpha}{\alpha \equiv \beta}$$

A ⊃ B	B ⊃ A	¬(A ∨ B) ⊃ ¬X
B ⊃ A	A ⊃ B	¬X ⊃ ¬(A ∨ B)
A ≡ B	A ≡ B	¬X ≡ ¬(A ∨ B)

5.13 De Morgan'sche Gesetze

Benannt sind die *De Morgan'schen Gesetze* (abgekürzt: *DM*) nach dem englischen Mathematiker Augustus De Morgan, der sie jedoch nicht als erster entdeckte. Sie finden sich schon beim mittelalterlichen Philosophen Wilhelm von Ockham.

Die De Morgan'schen Gesetze erlauben es, die Konjunktion durch die Disjunktion oder umgekehrt die Disjunktion durch die Konjunktion zu ersetzen.

De Morgan'sche Gesetze (DM)^T

α ∨ β	α & β	¬(α & β)	¬(α ∨ β)
¬(¬α & ¬β)	¬(¬α ∨ ¬β)	¬α ∨ ¬β	¬α & ¬β

Im Zuge dieser Schlüsse werden das Vorder- und Hinterglied der Prämisse jeweils negiert. Zudem wird die Prämisse als Ganzes negiert, indem man sie in Klammern setzt und eine Negation voranstellt. Wenn hingegen die Prämisse ohnehin schon negiert ist, fällt die äußere Negation weg.

Sie brauchen sich nicht alle vier Varianten der De Morgan'schen Gesetze einzuprägen. Merken Sie sich einfach die folgende Faustregel:

Sie wechseln Disjunktion und Konjunktion aus und setzen drei Negationen – die erste vor die umklammerte Formel, die zweite vor das Vorderglied und die dritte vor das Hinterglied. Wo immer dadurch doppelte Negationen entstehen, können Sie diese stillschweigend eliminieren.

Wenn Sie die Faustregel beispielsweise auf *¬(¬A & B)* anwenden, erhalten Sie zunächst *¬¬(¬¬A ∨ ¬B)*, woraus Sie stillschweigend *A ∨ ¬B* ableiten dürfen.

Hierzu vier weitere Beispiele. Im dritten und vierten wenden wir die De Morgan'schen Gesetze auf Teilformeln an:

A ∨ B	¬(¬A & ¬B)
¬(¬A & ¬B)	A ∨ B
A & ¬(B ∨ ¬C)	A & (¬B & C)
A & (¬B & C)	A & ¬(B ∨ ¬C)

Die Morgan'schen Gesetze lassen sich dazu verwenden, Aussagen stilistisch zu variieren. Die Prämisse und die Konklusion sind jeweils logisch äquivalent und drücken dasselbe aus:

1. Leonardo da Vinci aß weder Fleisch noch Milchprodukte.

---

2. Also: Es ist nicht der Fall, dass Leonardo da Vinci Fleisch oder Milchprodukte aß.

1. Es ist nicht der Fall, dass Sie sowohl Philosoph als auch sehr reich werden.

---

2. Also: Sie werden kein Philosoph oder nicht sehr reich.

5.14 Konditional-Ersetzung

Die *Konditional-Ersetzung* (abgekürzt: ⊃-*Ers.*) werden Sie vermutlich nicht oft benötigen, weil Sie nur selten auf eine negierte Formel mit Konditional stoßen werden.

Konditional-Ersetzung (⊃-Ers.)[T]

$\neg(\alpha \supset \beta)$

$\alpha \,\&\, \neg\beta$

Um sich die Konditional-Ersetzung leichter zu merken, können Sie sich die Wahrheitstafel des Konditionals in Erinnerung rufen. Darin ist festgehalten, dass $\alpha \supset \beta$ dann und nur dann falsch ist, wenn α wahr und β falsch ist.

$\neg(A \supset B)$	$\neg[(A \,\&\, B) \supset \neg C]$	$A \vee \neg(B \supset C)$
$A \,\&\, \neg B$	$(A \,\&\, B) \,\&\, \neg\neg C$	$A \vee (B \,\&\, \neg C)$

5.15 Kommutation

Die letzte Schlussregel dieses Kapitels ist die *Kommutation* (abgekürzt: *KM*). Sie erlaubt es, in (Teil-) Formeln mit Konjunktion, Disjunktion oder Bikonditional das Vorderglied und das Hinterglied zu vertauschen.

Kommutation (KM)[T S]

$\alpha \,\&\, \beta$	$\alpha \vee \beta$	$\alpha \equiv \beta$
$\beta \,\&\, \alpha$	$\beta \vee \alpha$	$\beta \equiv \alpha$

Für das Konditional gibt es keine entsprechende Regel. Aus $\alpha \supset \beta$ dürfen Sie keinesfalls auf $\beta \supset \alpha$ schließen (die Kontraposition erlaubt jedoch den Schluss auf $\neg\beta \supset \neg\alpha$).

A & B	(A ⊃ B) ∨ ¬C	(A ≡ ¬B) & ¬A
B & A	¬C ∨ (A ⊃ B)	(¬B ≡ A) & ¬A

Versuchen Sie zu beweisen, dass die folgende Argumentform logisch gültig ist:

A ⊃ (B & C)
A
(C & B) ⊃ D
———
D

(1)	A ⊃ (B & C)	Annahme
(2)	A	Annahme
(3)	(C & B) ⊃ D	Annahme
(4)	B & C	1, 2, Modus ponens
[(5)	C & B	4, Kommutation]
(6)	D	3, 5, Modus ponens q.e.d.

Die explizite Anwendung der Kommutation ist etwas pedantisch. Sie können aber den Schluss jederzeit stillschweigend vornehmen; die fünfte Zeile ist daher eingeklammert.

So trivial die Kommutation auch wirkt, gerade im Falle der Konjunktion ist sie problematisch. In manchen Aussagen kommt es nämlich sehr wohl auf die Reihenfolge der Einzelaussagen an:

1. Hans verletzte sich am Kopf und fiel zu Boden.

———

2. Also: Hans fiel zu Boden und verletzte sich am Kopf.[14]

Die Prämisse legt nahe, dass Hans sich zunächst verletzte und anschließend, durch die Verletzung verursacht, zu Boden fiel. Die Konklusion drückt umgekehrt aus, dass Hans erst zu Boden fiel und sich aus diesem Grund am Kopf verletzte. Es wäre durchaus möglich, dass die Prämisse den Tatsachen entspricht, also wahr ist, die Konklusion hingegen falsch ist. Offensichtlich ist also das Argument nicht gültig, denn bei einem gültigen Argument wäre es unmöglich, dass die Prämisse wahr und die Konklusion falsch ist. Nicht wenige Logiker würden daher die Kommutation der Konjunktion am liebsten abschaffen. Dies würde aber nicht die erwünschte Konsequenz haben, da wir auch mit Hilfe der Konjunktions-Beseitigung und der Konjunktions-Einführung von *A & B* auf *B & A* schließen können:

14 Das Beispiel stammt aus Graham Priest: *Logic. A Very Short Introduction*, Oxford / New York 2000, S. 15.

(1)	A & B	Ann.	
(2)	B	1, &-Bes.	
(3)	A	1, &-Bes.	
(4)	B & A	2, 3, &-Einf.	q.e.d.

Es würde zu weit führen, auch die Konjunktions-Beseitigung oder die Konjunktions-Einführung zu verbieten. Zu tief sind sie in der klassischen Logik verankert. Stattdessen müssen wir es uns verbieten, die Sätze des vorigen Arguments mit Hilfe der Konjunktion zu formalisieren. Mit der Prämisse und der Konklusion hat es nämlich folgende Bewandtnis: Sie drücken aus, dass zwischen den darin beschriebenen Sachverhalten ein *kausaler* Zusammenhang bestehe. Das Wort „und" lässt sich im Sinne von „und deshalb" verstehen.[15]

Wenn Sie das Wort „und" durch „und deshalb" ersetzen können, ohne dass dies den Sinn des jeweiligen Satzes verändert, dürfen Sie „und" nicht durch die Konjunktion formalisieren.

Es ist also bei unserem Beispiel unzulässig, die Prämisse und die Konklusion durch *A & B* bzw. *B & A* zu formalisieren. Die klassische Logik bietet auch keinen anderen logischen Operator, mit dem sich ein kausaler Zusammenhang befriedigend formalisieren ließe. In philosophischen Texten kommt es aber ohnehin nur äußerst selten vor, dass das Wort „und" im Sinne von „und deshalb" zu verstehen ist.

Übungen

Prüfen Sie mit dem Kalkül des natürlichen Schließens, ob die folgenden Argumentformen logisch gültig sind!

1

A & (B ⊃ C)
B
———
A & C

2

N ⊃ (M & C)
G ⊃ ¬K
V ⊃ K
(M & C) ⊃ G
———
N ⊃ ¬V

3

¬B ⊃ ¬E
E
B ⊃ (M ∨ W)
¬M
W ⊃ G
———
G

4 Im vorigen Kapitel ermittelten wir die Argumentform von John Lockes Gottesbeweis. Prüfen Sie, ob sie logisch gültig ist.

5

¬A ⊃ (T ≡ ¬W)
¬A & ¬W
———
T

6

A ⊃ V
¬A ⊃ F
F ⊃ G
A ⊃ ¬G
F ⊃ ¬V
———
G ≡ ¬V

15 Vgl. Paul Hoyningen-Huene. *Formale Logik. Eine philosophische Einführung*, Stuttgart 1998, S. 43.

W
W ⊃ (Z ∨ E)
Z ⊃ ¬W
E ≡ A
———
A

Hinweis: Die Konklusion *G* ≡ ¬*V* enthält ein Bikonditional, das in den Prämissen nicht vorkommt. Wenn Sie zunächst die beiden Formeln *G* ⊃ ¬*V* und ¬*V* ⊃ *G* ableiten, können Sie am Ende die Bikonditional-Einführung anwenden.

7

K ⊃ (S ∨ N)
¬S & ¬N
———
¬K

8

(A & B) ⊃ C
¬C
A
———
¬B

9

¬(A ⊃ B)
C ⊃ B
———
¬[A ⊃ (B ∨ C)] ∨ ¬C

10 Prüfen Sie mit dem Kalkül des natürlichen Schließens, ob das folgende Argument logisch gültig ist! Eine implizite Prämisse müssen Sie ergänzen.

Wenn Agentin Aki [das Bond-Girl aus *You Only Live Twice*] von James Bond oder seinem Gegenspieler Ernst Stavro Blofeld ermordet worden wäre, wäre sie erschossen worden. Aki wurde jedoch vergiftet. Folglich ist sie weder von Bond noch von Blofeld ermordet worden.

6. Beweise mit Zusatzannahmen

In diesem Kapitel stellen wir zwei weitere Schlussregeln des Kalküls des natürlichen Schließens vor: die Konditional-Einführung und die Reductio ad absurdum. Sie sind etwas komplizierter, dafür umso wichtiger. Bevor man diese Schlussregeln innerhalb eines Beweises anwenden darf, muss man einige Vorarbeit leisten: Zunächst ist eine *Zusatzannahme* einzuführen: eine Formel, die keine Prämisse ist, sondern nur hypothetisch angenommen wird. Wenn es anschließend gelingt, aus der Zusatzannahme und den Prämissen eine bestimmte Zwischenkonklusion abzuleiten, darf man die Konditional-Einführung bzw. Reductio ad absurdum durchführen.

6.1 Konditional-Einführung

Die Schlussregeln des vorigen Kapitels erlauben einen direkten Beweis der Konklusion: Sie ermöglichen es, die Konklusion aus den Prämissen oder Zwischenkonklusionen direkt abzuleiten. Im Zusammenhang mit der *Konditional-Einführung* (abgekürzt: *⊃-Einf.*) führen wir einen *bedingten Beweis* (auch *konditionaler Beweis* genannt): Nehmen wir an, Sie haben aus beliebigen Prämissen *x* und der Zusatzannahme α die Formel β abgeleitet. In diesem Fall erlaubt es die Konditional-Einführung, auf die Konklusion $\alpha \supset \beta$ zu schließen.

Konditional-Einführung (⊃-Einf.)

$$\frac{x, \alpha \vdash \beta}{x \vdash \alpha \supset \beta}$$

Zum Einsatz kommt die Konditional-Einführung meist dann, wenn der Hauptoperator einer Konklusion das Konditional ist. Zunächst nehmen wir hypothetisch das Vorderglied der Konklusion α an und kennzeichnen die Zeile in der rechten Spalte als „Zusatzannahme" (abgekürzt: „ZA"). Anschließend versuchen wir, das Hinterglied β abzuleiten. Gelingt uns das, dürfen wir die Konditional-Einführung anwenden und auf die Konklusion $\alpha \supset \beta$ schließen.

Beginnen wir mit einem kurzen Argument:

Wenn es morgen schneit, muss es kalt sein. Ebenso muss es kalt sein, damit es morgen Frost gibt. Wenn es also morgen nicht kalt ist, dann gibt es weder Schnee noch Frost.

Die zweite Prämisse „Ebenso muss es kalt sein, damit es morgen Frost gibt" drückt aus, dass Kälte eine notwendige Bedingung für Frost ist: „Wenn es morgen Frost gibt, dann ist es morgen kalt."

- S: Es schneit morgen.
- K: Es ist morgen kalt.
- F: Es gibt morgen Frost.

$$\frac{\begin{array}{l} S \supset K \\ F \supset K \end{array}}{\neg K \supset (\neg S \,\&\, \neg F)}$$

(1)	S ⊃ K	Annahme	
(2)	F ⊃ K	Annahme	
(3)	¬K	Zusatzannahme	
(4)	¬S	1, 3, Modus tollens	
(5)	¬F	2, 3, Modus tollens	
(6)	¬S & ¬F	4, 5, Konjunktions-Einführung	
(7)	¬K ⊃ (¬S & ¬F)	3, 6, Konditional-Einführung	q.e.d.

In der Zeile der Konditional-Einführung verzeichnen wir rechts die Zeilennummer der Zusatzannahme (im obigen Beweis Zeile 3) sowie die Nummer jener Zeile, in der das Hinterglied der Konklusion steht (Zeile 6).

Im folgenden Beweis ist die Konditional-Einführung unzulässig, weil das Hinterglied der Konklusion *B* aus den beiden Prämissen, nicht aber aus der Zusatzannahme *C* abgeleitet wird:

A ⊃ B
A
____
C ⊃ B

(1)	A ⊃ B	Ann.
(2)	A	Ann.
(3)	C	ZA
(4)	B	1, 2, MP
(5)	C ⊃ B	3, 4, ⊃-Einf.

Die Argumentform ist zwar logisch gültig, das aber lässt sich nicht mit der Konditional-Einführung, sondern später mit der Reductio ad absurdum beweisen (siehe Übungen).

Meist kommt die Konditional-Einführung am Ende eines Beweises zum Einsatz. In einigen komplizierteren Beweisen ist sie jedoch nur ein Zwischenschritt. Ist dies der Fall, gilt folgende Einschränkung: Auf die Zusatzannahme und all jene Beweiszeilen, die Sie mit Hilfe der Zusatzannahme abgeleitet haben, dürfen Sie nach der Konditional-Einführung nicht mehr zurückgreifen. Manche Logiker heben diese Zeilen (im vorletzten Beweis die Zeilen 3 bis 6) durch Einrücken hervor:

(1)	S ⊃ K	Ann.	
(2)	F ⊃ K	Ann.	
(3)	¬K	ZA	
(4)	¬S	1, 3, MT	
(5)	¬F	2, 3, MT	
(6)	¬S & ¬F	4, 5, &-Einf.	
(7)	¬K ⊃ (¬S & ¬F)	3, 6, ⊃-Einf.	q.e.d.

6.2 Linke Beweisspalte

Eine Alternative zum Einrücken bietet die linke Beweisspalte, die wir in diesem Abschnitt kurz vorstellen. In die linke Beweisspalte können Sie die Nummern der Annahmen und Zusatzannahmen eintragen, aus denen Sie die jeweilige Zeile abgeleitet haben. In bedingten Beweisen empfiehlt sich diese Spalte aus mehreren Gründen: Wenn Sie eine linke Beweisspalte verwenden, können Sie leicht prüfen, ob die Anwendung der Konditional-Einführung zulässig ist. Zudem gehen Sie bei der Formalisierung philosophischer Argumente sicher, dass Sie keine überflüssigen Prämissen aufgenommen haben.

Die rechte Spalte enthält andere Zahlen als die linke. In der rechten Spalte stehen die Nummern jener Formeln, aus denen die jeweilige Zeile abgeleitet worden ist; hier können auch die Nummern von Zwischenkonklusionen angeführt werden. Die linke Spalte verzeichnet hingegen die Nummern der Annahmen und Zusatzannahmen, auf welche die Zeile zurückgeht. Der linken Spalte ist also zu entnehmen, von welchen (Zusatz-) Annahmen die betreffende Zeile abhängt. Im Folgenden sehen Sie den vorigen Beweis, ergänzt um die linke Beweisspalte:

1	(1)	S ⊃ K	Ann.	
2	(2)	F ⊃ K	Ann.	
3	(3)	¬K	ZA	
1, 3	(4)	¬S	1, 3, MT	
2, 3	(5)	¬F	2, 3, MT	
1, 2, 3	(6)	¬S & ¬F	4, 5, &-Einf.	
1, 2	(7)	¬K ⊃ (¬S & ¬F)	3, 6, ⊃-Einf.	q.e.d.

Wie kommen diese Angaben der linken Spalte zustande? Annahmen und Zusatzannahmen hängen von sich selbst ab – sie werden nicht aus anderen Zeilen abgeleitet. Aus diesem Grund ist in den ersten drei Zeilen der Eintrag in der linken Spalte identisch mit der jeweiligen Zeilennummer. In den weiteren Zeilen ist es hilfreich, die rechte Spalte jeweils vor der linken auszufüllen. Betrachten wir beispielsweise die Eintragungen in Zeile (6): Aus deren rechter Spalte geht hervor, dass diese Zeile aus (4) und (5) abgeleitet worden ist. In die linke Spalte von (6) übernehmen wir all jene Zahlen, die in (4) und (5) in der linken Spalte aufgeführt sind. Infolgedessen sind im linken Feld von Zeile (6) die Zahlen *1,2,3* angeführt. Damit wissen wir: Zeile (6) hängt nicht nur von den Annahmen (1) und (2), sondern auch von der Zusatzannahme (3) ab. Letzteres ist entscheidend, denn die Konditional-Einführung ist nur zulässig, wenn das Hinterglied der Konklusion u.a. aus der Zusatzannahme abgeleitet wird.

Im Zuge der Konditional-Einführung wird die Zusatzannahme wieder aufgegeben. Dies kommt dadurch zum Ausdruck, dass die Nummer der Zusatzannahme in der linken Spalte der letzten Zeile wegfällt. In Zeile (7) ist daher die Zahl *3* nicht mehr angeführt. Bezogen auf das obige Argument heißt das: Die hypothetische Annahme, dass es morgen kalt ist, wird zurückgenommen. Wir können es offen lassen, ob es morgen kalt ist oder nicht. Doch es ist bewiesen: Wenn es morgen nicht kalt ist, dann gibt es weder Schnee noch Frost.

Zum Abschluss dieses Abschnitts führen wir einen bedingten Beweis mit zwei Konditional-Einführungen zu der folgenden Argumentform durch:

A ⊃ B
C ⊃ D

A ⊃ [C ⊃ (B & D)]

Es liegt nahe, zunächst *A*, das Vorderglied der Konklusion, als Zusatzannahme einzuführen. Damit kommen wir aber nicht weit – wir benötigen eine zweite Zusatzannahme. Tatsächlich dürfen wir zusätzlich das Vorderglied *C* der Teilformel *[C ⊃ (B & D)]* annehmen, weil deren Hauptoperator wiederum das Konditional ist.

Allgemein gilt: Hat eine Konklusion die Form $\alpha \supset (\beta \supset \gamma)$, so können Sie sowohl α als auch β als Zusatzannahmen einsetzen. Anschließend versuchen Sie, γ abzuleiten, d.h. Sie schließen auf das Hinterglied des Hinterglieds der Konklusion. Gelingt dies, schließen Sie mit der ersten Konditional-Einführung auf $(\beta \supset \gamma)$ und mit der zweiten auf die Konklusion $\alpha \supset (\beta \supset \gamma)$. Mit der ersten Konditional-Einführung geben Sie die Zusatzannahme β auf, was sich darin niederschlägt, dass die Nummer dieser Zusatzannahme in der linken Spalte wegfällt. Im Zuge der zweiten Konditional-Einführung geschieht dasselbe mit der Zusatzannahme α.

1	(1)	A ⊃ B	Ann.	
2	(2)	C ⊃ D	Ann.	
3	(3)	A	ZA	
4	(4)	C	ZA	
1, 3	(5)	B	1, 3, MP	
2, 4	(6)	D	2, 4, MP	
1, 2, 3, 4	(7)	(B & D)	5, 6, &-Einf.	
1, 2, 3	(8)	[C ⊃ (B & D)]	4, 7, ⊃-Einf.	
1, 2	(9)	A ⊃ [C ⊃ (B & D)]	3, 8, ⊃-Einf.	q.e.d.

6.3 Reductio ad absurdum

Die *Reductio ad absurdum* (abgekürzt: *RAA*) kommt in einem *indirekten Beweis* zum Einsatz: Nehmen wir an, Sie haben aus beliebigen Prämissen *x* und der Zusatzannahme α einen Widerspruch abgeleitet, d.h. eine beliebige Formel β und deren Negation $\neg\beta$. In diesem Fall erlaubt es die Reductio ad absurdum, auf die Negation der Zusatzannahme, also auf $\neg\alpha$, zu schließen.

Reductio ad absurdum (RAA)

$$\frac{x, \alpha \vdash \beta, \neg\beta}{x \vdash \neg\alpha}$$

Unter einer Reductio ad absurdum versteht man nicht nur eine Schlussregel, sondern auch ein weit verbreitetes Argumentationsmuster. Philosophen wenden es an, um Widersprüche aufzudecken und an ihren Kollegen Kritik zu üben. Die Reductio ad absurdum stellt ein besonders elegantes Manöver dar: Zunächst nimmt der Sprecher hypothetisch eine *Annahme um des Arguments willen* an, die ihm eigentlich falsch zu sein scheint. Auch eine falsche These hat nämlich logische Folgen, und diese Folgen lassen sich ableiten. Meist wird die Annahme um des Arguments willen durch Formulierungen der folgenden Art eingeführt:

Nehmen wir einmal an, dass…
Für einen Moment wollen wir annehmen, dass…
Angenommen, N.N. hätte recht mit seiner Behauptung, dass…

Anschließend leitet der Autor aus der Annahme um des Arguments willen und den übrigen Prämissen einen Widerspruch ab und folgert daraus, dass die Annahme um des Arguments willen falsch sei. Betrachten wir die folgende Kritik der Annahme „Der Weltraum ist leer“:

> Es wird manchmal behauptet, der Weltraum sei leer, was vermutlich heißen soll, dass zwischen zwei Sternen nichts ist. Wenn aber zwischen zwei Sternen nichts ist, dann sind sie durch nichts voneinander getrennt und folglich müssen sie unmittelbar nebeneinander sein, vielleicht bilden sie eine merkwürdige Art Doppelstern. Natürlich wissen wir, dass das nicht so ist, also folgt, dass der Weltraum eben doch nicht leer ist.[16]

Wir gehen bei der Formalisierung des Arguments Satz für Satz vor. Der erste Satz enthält die Annahme um des Arguments willen, „der Weltraum sei leer.“ Dazu bemerkt der Autor: „was vermutlich heißen soll, dass zwischen zwei Sternen nichts ist“. Diese Feststellung, dass zwei Aussagen dasselbe ausdrücken, lässt sich umwandeln in eine Aussage mit dem logischen Ausdruck „genau dann – wenn“: „Der Weltraum ist genau dann leer, wenn zwischen zwei Sternen nichts ist“.[17]

Die nächste Prämisse ist dem Text direkt zu entnehmen: „Wenn aber zwischen zwei Sternen *nichts* ist, dann sind sie durch nichts voneinander getrennt.“ Daraus folgt, dass die Sterne durch nichts voneinander getrennt sind. Der Text erwähnt diese Zwischenkonklusion nicht, sondern springt zur nächsten Zwischenkonklusion: „und folglich müssen sie unmittelbar nebeneinander sein“. Offensichtlich geht der Autor davon aus, dass die Aussage „Zwei Sterne sind durch nichts voneinander getrennt“ dasselbe bedeutet wie „Zwei Sterne sind unmittelbar nebeneinander“. Das lässt sich wiederum mit Hilfe des Ausdrucks „genau dann – wenn“ ausdrücken: „Zwei Sterne sind genau dann durch nichts voneinander getrennt, wenn sie unmittelbar nebeneinander sind.“ Den letzten Teil des zweiten Satzes „vielleicht bilden sie eine merkwürdige Art Doppelstern“ können wir ignorieren, denn er illustriert bloß die Zwischenkonklusion „folglich müssen sie unmittelbar nebeneinander sein“. Im letzten Satz widerspricht der Autor der Zwischenkonklusion, indem er klarstellt, dass er sie für falsch hält: „Natürlich wissen wir, dass das nicht so ist.“ Er könnte auch schreiben: „Zwei Sterne sind nicht unmittelbar nebeneinander.“

Das Argument umfasst somit vier Prämissen und eine Annahme um des Arguments willen, die wir in spitze Klammern setzen:

1. <Der Weltraum ist leer.>
2. Der Weltraum ist genau dann leer, wenn zwischen zwei Sternen nichts ist.
3. Wenn zwischen zwei Sternen nichts ist, dann sind sie durch nichts voneinander getrennt.

---

16 Jay F. Rosenberg: *Philosophieren. Ein Handbuch für Anfänger*, Frankfurt/M. 2006, S. 163.

17 Streng genommen dürfte man das Argument nicht im aussagenlogischen, sondern nur im prädikatenlogischen Kalkül formalisieren, da nicht von zwei bestimmten Sternen, sondern von allen Sternen die Rede ist. Die Formalisierung und der Beweis wären jedoch im prädikatenlogischen Kalkül unverhältnismäßig kompliziert. Deshalb unterstellen wir, der Autor spreche von zwei bestimmten Sternen, z. B. von Alpha Centauri A und Alpha Centauri B.

4. Zwei Sterne sind genau dann durch nichts voneinander getrennt, wenn sie unmittelbar nebeneinander sind.
5. Zwei Sterne sind nicht unmittelbar nebeneinander.

---

6. Also: Der Weltraum ist *nicht* leer.

- L: Der Weltraum ist leer.
- Z: Zwischen zwei Sternen ist etwas.
- G: Zwei Sterne sind durch etwas voneinander getrennt.
- U: Zwei Sterne sind unmittelbar nebeneinander.

<L>
L ≡ ¬Z
¬Z ⊃ ¬G
¬G ≡ U
¬U
———
¬L

Der formale Beweis der logischen Gültigkeit sollte dem Gedankengang möglichst genau folgen. Daher schließen wir aus der Zusatzannahme *L* und den ersten drei Prämissen auf die Zwischenkonklusion *U* („folglich müssen sie unmittelbar nebeneinander sein"), die der Prämisse ¬*U* widerspricht. Indem wir dann per Reductio ad absurdum auf die Negation der Zusatzannahme schließen, geben wir die Zusatzannahme auf. Dies kommt dadurch zum Ausdruck, dass die Nummer der Zusatzannahme in der linken Spalte der letzten Zeile wegfällt. In die rechte Spalte schreiben wir die Zeilennummer der Zusatzannahme sowie die Zeilennummern der widersprüchlichen Formeln:

1	(1)	L	Zusatzannahme
2	(2)	L ≡ ¬Z	Annahme
3	(3)	¬Z ⊃ ¬G	Annahme
4	(4)	¬G ≡ U	Annahme
5	(5)	¬U	Annahme
2	(6)	(L ⊃ ¬Z) & (¬Z ⊃ L)	2, Bikonditional-Beseitigung
2	(7)	L ⊃ ¬Z	6, Konjunktions-Beseitigung
1, 2	(8)	¬Z	1, 7, Modus ponens
1, 2, 3	(9)	¬G	3, 8, Modus ponens
4	(10)	(¬G ⊃ U) & (U ⊃ ¬G)	4, Bikonditional-Beseitigung
4	(11)	¬G ⊃ U	10, Konjunktions-Beseitigung
1, 2, 3, 4	(12)	U	9, 11, Modus ponens
2, 3, 4, 5	(13)	¬L	1, 5, 12, Reductio ad absurdum q.e.d.

Der Beweis ist gelungen; die Argumentform ist logisch gültig. Der Einfachheit halber werden wir oft nur ein Kreuz „X" unter den Beweis setzen und die letzte Zeile der Reductio ad absurdum weglassen, sobald wir zwei widersprüchliche Formeln abgeleitet haben.

In indirekten Beweisen ist die linke Beweisspalte weniger nützlich als in bedingten Beweisen. Deshalb werden wir sie künftig nur noch bei indirekten Beweisen einsetzen. Dafür müssen wir jedoch in komplizierteren Beweisen, in denen die Reductio ad absurdum nur ein Zwischenschritt ist, eine Einschränkung beachten: Auf die Zusatzannahme und all jene Beweiszeilen, die Sie mit Hilfe der Zusatzannahme abgeleitet haben, dürfen Sie nach der Reductio ad absurdum nicht mehr zurückgreifen. (Die entsprechende Einschränkung haben wir bereits für die Konditional-Einführung festgelegt.) In dieser Einführung kommen jedoch Beweise solcher Art nicht vor.

Kommen wir zurück zum Disput über den Weltraum. Das vorige Argument hat sich als logisch gültig erwiesen. Damit steht fest, dass die insgesamt fünf Annahmen einander widersprechen. Der Vertreter der These „Der Weltraum ist leer" muss sich damit aber nicht geschlagen geben. Er kann seine These verteidigen, indem er eine andere Annahme des Arguments mit einem Gegeneinwand zu widerlegen versucht.

Grundsätzlich können Sie jeden Beweis indirekt führen, indem Sie die Negation der Konklusion als Zusatzannahme einführen und einen Widerspruch ableiten. In diesem Fall erlaubt Ihnen die Reductio ad absurdum den Schluss auf die Konklusion. Oft ist ein indirekter Beweis einfacher als ein direkter Beweis, und manche Argumentformen lassen sich prinzipiell nur indirekt beweisen. Daher raten wir Ihnen: Wenn Sie an dem Versuch scheitern, die Konklusion direkt aus den Prämissen abzuleiten, sollten Sie die indirekte Strategie einschlagen. Nehmen wir beispielsweise an, Ihr direkter Beweis der folgenden Argumentform gerät nach einigen Zeilen ins Stocken. Es wäre voreilig, die Argumentform deshalb für ungültig zu erklären. Zuvor sollten Sie unbedingt einen indirekten Beweis versuchen!

(A ∨ B) ⊃ (C & D)
¬C ∨ E
E ⊃ F
¬F
―――――――――
¬B

(1)	(A ∨ B) ⊃ (C & D)	Ann.
(2)	¬C ∨ E	Ann.
(3)	E ⊃ F	Ann.
(4)	¬F	Ann.
(5)	¬E	3, 4, MT
(6)	¬C	2, 5, DS

An dieser Stelle ist nicht leicht zu erkennen, wie der direkte Beweis funktioniert. Einfacher ist der indirekte Beweis, für den Sie nicht von vorne beginnen müssen. Nehmen Sie die Negation der Konklusion an, und führen Sie den Beweis indirekt fort!

(7)	¬¬B	ZA
[(8)	B	7, ¬-Bes.]

(9)	A ∨ B	8, ∨-Einf.
(10)	C & D	1, 9, MP
(11)	C	10, &-Bes.
(12)	¬¬¬B	6, 7, 11, RAA
[(13)	¬B	12, ¬-Bes.] q.e.d.

Vergleichen wir damit den direkten Beweis:

(7)	¬C ∨ ¬D	6, ∨-Einf.
(8)	¬(C & D)	7, DM
(9)	¬(A ∨ B)	1, 8, MT
(10)	¬A & ¬B	9, DM
(11)	¬B	6, &-Bes. q.e.d.

Zum Abschluss des Kapitels betrachten wir ein ganz anderes Reductio-ad-absurdum-Argument, das in der Religionsphilosophie und Theologie Berühmtheit erlangt hat. Es geht um die Frage, ob der Glaube an einen allmächtigen und allgütigen Gott mit den unzähligen Übeln wie Naturkatastrophen, Krankheiten, Leid oder Verbrechen zu vereinbaren ist. Diese Frage ist eine Herausforderung für die *Theodizee*: die Rechtfertigung Gottes angesichts all der Übel dieser Welt. Überliefert ist uns das Argument durch den frühchristlichen Philosophen Laktanz, der es irrtümlich dem griechischen Philosophen Epikur zuschrieb:

> Entweder ... will Gott die Übel aufheben und kann es nicht, oder er kann es und will es nicht, oder er will es nicht und kann es auch nicht, oder er will es und kann es. Wenn er will und nicht kann, ist er schwach, was auf Gott nicht zutrifft; wenn er kann und nicht will, ist er missgünstig, was mit Gott ebenso unvereinbar ist; wenn er weder will noch kann, ist er missgünstig und schwach zugleich und daher kein Gott; wenn er aber will und kann, was allein Gott zukommt, woher kommen dann die Übel, oder warum hebt er sie nicht auf?[18]

Die Formulierung ist auf das Nötigste reduziert. Es gibt vielleicht kein zweites Argument der Philosophiegeschichte, das so kurz und dennoch so gehaltvoll ist. Nicht einmal die Annahme um des Arguments willen und die Konklusion werden explizit ausgesprochen. Auffällig ist jedoch, dass die Existenz Gottes vorausgesetzt wird. Der unbekannte Autor spricht über ihn wie über eine lebende Person, indem er ihm verschiedene Eigenschaften zu- oder abspricht. Damit unterstellt er stillschweigend, dass er existiere. Heute wird allerdings das Argument häufig als Argument gegen die Existenz Gottes aufgefasst. Die Annahme (1) „Gott existiert" wäre diesem Verständnis nach nur eine Annahme um des Arguments willen, die schließlich widerlegt werden soll. Dieser Interpretation schließen wir uns im Folgenden an.

---

18 Lactantius: *De ira dei* 13,20–21. Die weitgehend ungeklärten Herkunft des Arguments erörtert Reinhold Glei: „*Et invidus et inbecillus*. Das angebliche Epikurfragment bei Laktanz, *De ira Dei* 13,20–21", in: *Vigiliae Christianae* 42, 1988, S. 47–58.

Im ersten Satz des Arguments werden vier Fälle unterschieden:

(a) Gott will die Übel aufheben und kann es aber nicht.
(b) Gott kann die Übel aufheben und will es aber nicht.
(c) Gott will die Übel nicht aufheben und kann es nicht.
(d) Gott will die Übel aufheben und kann es.

Die Aufzählung der vier Fälle ist vollständig. Wenn es einen Gott gibt, dann muss einer dieser Fälle zutreffen. Wir können daher festhalten: (2) „Wenn es einen Gott gibt, dann gilt (a) oder (b) oder (c) oder (d).“ Im zweiten Satz kommentiert der Autor die vier Fälle:

(3) Wenn (a) gilt, dann ist Gott schwach.
(4) Das trifft auf Gott nicht zu, d. h. Gott ist nicht schwach.

(5) Wenn (b) gilt, dann ist Gott missgünstig.
(6) Das ist mit Gott unvereinbar, d. h. Gott ist nicht missgünstig.

(7) Wenn (c) gilt, dann ist Gott missgünstig und schwach.
(8) Gott ist nicht missgünstig und nicht schwach.

(9) Wenn (d) gilt, dann gibt es keine Übel.

Annahme (8) findet sich nicht unmittelbar im Text. An jener Stelle, an der Alternative (c) erörtert wird, heißt es nur: „wenn er weder will noch kann, ist er missgünstig und schwach zugleich und daher kein Gott“. Damit will der Autor sicher nicht sagen, dass in diesem Fall Gott kein Gott wäre. Das hätte ebenso wenig Sinn wie die Aussage „Studenten sind keine Studenten“. Stattdessen bestreitet der Autor, dass Gott missgünstig und schwach sein könne. Annahme (9) ist eine implizite Prämisse, die zweifelsohne richtig ist. Denn es kann keine Übel geben, wenn Gott sie sowohl aufheben will als auch aufheben kann. Der Text endet mit einer rhetorischen Frage: „woher kommen dann die Übel?“. Damit unterstellt er die Existenz von Übeln: (10) „Es gibt Übel.“

1. <Gott existiert.>
2. Wenn Gott existiert, dann will er die Übel aufheben und kann es aber nicht; oder er kann es und will es aber nicht; oder er will es nicht und kann es nicht, oder er will es und kann es.
3. Wenn Gott die Übel aufheben will und es aber nicht kann, dann ist er schwach.
4. Gott ist nicht schwach.
5. Wenn Gott die Übel aufheben kann und es aber nicht will, dann ist er missgünstig.
6. Gott ist nicht missgünstig.
7. Wenn Gott die Übel nicht aufheben will und es nicht kann, dann ist er missgünstig und schwach.
8. Gott ist nicht missgünstig und schwach.
9. Wenn Gott die Übel aufheben will und es kann, dann gibt es keine Übel.
10. Es gibt Übel.

---

11. Also: Es ist nicht der Fall, dass Gott existiert.

- G: Gott existiert.
- W: Gott will die Übel aufheben.
- K: Gott kann die Übel aufheben.
- S: Gott ist schwach.
- M: Gott ist missgünstig.
- Ü: Es gibt Übel.

Prüfen Sie nun selbst, ob das Argument logisch gültig ist! Formalisieren Sie die zehn Annahmen und leiten Sie dann *Ü* („Es gibt Übel") aus den Annahmen (1) bis (9) ab! Aufgrund des Widerspruchs zu Annahme (10) ¬*Ü* dürfen Sie per Reductio ad absurdum auf ¬*G* („Es ist nicht der Fall, dass Gott existiert") schließen. Anschließend vergleichen Sie Ihr Ergebnis mit dem folgenden Beweis.

(1)	G	ZA
(2)	G ⊃ [(W & ¬K) ∨ (K & ¬W) ∨ (¬W & ¬K) ∨ (W & K)]	Ann.
(3)	(W & ¬K) ⊃ S	Ann.
(4)	¬S	Ann.
(5)	(K & ¬W) ⊃ M	Ann.
(6)	¬M	Ann.
(7)	(¬W & ¬K) ⊃ (M & S)	Ann.
(8)	¬(M & S)	Ann.
(9)	(W & K) ⊃ ¬Ü	Ann.
(10)	Ü	Ann.
(11)	(W & ¬K) ∨ (K & ¬W) ∨ (¬W & ¬K) ∨ (W & K)	1, 2, MP
(12)	¬(W & ¬K)	3, 4, MT
(13)	(K & ¬W) ∨ (¬W & ¬K) ∨ (W & K)	11, 12, DS
(14)	¬(K & ¬W)	5, 6, MT
(15)	(¬W & ¬K) ∨ (W & K)	13, 14, DS
(16)	¬(¬W & ¬K)	7, 8, MT
(17)	W & K	15, 16, DS
(18)	¬Ü	9, 17, MP
(19)	¬G	1, 10, 18, RAA q.e.d.

Einige Philosophen fassen das von Laktanz übermittelte Argument keineswegs als religionskritisches Argument gegen die Existenz Gottes auf. Da der unbekannte Autor die Konklusion nicht angibt, können wir über seine Absichten nur spekulieren. Nur eines steht eindeutig fest: Die zehn Annahmen widersprechen einander. Jeder Philosoph, der konsistent (widerspruchsfrei) über Gott nachdenken möchte, muss eine von ihnen ablehnen. Insgesamt dürfte in den jahrhundertelangen Diskussionen über das Theodizee-Problem fast jede der zehn Annahmen in Frage gestellt worden sein. Insbesondere die Annahmen (3) und (5) werden häufig zurückgewiesen. Wer an Annahme (1), am Glauben an die Existenz Gottes, festhalten möchte, hat also einen großen logischen Spielraum. Prinzipiell steht es ihm frei zu wählen, welche der übrigen Annahmen er aufzugeben bereit ist.

Übungen

Prüfen Sie mit dem Kalkül des natürlichen Schließens, ob die folgenden Argumentformen bzw. Argumente logisch gültig sind! In den meisten Fällen müssen Sie einen bedingten oder indirekten Beweis führen.

1

$A \supset B$

$(B \supset C) \supset (A \supset C)$

2

$(A \vee B) \supset C$
$(C \vee D) \supset E$

$A \supset E$

3

$A \supset (B \supset C)$
$C \supset (B \supset D)$

$A \supset (B \supset D)$

Hinweis: Sie benötigen zwei Zusatzannahmen.

4

$A \vee A$

A

5

$(A \vee B) \supset (C \,\&\, D)$
$\neg C$

$\neg B$

6

$A \supset B$
A

$C \supset B$

Hinweis: Die Konditional-Einführung ist hier unzulässig. Versuchen Sie es mit einem indirekten Beweis!

7

$A \supset C$
$B \supset C$

$(A \vee B) \supset C$

8

$D \supset (G \vee \neg B)$
F
$F \supset \neg G$
V
$V \supset B$

$\neg D$

9 Selbst wenn Sie die wirtschaftswissenschaftlichen Annahmen über den sogenannten „Keynes-Effekt" nicht komplett nachvollziehen können, können Sie überprüfen, ob das folgende Argument logisch gültig ist. Denn allein von der Bedeutung der logischen Ausdrücke und der Anordnung der Einzelaussagen hängt es ab, ob das Argument logisch gültig ist. Formalisieren Sie es mit den unten angegebenen Aussagebuchstaben und führen Sie dann einen bedingten oder einen indirekten Beweis! Für den bedingten Beweis benötigen Sie zwei Zusatzannahmen. Der mit „Infolgedessen" eingeleitete vierte Satz ist die Konklusion.

Wenn der Transaktionsbedarf an Geld zurückgeht, werden, vorausgesetzt, dass keine Liquiditätsfalle vorliegt, die Wirtschaftssubjekte versuchen, ihre Portefeuilles zugunsten von Wertpapieren umzuschichten. Eine derartige Umschichtung führt zu höheren Wertpapierkursen und zu niedrigerem Marktzins. Ist die Zinselastizität der Investitionsnachfrage nicht zu gering, so bewirkt ein niedriger Marktzins eine erhöhte Nachfrage nach Investitionsgütern. Infolgedessen führt ein Absinken des nominellen Niveaus der Löhne und Preise zu einer Zunahme der Beschäftigung, falls die Zinselastizität der Investitionsnachfrage nicht zu gering ist und überdies keine Liquiditätsfalle vorliegt. Denn erstens geht der Transaktionsbedarf an Geld zurück, wenn das nominelle Niveau der Löhne und Preise absinkt. Und zweitens induziert eine erhöhte Nachfrage nach Investitionsgütern … mehr Beschäftigung.[19]

- T: Der Transaktionsbedarf an Geld geht zurück.
- L: Es liegt eine Liquiditätsfalle vor.
- U: Die Wirtschaftssubjekte versuchen, ihre Portefeuilles zugunsten von Wertpapieren umzuschichten.
- W: Die Wertpapierkurse steigen.
- M: Der Marktzins wird niedriger.
- Z: Die Zinselastizität der Investitionen ist zu gering.
- I: Die Nachfrage nach Investitionsgütern erhöht sich.
- N: Das nominelle Niveau der Löhne und Preise sinkt ab.
- B: Die Beschäftigung nimmt zu.

10 Selten kommen Philosophen dem Wunsch nach logischer Klarheit und Vollständigkeit so hilfsbereit entgegen, dass sie die einzelnen Prämissen ihres Arguments explizit anführen. Peter van Inwagen macht das an einer zentralen Stelle seines Aufsatzes „Die Unvereinbarkeit von freiem Willen und Determinismus".[20] Der Determinismus vertritt die Auffassung, dass jedes Ereignis durch seine Ursachen eindeutig festgelegt werde. Demzufolge werde auch jeder Willensentschluss durch die Naturgesetze und die jeweiligen Umstände vorherbestimmt. Inwagen schreibt dazu:

Wir können jetzt ‚Determinismus' definieren. Wir werden diesen Ausdruck für die Konjunktion der folgenden beiden Thesen verwenden:

(a) Für jeden Zeitpunkt gibt es eine Proposition [Aussage], die den Zustand der Welt zu diesem Zeitpunkt ausdrückt.
(b) Wenn *A* und *B* beliebige Propositionen sind, die den Zustand der Welt zu zwei Zeitpunkten ausdrücken, dann hat die Konjunktion von *A* mit den Gesetzen der Physik *B* zur Folge.[21]

Prüfen Sie bitte mit dem Kalkül des natürlichen Schließens, ob sein unten dargestelltes Argument logisch gültig ist! Mit Blick auf die zweite Prämisse beachten Sie bitte Inwagens Hinweis am Ende des Textes.

19 Reinhard Kamitz: *Logik und Wirtschaftswissenschaft*, Berlin 1979, S. 27.
20 Peter van Inwagen: „Die Unvereinbarkeit von freiem Willen und Determinismus", in: Ulrich Pothast (Hg.): *Seminar: Freies Handeln und Determinismus*, Frankfurt/M. 1978, S. 247–265.
21 Ebd., S. 248.

Ich werde nun einen Fall ausmalen, in dem ein bestimmter Mensch nach gehöriger Überlegung davon Abstand nahm, eine bestimmte in Erwägung gezogene Handlung zu vollziehen. Ich werde dann Gründe dafür beibringen, dass dieser Mann diese Handlung *nicht hätte* vollziehen *können*, wenn der Determinismus wahr ist. …

Hier ist nun der Fall: Nehmen wir an, es gab einmal einen Richter, der nur zu einem bestimmten Zeitpunkt *T* seine rechte Hand zu heben brauchte, um die Ausführung eines Todesurteils an einem bestimmten Verbrecher zu verhindern, da solches Handheben nach den Konventionen des Landes, in dem der Richter lebte, das Zeichen für eine spezielle Form der Begnadigung war. Wir wollen weiter annehmen, dass der Richter – nennen wir ihn ‚*R*' – davon Abstand nahm, seine Hand zu diesem Zeitpunkt zu heben, und dass seine Unterlassung die Tötung des Verbrechers zur Folge hatte. Wir können auch annehmen, dass der Richter nicht gefesselt, nicht verletzt und nicht gelähmt war; dass er nur nach einer Periode ruhiger, vernünftiger und zuständiger Überlegung beschloss, zum Zeitpunkt *T* nicht seine Hand zu heben; dass er nicht irgendeinem ‚Druck' ausgesetzt worden war, in der einen oder anderen Weise über den Tod des Verbrechers zu entscheiden; dass er nicht unter dem Einfluss von Drogen, einer Hypnose oder von irgend etwas dergleichen stand und dass es schließlich in seinen Überlegungen kein Element gab, welches für einen Forscher auf dem Feld der abnormalen Psychologie von irgendeinem besonderem Interesse gewesen wäre.

Nun das Argument. In diesem Argument, das ich das ‚Hauptargument' nenne werde, werde ich ‚T_0' benutzen zur Bezeichnung eines Zeitpunktes, der früher als *R*'s Geburt liegt, ‚P_0' zur Bezeichnung der Proposition, die den Zustand der Welt zum Zeitpunkt T_0 ausdrückt, ‚*P*' zur Bezeichnung der Proposition, die den Zustand der Welt zum Zeitpunkt *T* ausdrückt, und ‚*L*' zur Bezeichnung der Konjunktion aller Gesetze der Physik, so dass sie eine einzige Proposition bilden. … Das Argument besteht aus sieben Aussagen, deren siebente aus den ersten sechs folgt:

(1) Wenn der Determinismus wahr ist, dann folgt *P* aus der Konjunktion von P_0 und *L*.
(2) Wenn *R* zum Zeitpunkt *T* seine Hand gehoben hätte, dann wäre *P* falsch.
(3) Wenn (2) wahr ist, dann hätte *R*, wenn *R* zu *T* seine Hand hätte heben können, *P* falsch machen können.
(4) Wenn *R* die Proposition *P* falsch hätte machen können und wenn *P* aus der der Konjunktion von P_0 und *L* folgt, dann hätte *R* die Konjunktion von P_0 und *L* falsch machen können.
(5) Wenn *R* die Konjunktion von P_0 und *L* falsch hätte machen können, dann hätte *R* auch *L* falsch machen können.
(6) *R* hätte *L* nicht falsch machen können.
(7) Wenn der Determinismus wahr ist, dann hätte *R* zu *T* seine Hand nicht heben können.

Es kann leicht mit Hilfe der wahrheitsfunktionalen Logik [Aussagenlogik] gezeigt werden, dass (7) aus (1) bis (6) folgt. … Wenn es darum geht, die *Gültigkeit* (validity) dieses Arguments zu zeigen, kann (2) als ein einfacher Satz betrachtet werden.[22]

---

22 Peter van Inwagen: „Die Unvereinbarkeit von freiem Willen und Determinismus", in: Ulrich Pothast (Hg.): *Seminar: Freies Handeln und Determinismus*, Frankfurt/M. 1978, S. 254 f.

11 In einer aufsehenerregenden Stelle seiner *Kritik der reinen Vernunft* verbindet Immanuel Kant auf geniale Weise Logik und Metaphysik. Er präsentiert vier Paare widersprüchlicher Thesen, die scheinbar gleichermaßen gut begründet sind. Dieser Widerspruch wohlbegründeter oder beweisbarer Aussagen ist eine *Antinomie*. In der ersten Antinomie widersprechen einander die beiden folgenden Thesen:

„Die Welt hat einen Anfang in der Zeit, und ist dem Raum nach auch in Grenzen eingeschlossen." (B 454)
„Die Welt hat keinen Anfang, und keine Grenzen im Raume, sondern ist, sowohl in Ansehung der Zeit, als des Raums, unendlich." (B 455)

Genau genommen beinhaltet jede der beiden Thesen wiederum zwei spezielle Thesen: eine über den Anfang der Zeit und eine über die Grenzen des Raumes. Im Folgenden konzentrieren wir uns auf die Argumente zur Zeit. Sowohl für die Annahme „Die Welt hat einen Anfang in der Zeit" als auch für die gegenteilige Annahme „Die Welt hat keinen Anfang" bietet Kant eine Reductio ad absurdum: Er nimmt jeweils eine der Thesen an und zeigt, dass sie zu einem speziellen Widerspruch führt, um daraus auf die Gegenthese zu schließen. Indem Kant auf diese Weise sowohl die These als auch die Gegenthese begründet, und zwar mit wiederum scheinbar gleich starken Prämissen, möchte er zeigen, dass mit beiden Thesen etwas nicht stimmen kann. An späterer Stelle seines Buchs meint er, beide Thesen seien falsch, weil man mit Urteilen über den Anfang der Welt und ihre Endlichkeit bzw. Unendlichkeit die Grenzen der Vernunft überschreitet.

Im ersten Argument begründet Kant, dass die Welt einen zeitlichen Anfang habe:

Thesis
Die Welt hat einen Anfang in der Zeit …

Beweis
Denn, man nehme an, die Welt habe der Zeit nach keinen Anfang: so ist bis zu jedem gegebenen Zeitpunkte eine Ewigkeit abgelaufen, und mithin eine unendliche Reihe auf einander folgender Zustände der Dinge in der Welt verflossen. Nun besteht aber eben darin die Unendlichkeit einer Reihe, daß sie durch sukzessive Synthesis [Verbindung] niemals vollendet sein kann. Also ist eine unendliche verflossene Weltreihe unmöglich, mithin ein Anfang der Welt eine notwendige Bedingung ihres Daseins; welches zuerst zu beweisen war. (B 454)

Ergänzen Sie das Argument um die implizite Prämisse: „Wenn eine unendliche Reihe aufeinander folgender Zustände der Dinge in der Welt durch sukzessive Synthesis niemals vollendet sein kann, dann ist keine unendliche Reihe aufeinander folgender Zustände der Dinge in der Welt verflossen." Prüfen Sie, ob das Argument logisch gültig ist!

7. Baumkalkül

Neben den Wahrheitstafeln und dem Kalkül des natürlichen Schließens ist der Baumkalkül das dritte Prüfverfahren. Als Vorstufe des Baumkalküls gelten die sogenannten *semantischen Tafeln* des niederländischen Logikers Evert Willem Beth, die nach ihrem Erfinder heute auch *Beth-Tableaus* genannt werden. Beth entwickelte diese semantischen Tafeln in den 50er-Jahren des 20. Jahrhunderts, etwa 20 Jahre nach der Erfindung des Kalküls des natürlichen Schließens. In unserer Darstellung ist der Baumkalkül allerdings keine Alternative zum Kalkül des natürlichen Schließens, sondern eine Weiterentwicklung und zugleich eine Variante, die einen *verzweigten Beweis* ermöglicht. Zum Einsatz kommt er vorwiegend bei Formeln, deren Hauptoperator die Disjunktion ist.

Verzweigte Beweise beginnen genauso wie die bisher dargestellten Beweise. Es gelten auch alle Schlussregeln des Kalküls des natürlichen Schließens (einschließlich Konditional-Einführung und Reductio ad absurdum). Der Unterschied: Der Beweis darf in zwei unabhängige Beweise aufgespalten werden, wenn der Hauptoperator einer Formel die Disjunktion ist. Dadurch erlaubt der Baumkalkül eine Fallunterscheidung; im linken Zweig untersucht man, was aus dem Vorderglied abgeleitet werden kann, im rechten Zweig untersucht man die Konsequenzen des Hinterglieds. Wenn es gelingt, in jedem Zweig die Konklusion oder einen Widerspruch zweier beliebiger Formeln abzuleiten, so ist der Beweis abgeschlossen (vollständig) und die Argumentform ist logisch gültig.

Betrachten wir ein erstes Beispiel:

$$\frac{\begin{array}{l} A \lor B \\ A \supset C \\ B \supset C \end{array}}{C}$$

(1)	$A \lor B$	Ann.
(2)	$A \supset C$	Ann.
(3)	$B \supset C$	Ann.

(4)	A	1	(4)	B	1
(5)	C	2, 4, MP	(5)	C	3, 4, MP
	q.e.d.			q.e.d.	

Wir dürfen den Beweis verzweigen, weil die Disjunktion der Hauptoperator der ersten Prämisse $A \lor B$ ist. Nach der Verzweigung nehmen wir im linken Zweig das Vorderglied A, im rechten Zweig das Hinterglied B an. In die rechte Spalte tragen wir die Nummer der Zeile ein, derentwegen wir den Beweis aufgespalten haben, in unserem Beispielfall ist es die Zeile (1). Nach der Verzweigung nummerieren wir die Zweige getrennt voneinander. Die Zeilen oberhalb einer Verzweigung gehören zu beiden Zweigen; sie bilden gleichsam den Baumstamm. Die Argumentform ist logisch gültig, weil wir die Konklusion in beiden Zweigen ableiten können.

Anstelle der Konklusion kann man auch einen Widerspruch ableiten, d.h. eine beliebige Formel und deren Negation, so etwa *C & D* und ¬*(C & D)*. Ein Zweig, in dem ein Widerspruch auftritt, gilt als *geschlossen*; Sie können darunter ein Kreuz „X" setzen.

Der linke Zweig des folgenden Beweises ist geschlossen wegen eines Widerspruchs zwischen der zweiten und dritten Zeile. (Die zweite Zeile gehört so wie alle Zeilen oberhalb der Verzweigung zu beiden Zweigen.) Im rechten Zweig können wir die Konklusion direkt ableiten. Damit ist bewiesen, dass die Argumentform logisch gültig ist:

A ∨ (B & C)
¬A
____
C

(1) A ∨ (B & C) Ann.
(2) ¬A Ann.

Linker Zweig:
(3) A 1
X

Rechter Zweig:
(3) B & C 1
(4) C 3, &-Bes.
q.e.d.

Im herkömmlichen Kalkül des natürlichen Schließens wäre der Beweis allerdings etwas einfacher:

(1)	A ∨ (B & C)	Ann.
(2)	¬A	Ann.
(3)	B & C	1, 2, DS
(4)	C	3, &-Bes. q.e.d.

Künftig werden wir verzweigte Beweise nur dort einsetzen, wo sie uns gegenüber den bisherigen Beweisformen Arbeit ersparen.

Beweise lassen sich mehrfach verzweigen, wenn sie mehrere Formeln mit dem Hauptoperator Disjunktion enthalten:

A ∨ B
A ∨ C
____
A ∨ (B & C)

(1) A ∨ B Ann.
(2) A ∨ C Ann.

Linker Zweig:
(3) A 1
(4) A ∨ (B & C) 3, ∨-Einf.
q.e.d.

Rechter Zweig:
(3) B 1

Linker Unterzweig:
(4) A 2
(5) A ∨ (B & C) 4, ∨-Einf.
q.e.d.

Rechter Unterzweig:
(4) C 2
(5) B & C 3, 4, &-Einf.
(6) A ∨ (B & C) 5, ∨-Einf.
q.e.d.

Zunächst verzweigen wir den Beweis aufgrund der Formel *A* ∨ *B* (Zeile 1). Im linken Zweig, in dem wir das Vorderglied *A* annehmen, können wir rasch auf die Konklusion schließen. Damit ist die Arbeit am linken Zweig erledigt. Allgemein gilt nämlich: Ein Zweig wird nicht mehr weiter bearbeitet oder aufgespalten, sobald die Konklusion oder ein Widerspruch abgeleitet worden ist. Im rechten Zweig lässt sich die Konklusion nicht so leicht ableiten. Daher spalten wir ihn aufgrund der Formel *A* ∨ *C* (Zeile 2) erneut auf, sodass zwei Unterzweige entstehen. Im linken Unterzweig nehmen wir das Vorderglied *A* an, im rechten das Hinterglied *C*. Da es uns anschließend gelingt, auch in den Unterzweigen die Konklusion abzuleiten, ist die Argumentform logisch gültig.

Bisher haben wir nur Beweise mit Formeln verzweigt, deren Hauptoperator die Disjunktion ist. Einen verzweigten Beweis lassen jedoch auch Formeln mit dem Hauptoperator Konditional zu, da eine beliebige Formel $\alpha \supset \beta$ zu $\neg\alpha \vee \beta$ logisch äquivalent ist. Die Wahrheitstafel veranschaulicht dies:

α	β	(α	⊃	β)	≡	(¬	α	∨	β)
W	W	W	W	W	**W**	F	W	W	W
W	F	W	F	F	**W**	F	W	F	F
F	W	F	W	W	**W**	W	F	W	W
F	F	F	W	F	**W**	W	F	W	F

Aufgrund einer Formel $\alpha \supset \beta$ dürfen wir den Beweis verzweigen und im linken Zweig die Negation des Vorderglieds und im rechten Zweig das Hinterglied annehmen. So ist die Formel *(A ∨ B) ⊃ C* logisch äquivalent zu ¬*(A ∨ B)* ∨ *C*. Im linken Zweig untersuchen wir daher ¬*(A ∨ B)*, im rechten Zweig *C*:

(A ∨ B) ⊃ C
C ≡ D
¬B ≡ D
―――――――
D

(1)	(A ∨ B) ⊃ C	Ann.
(2)	C ≡ D	Ann.
(3)	¬B ≡ D	Ann.
(4)	(C ⊃ D) & (D ⊃ C)	2, ≡-Bes.
(5)	C ⊃ D	4, &-Bes.
(6)	(¬B ⊃ D) & (D ⊃ ¬B)	3, ≡-Bes.
(7)	¬B ⊃ D	6, &-Bes.

(8)	¬(A ∨ B)	1	(8)	C	1
(9)	¬A & ¬B	8, DM	(9)	D	5, 8, MP
(10)	¬B	9, &-Bes.		q.e.d.	
(11)	D	7, 10, MP			
	q.e.d.				

Es gibt noch drei weitere Konstellationen, die einen verzweigten Beweis ermöglichen:

1. Eine beliebige Formel $\neg(\alpha \,\&\, \beta)$ ist logisch äquivalent zu $\neg\alpha \vee \neg\beta$ (De Morgan'sches Gesetz). Daher ermöglicht sie es, den Beweis zu verzweigen und im linken Zweig $\neg\alpha$ und im rechten Zweig $\neg\beta$ anzunehmen.
2. Eine beliebige Formel $(\alpha \equiv \beta)$ ist logisch äquivalent zu $(\alpha \,\&\, \beta) \vee (\neg\alpha \,\&\, \neg\beta)$. Daher ermöglicht sie es, den Beweis zu verzweigen und im linken Zweig α sowie β und im rechten Zweig $\neg\alpha$ sowie $\neg\beta$ anzunehmen.
3. Eine beliebige Formel $\neg(\alpha \equiv \beta)$ ist logisch äquivalent zu $(\alpha \,\&\, \neg\beta) \vee (\neg\alpha \,\&\, \beta)$. Daher ermöglicht sie es, den Beweis zu verzweigen und im linken Zweig α sowie $\neg\beta$ und im rechten Zweig $\neg\alpha$ sowie β anzunehmen.

Insgesamt gibt es fünf Verzweigungsregeln:

$\alpha \vee \beta$	$\alpha \supset \beta$	$\neg(\alpha \,\&\, \beta)$	$\alpha \equiv \beta$	$\neg(\alpha \equiv \beta)$
α | β	$\neg\alpha$ | β	$\neg\alpha$ | $\neg\beta$	α, β | $\neg\alpha$, $\neg\beta$	α, $\neg\beta$ | $\neg\alpha$, β

Ökonomisch ist der Baumkalkül meist nur bei Formeln mit dem Hauptoperator Disjunktion. In der Logik zählt aber nicht nur Beweisökonomie. Manche Logiker lieben die verzweigten Beweise und wenden sie immer an. Davon möchten wir Sie nicht abhalten; falls Sie Gefallen an verzweigten Beweisen finden, mögen Sie diese gerne anwenden.

Ein verzweigter Beweis lässt sich auch indirekt führen; es ist möglich (und in anderen Logik-Lehrbüchern sogar üblich), den Baumkalkül mit der Reductio ad absurdum zu kombinieren. Zu diesem Zweck machen Sie zunächst eine Zusatzannahme, in der Sie die Konklusion negieren. Anschließend versuchen Sie, in jedem Zweig einen Widerspruch zweier beliebiger Formeln abzuleiten. Die Argumentform ist logisch gültig, wenn jeder Zweig auf diese Weise geschlossen ist, was dadurch zum Ausdruck kommt, dass unter jedem Zweig ein Kreuz steht.

$\neg(A \equiv B)$

$A \supset \neg B$

(1)	$\neg(A \equiv B)$	Ann.
(2)	$\neg(A \supset \neg B)$	ZA
(3)	$A \,\&\, \neg\neg B$	2, $\supset$-Ers.
(4)	A	3, &-Bes.
(5)	$\neg\neg B$	3, &-Bes.

(6)	A	1	(6)	$\neg A$	1
(7)	$\neg B$	1	(7)	B	1
	X			X	

In der linken Spalte widersprechen sich die Zeilen (5) und (7), in der rechten Spalte (4) und (6). Da beide Zweige geschlossen sind, ist die Argumentform logisch gültig.

Bewusst haben wir oben die Konditional-Beseitigung vor der Verzweigung vorgenommen. Überhaupt sollte man die Beweise möglichst spät verzweigen. Andernfalls müssten wir, wie im folgenden Beweis derselben Argumentform, manche Schlüsse in beiden Zweigen ableiten:

(1)	¬(A ≡ B)	Ann.
(2)	¬(A ⊃ ¬B)	ZA

(3)	A	1	(3)	¬A	1
(4)	¬B	1	(4)	B	1
(5)	A & ¬¬B	2, ⊃-Ers.	(5)	A & ¬¬B	2, ⊃-Ers.
(6)	¬¬B	5, &-Bes.	(6)	A	5, &-Bes.
	X			X	

Außerdem ist es ökonomischer, die Verzweigungsregeln bevorzugt auf eine längere Formel anzuwenden. In dem folgenden indirekten Beweis erspart das einige Arbeit:

A ∨ (B & C)
____
(A ∨ B) & (A ∨ C)

(1)	A ∨ (B & C)	Ann.
(2)	¬[(A ∨ B) & (A ∨ C)]	ZA
(3)	¬(A ∨ B) ∨ ¬(A ∨ C)	2, DM

(4)	¬(A ∨ B)	3	(4)	¬(A ∨ C)	3
(5)	¬A & ¬B	4, DM	(5)	¬A & ¬C	4, DM
(6)	¬A	5, &-Bes.	(6)	¬A	5, &-Bes.
(7)	¬B	5, &-Bes.	(7)	¬C	5, &-Bes.
(8)	B & C	1, 6, DS	(8)	B & C	1, 6, DS
(9)	B	8, &-Bes.	(9)	C	8, &-Bes.
	X			X	

Wir haben uns bewusst dafür entschieden, die Verzweigungsregel nicht auf Zeile (1) anzuwenden, sondern auf die längere Formel (3). Wir könnten sie auch auf (1) anwenden, dann wird aber der Beweis umständlicher. In diesem Fall müssen wir die Zweige erneut aufspalten, indem wir die Verzweigungsregel auch auf Zeile (3) anwenden. Da die Formel *¬(A ∨ B) ∨ ¬(A ∨ C)* zu beiden Zweigen gehört, müssen wir beide erneut aufspalten. In den jeweils links gelegenen Unterzweigen nehmen wir das Vorderglied *¬(A ∨ B)* an, in den anderen Unterzweigen das Hinterglied *¬(A ∨ C)*. Anschließend führen wir alle vier Unterzweige zu einem Widerspruch:

(1)	A ∨ (B & C)	Ann.
(2)	¬[(A ∨ B) & (A ∨ C)]	ZA
(3)	¬(A ∨ B) ∨ ¬(A ∨ C)	2, DM

Left branch:

(4)	A	1

(5)	¬(A ∨ B)	3	(5)	¬(A ∨ C)	3
(6)	¬A & ¬B	5, DM	(6)	¬A & ¬C	5, DM
(7)	¬A	6, &-Bes.	(7)	¬A	6, &-Bes.
	X			X	

Right branch:

(4)	B & C	1
(5)	B	4, &-Bes.
(6)	C	4, &-Bes.

(7)	¬(A ∨ B)	3	(7)	¬(A ∨ C)	3
(8)	¬A & ¬B	7, DM	(8)	¬A & ¬C	7, DM
(9)	¬B	8, &-Bes.	(9)	¬C	8, &-Bes.
	X			X	

Fassen wir die beiden strategischen Faustregeln für verzweigte Beweise noch einmal zusammen:[23]

Verzweigen Sie die Beweise möglichst spät!
Wenden Sie die Verzweigungsregeln bevorzugt auf längere Formeln an!

Übungen

Prüfen Sie mit dem Baumkalkül, ob die folgenden Argumentformen logisch gültig sind.

1

A ⊃ C
B ⊃ D
A ∨ B
———
C ∨ D

2

A ⊃ C
B ⊃ D
¬C ∨ ¬D
———
¬A ∨ ¬B

3

(A & B) ∨ (C & D)
¬B
———
C

4

A & (B ∨ C)
———
(A & B) ∨ (A & C)

5

(A & B) ∨ (A & C)
———
A & (B ∨ C)

6

A ⊃ B
C ⊃ D
¬(B ∨ D)
———
¬(A ∨ C)

7 Prüfen Sie mit dem Baumkalkül, ob das folgende Argument logisch gültig ist.

Die Aussagen der Psychoanalyse sind falsifizierbar, oder die Psychoanalyse ist keine seriöse Wissenschaft. Ihre Aussagen sind nur dann falsifizierbar, wenn sich die psychoanalytischen Deutungen durch das beobachtbare Verhalten der Patienten prinzipiell widerlegen lassen. Deshalb müssen sich die psychoanalytischen Deutungen durch das Verhalten der Patienten widerlegen lassen, oder die Psychoanalyse ist keine seriöse Wissenschaft.

23 Nach Winfried Löffler: *Einführung in die Logik*, Stuttgart 2008, S. 97.

8 Die nachfolgende Passage aus einer mittelalterlichen Chronik erklärt, warum die Angeklagte eines Hexengerichts auf keinen Fall überlebt. Fügen Sie der Überlegung zwei triviale Prämissen hinzu und prüfen Sie, ob sie logisch gültig ist.

Die Angeklagte des Hexengerichts überlebt ihr Verfahren auf keinen Fall. Es gibt nämlich nur zwei Möglichkeiten: Entweder ertrinkt sie, oder sie wird an Land gespült. Wenn sie ertrinkt, überlebt sie nicht. Wird sie hingegen an Land gespült, so gilt ihre Rettung als sicheres Zeichen dafür, dass sie mit dem Teufel im Bunde steht, der seine Geliebte vor dem Tode bewahrt hat. In diesem Falle wird sie umgehend auf dem Scheiterhaufen verbrannt.

Teil III: Prädikatenlogik

Die Prädikatenlogik bietet feinere Werkzeuge als die Aussagenlogik, die es erlauben, auch die innere Struktur von Aussagen zu analysieren. Bei den Argumenten, denen wir bislang begegneten, genügte es, jeder Einzelaussage einen Aussagebuchstaben zuzuordnen. Das war praktisch und erleichterte die Überprüfung der Argumente. Bei anderen Argumenten würden wir damit in eine Sackgasse geraten. Betrachten wir ein Argument, das gültig zu sein scheint: „Alle Menschen sind sterblich. Sokrates ist ein Mensch. Also ist er sterblich." Aussagenlogisch hat das Argument eine äußerst einfache Form:

- A: Alle Menschen sind sterblich.
- B: Sokrates ist ein Mensch.
- C: Sokrates ist sterblich.

A
B
—
C

Die uns bekannten aussagenlogischen Schlussregeln lassen den Schluss von den Prämissen *A* sowie *B* auf die Konklusion *C* nicht zu. Auch eine Wahrheitstafel würde den Schluss als ungültig ausweisen:

A	B	C
W	W	W
W	W	F
W	F	W
W	F	F
F	W	W
F	W	F
F	F	W
F	F	F

In den ersten beiden Zeilen sind beide Prämissen wahr, sowohl *A* als auch *B*, in der zweiten Zeile ist jedoch die Konklusion *C* falsch. Es ist also möglich, dass sämtliche

Prämissen wahr sind und die Konklusion falsch ist. Insofern ist die aussagenlogische Form des Arguments ungültig.

Das kann doch nicht wahr sein – werden Sie vielleicht denken. Intuitiv scheint das obige Argument korrekt zu sein. Denn es ist unmöglich, dass die Prämissen wahr sind und die Konklusion falsch ist. Wenn wirklich alle Menschen sterblich sind und Sokrates einer von ihnen ist, dann muss er doch sterblich sein. Die Aussagenlogik ist hier zu grob, um diesen Zusammenhang zu erfassen. Die prädikatenlogische Sprache erlaubt es hingegen, die inneren Bestandteile der Aussagen zu berücksichtigen. Ein Argument hat nämlich nicht bloß *eine* logische Argumentform, sondern (mindestens) zwei: eine aussagenlogische Form und (mindestens) eine prädikatenlogische Form.

Um die prädikatenlogische Form des Arguments zu ermitteln, ist zu unterscheiden zwischen *Namen* (singulären Termini) und *Prädikaten* (generellen Termini). Ein Name hat die Aufgabe, genau einen Gegenstand oder ein Ereignis zu bezeichnen, wobei wir zu den Gegenständen auch Menschen und andere Lebewesen rechnen. Im obigen Argumente kommt zweimal der Name „Sokrates“ vor. Ein Prädikat ist hingegen der sprachliche Ausdruck für eine Eigenschaft oder eine Beziehung (= Relation). Mit einem Prädikat lassen sich Gegenstände bzw. Ereignisse beschreiben. Eigenschaften und Beziehungen kommen normalerweise mehreren Gegenständen zu. Im vorigen Argument gibt es zwei Prädikate: „ist ein Mensch“ und „ist sterblich“. Wir zählen zu den Beziehungen aber nicht nur soziale Beziehungen, sondern auch Verhältnisse beliebiger Gegenstände. So besteht die Beziehung zwischen dem Mont Blanc und der Zugspitze darin, dass diese niedriger als jener ist.

Namen und Prädikate unterscheiden sich in mindestens zwei Hinsichten: Zum einen haben sie unterschiedliche Funktionen. Ein Name dient dazu, auf einen Gegenstand oder ein Ereignis Bezug zu nehmen, während der Gegenstand oder das Ereignis durch ein Prädikat beschrieben wird. Zum anderen trifft ein Name normalerweise nur auf einen Gegenstand oder auf ein Ereignis zu, während Prädikate verschiedenen Gegenständen zugesprochen werden können. Bekanntlich besitzen neben Sokrates noch unzählige andere Individuen die Eigenschaften, ein Mensch oder sterblich zu sein.[1] Das Gleiche gilt für Beziehungen, wobei jeweils zwei oder mehrere Gegenstände zueinander in einer Beziehung stehen. Beispielsweise gibt es viele Paare, die einander lieben. Bei Namen sollte hingegen aus dem Kontext der Äußerung hervorgehen, auf welches Individuum er sich bezieht. Wenn zu meinem Freundeskreis nur eine Person mit dem Vornamen „Günther“ gehört, verstehen alle, wer damit gemeint ist. Andernfalls sollte ich den Familiennamen und gegebenenfalls andere Informationen hinzufügen, z. B. „Günther Müller aus Walderstadt“.

1 Wir könnten auch sagen: Die Gegenstände, die eine bestimmte Eigenschaft besitzen, sind jeweils Elemente einer Menge (= Klasse) und fallen unter den vom Prädikat bezeichneten Begriff. Daher wird die Prädikatenlogik auch als „Klassenlogik“ und „Begriffslogik“ bezeichnet. Näheres zum Verhältnis zwischen Prädikaten, Begriffen und Klassen findet sich in Ernst Tugendhat / Ursula Wolf: „Generelle Termini, Begriffe, Klassen“, in: dies.: *Logisch-semantische Propädeutik*, Stuttgart 1993, S. 127–145.

Dieser Ausdruck setzt sich zwar aus einem Vor-, einem Familien- und einem Ortsnamen zusammen; aus prädikatenlogischer Sicht handelt es sich dabei aber um einen einzigen Namen, der die Funktion hat, auf *einen* Gegenstand Bezug zu nehmen. Bei der prädikatenlogischen Formalisierung ist dies zu beachten.

Namen formalisieren wir durch *Namensbuchstaben*, wofür wir Kleinbuchstaben verwenden; nicht erlaubt sind die drei letzten Buchstaben des Alphabets *x*, *y* und *z* – die wir als Variablen benötigen – dazu gleich mehr. Prädikate ersetzen wir durch *Prädikatsbuchstaben*, für die wir Großbuchstaben verwechseln (bitte verwechseln Sie diese nicht mit den Aussagebuchstaben der Aussagenlogik).[2] Dass Namensbuchstaben klein und Prädikatsbuchstaben groß geschrieben werden, ist etwas irritierend, da in der Schriftsprache die meisten Namen groß und viele Prädikate klein geschrieben werden. Ebenso irritierend ist die Konvention, die Prädikatsbuchstaben den Namensbuchstaben voranzustellen. Doch daran gewöhnt man sich schnell. Betrachten wir z.B. den Satz „Günther Müller aus Walderstadt ist Student". Verwenden wir für das Prädikat „ist Student" den Großbuchstaben *S* und setzen dahinter den Kleinbuchstaben *g* für den Namen „Günther Müller aus Walderstadt", so erhalten wir *Sg* – die prädikatenlogische Form des Beispielsatzes.

Solange wir uns nur mit der Aussagenlogik befasst haben, verstanden wir unter „logisch gültig" immer nur „aussagenlogisch gültig". Von nun an müssen wir nicht nur zwischen der aussagenlogischen Form und der prädikatenlogischen Form eines Arguments unterscheiden, sondern auch zwei Arten logischer Gültigkeit: aussagenlogisch gültig vs. prädikatenlogisch gültig. Ein und dasselbe Argument kann aussagenlogisch ungültig und prädikatenlogisch gültig sein. Das Umgekehrte ist hingegen nicht möglich. Jedes prädikatenlogisch gültige Argument ist auch aussagenlogisch gültig. Das hat für uns eine angenehme Konsequenz: Es ist nicht erforderlich, einen prädikatenlogischen *un*gültigen Schluss erneut mit den aussagenlogischen Verfahren zu untersuchen; er wäre ohnehin auch aussagenlogisch ungültig. Bei einem aussagenlogisch ungültigen Argument sollte man jedoch in Erwägung ziehen, ob es nicht prädikatenlogisch gültig ist. Wäre das der Fall, so wäre es logisch gültig. Ein Argument kann logisch gültig sein, obwohl es aussagenlogisch ungültig ist. Die folgenden Definitionen variieren die Ihnen schon bekannte Definition logischer Gültigkeit:

---

2 Was wir hier als „Namensbuchstaben" bezeichnen, nannte Gottlob Frege „Gegenstandsbuchstaben". Die Engländer übersetzten das mit „individual constant", was viele deutsche Logiker durch das sperrige Fremdwort „Individuenkonstante" zurückübersetzen. Anstelle von „Prädikatsbuchstaben" verwendete Frege den Ausdruck „Functionsbuchstaben". Er vergleicht nämlich die Prädikate (und die damit bezeichneten Begriffe) mit mathematischen Funktionen; ein Begriff ist für ihn nichts anderes als eine spezielle „Funktion, deren Wert immer ein Wahrheitswert ist." Vgl. Gottlob Frege: „Funktion und Begriff", in: ders.: *Funktion, Begriff, Bedeutung. Fünf logische Studien*, hrsg. v. Günther Patzig, Göttingen 2008, S. 11.

Aussagenlogisch gültig ist ein Argument genau dann, wenn es allein aufgrund seiner aussagenlogischen Form unmöglich ist, dass sämtliche Prämissen wahr sind und die Konklusion falsch ist.
Prädikatenlogisch gültig **ist ein Argument genau dann, wenn es allein aufgrund seiner prädikatenlogischen Form unmöglich ist, dass sämtliche Prämissen wahr sind und die Konklusion falsch ist.**
Logisch gültig **ist ein Argument genau dann, wenn es aussagenlogischen oder prädikatenlogisch gültig ist.**

Die Prädikatenlogik baut auf der Aussagenlogik auf und erweitert sie. Die Schlussregeln der aussagenlogischen Kalküle gelten deshalb auch in den prädikatenlogischen Kalkülen. Die prädikatenlogische Sprache ist in zwei Hinsichten reichhaltiger als die aussagenlogische Sprache: Zum einen enthält sie zusätzlich die schon erwähnten Prädikats- und Namensbuchstaben, zum anderen kommen zwei neue logische Operatoren hinzu: der *Allquantor* und der *Existenzquantor*. Als Symbol für den Allquantor verwenden wir den auf den Kopf gestellten Buchstaben „A“: „∀“, für den Existenzquantor ein seitenverkehrtes „E“: „∃“.

logischer Operator	Symbol	logischer Ausdruck
Allquantor	∀	alle(s) für jeden Gegenstand gilt
Existenzquantor	∃	einige(s) für mindestens einen Gegenstand gilt

Wegen der herausragenden Bedeutung der beiden Quantoren wird die Prädikatenlogik häufig auch „Quantorenlogik“ genannt. Mit dem Allquantor lassen sich Allaussagen (universelle Aussagen) formalisieren. *Allaussagen* sind Aussagen über alle Gegenstände wie „Alles ist eitel“ oder über alle Gegenstände einer Gruppe: „Alle Menschen sind sterblich“. Mit dem Existenzquantor formalisiert man *Existenzaussagen*, in denen mindestens einem Gegenstand eine Eigenschaft zu- oder abgesprochen wird, z. B.: „Mindestens ein Mensch ist älter als 120 Jahre.“ „Einige Vögel fliegen nicht.“ Die Existenzaussagen heißen deshalb so, weil sie sich leicht umformulieren lassen in Sätze, in denen die Existenz mindestens eines Gegenstands mit bzw. ohne bestimmte Eigenschaften festgestellt wird: „Es existiert mindestens ein Mensch, der älter als 120 Jahre ist.“ „Es existiert mindestens ein Vogel, der nicht fliegt.“

Die Quantoren geben grob die Anzahl – das Quantum – der Gegenstände an, die eine bestimmte Eigenschaft oder Beziehung haben. Sie kann *allen*, *einigen*, *keinem* oder *nicht allen* Gegenständen zukommen. Hinter jedem Quantor steht eine *Variable*, wofür wir die Kleinbuchstaben x, y oder z verwenden. Dadurch wird dem Quantor eine Variable zugeordnet. Üblicherweise wird dem Quantor meist die

Variable x zuzuordnen. In Formeln mit mehreren Quantoren benötigen wir u. U. verschiedene Variablen.

- $\forall$x: für jeden Gegenstand x gilt...
- $\neg\forall$x: es ist nicht der Fall, dass für jeden Gegenstand x gilt ...; nicht für jeden Gegenstand x gilt...
- $\exists$x: für mindestens einen Gegenstand x gilt...
- $\neg\exists$x: es ist nicht der Fall, dass für mindestens einen Gegenstand x gilt...; für keinen Gegenstand x gilt...

Um zu ermitteln, ob ein Argument prädikatenlogisch gültig ist, gehen wir wie in der Aussagenlogik in zwei Schritten vor: Zuerst formalisieren wir dessen Sätze, danach überprüfen wir seine Argumentform. Im folgenden Kapitel geht es um die Formalisierung. Prädikatenlogische Wahrheitstafeln gibt es nicht. Im kurzen neunten Kapitel gehen wir stattdessen auf das Verhältnis zwischen Aussagen- und Prädikatenlogik ein. Wie die prädikatenlogische Argumentform zu überprüfen ist, zeigt das zehnte Kapitel. Dazu greifen wir den Kalkül des natürlichen Schließens wieder auf und ergänzen ihn um sechs Schlussregeln. Danach ist der prädikatenlogische Kalkül eine Erweiterung des aussagenlogischen Kalküls.

8. Prädikatenlogische Formalisierung

Die Prädikatenlogik unterteilt die Wirklichkeit in zwei große Bereiche: Einerseits gibt es Gegenstände und Ereignisse, die mit einem Namen bezeichnet werden, andererseits gibt es Eigenschaften und Beziehungen. Diese Unterscheidung ist nicht ganz unproblematisch, denn Eigenschaften kommen nur an Gegenständen vor. Die Eigenschaft „rot" existiert nur an roten Gegenständen. Dennoch setzt jede prädikatenlogische Formalisierung diese Unterscheidung voraus.

8.1 Namen

Ein Name (singulärer Terminus) hat die Aufgabe, einen einzelnen Gegenstand oder ein einzelnes Ereignis zu bezeichnen. „Gegenstand" muss hier allerdings im weitesten Sinn verstanden werden: Dazu zählen all jene Individuen, Dinge, Sachen, Objekte, die sich voneinander unterscheiden lassen. Jeder Mensch ist in diesem Sinne ebenso ein Gegenstand wie jedes Lebewesen. Ein materieller Körper wie die Zugspitze darf ebenso zu den Gegenständen gerechnet werden wie künstlich hergestellte Objekte. Schließlich gibt es auch abstrakte Gegenstände, z.B. Zahlen und Mengen, und fiktive Gegenstände wie den Geist von Canterville. Die Logiker verstehen auch „Ereignis" in sehr weitem Sinn; dazu gehören nicht nur besondere Vorgänge, sondern alle Geschehnisse von unterschiedlichster Dauer. (Etwas genauer gesagt: Ein Ereignis liegt genau dann vor, wenn ein oder mehrere Gegenstände ihre Eigenschaften ändern.) Insofern ist der Zweite Weltkrieg ebenso ein Ereignis wie Ihr letzter Badeurlaub.

Wir gebrauchen in diesem Buch den Ausdruck „Namen" in einem sehr weiten Sinn und wenden ihn auf alle Ausdrücke an, die dazu dienen, nicht mehr und nicht weniger als einen Gegenstand oder ein Ereignis zu bezeichnen. Darunter sind drei Arten von Namen zu unterscheiden. Die erste Gruppe von Namen bilden die *Eigennamen*. Dazu zählen Personennamen (Vor- und Familiennamen) ebenso wie geographische Namen. Eigennamen werden dem bezeichneten Gegenstand meist durch konventionelle Vereinbarung verliehen, etwa im Rahmen einer Taufe oder durch Ausfertigung einer Urkunde. Auch manche Ereignisse haben einen Eigennamen; so hat sich beispielsweise im Jahr 2003 für den Einmarsch US-amerikanischer und britischer Truppen in den Irak der Eigenname „Irakkrieg" eingebürgert. Die folgenden Wörter sind ebenfalls Eigennamen:

Sokrates, Berlin, Bundesrepublik Deutschland, Raskolnikow, Irakkrieg, 13, Jahwe

Manche Gegenstände und Ereignisse haben jedoch keinen Eigennamen – vielleicht sogar die meisten. So haben Tiere meist keinen Namen; nur Haustiere bekommen manchmal von ihren Besitzern einen Eigennamen verpasst („Fido", „Schnurli"). Das Gleiche gilt für unzählige Pflanzen, Steine und jedes Staubkorn – sie alle sind Gegenstände, haben aber keinen Eigennamen. In der Regel ist das auch nicht erforderlich, schließlich spricht man selten von einzelnen Staubkörnchen. Was aber tut man, wenn man ausnahmsweise doch einmal von einem Gegenstand sprechen möchte, der keinen Eigennamen besitzt? Glücklicherweise gibt es neben den Eigennamen noch andere Arten von Namen: Man kann eine *Kennzeichnung* (= definite Beschreibung) einsetzen, durch die man wie im folgenden Satz den Gegenstand eindeutig beschreibt und herausgreift: „Die Tanne vor dem Haupteingang der Universität Passau ist uralt." Kennzeichnungen liefern eine eindeutige (definite) Beschreibung eines Gegenstands. So wie Namen beziehen sie sich nur auf einen bestimmten Gegenstand; deshalb steht meist am Anfang einer Kennzeichnung ein bestimmter Artikel („der", „die", „das").

Manchmal verwenden wir derartige Kennzeichnungen der sprachlichen Variation halber. Anstelle des Eigennamens „Sokrates" könnten Sie beispielsweise „der wichtigste Lehrer Platons" verwenden. Wenn man – so wie die Autoren dieses Buchs – noch nicht weiß, welcher Politiker oder welche Politikerin Angela Merkel als Bundeskanzler(in) ablösen wird, kann man darauf mit der Kennzeichnung „der Nachfolger Angela Merkels" Bezug nehmen. Aus speziellen Gründen lehnen es viele Juden und Christen ab, den Eigennamen ihres Gottes auszusprechen oder sogar aufzuschreiben. Um nicht gegen die Zehn Gebote zu verstoßen („Du sollst den Namen des Herrn, deines Gottes, nicht missbrauchen", Ex 20,7), tabuisieren sie den Eigennamen „Jahwe". Stattdessen verwenden sie häufig die Kennzeichnung „der Herr". Im Folgenden sehen Sie Kennzeichnungen für die vorhin genannten Gegenstände:

der wichtigste Lehrer Platons, die gegenwärtige Hauptstadt der BRD, das bevölkerungssreichste Land der EU, die Hauptfigur aus Dostojewskis Roman *Verbrechen und Strafe*, der letzte Golfkrieg, die natürliche Zahl zwischen 12 und 14, der Herr

Die dritte Gruppe von Namen bilden die *Indikatoren* (= deiktische Ausdrücke), mit denen jeweils unterschiedliche Gegenstände bezeichnet werden können. Bei Indikatoren ist deshalb aus den Umständen der Sprechsituation bzw. aus dem Textzusammenhang zu erschließen, welcher Gegenstand gemeint ist. Zu den Indikatoren gehören Demonstrativpronomina wie „diese/r" und „jene/r" ebenso wie die Personalpronomina „ich", „du", „er", „sie", „es", „wir" usw. Um zu erkennen, von wem in dem Satz „Ich bin krank" die Rede ist, muss man wissen, wer diesen Satz unter welchen Umständen ausspricht oder niedergeschrieben hat. Das Gleiche gilt für Ausdrücke, bei denen ein Demonstrativpronomen oder ein Possessivpronomen („mein", „dein", „sein", „unser" usw.) und ein Substantiv kombiniert sind: „dieses Land", „meine Wohnung". Schließlich zählen auch viele Zeit- und Ortsangaben zu den Indikatoren: „jetzt", „heute", „nächste Woche", „hier", „dort" usw. Diese Ausdrücke bezeichnen, je nachdem, wann und wo sie verwendet werden, unterschiedliche Zeitpunkte bzw. Orte.

In dem Satz „Dieser Mann gefällt mir heute nicht mehr" kommen gleich drei Indikatoren vor: „dieser Mann", „mir" und „heute". Um den Sinn vollständig zu erfassen, wären die Umstände der Äußerung zu untersuchen. Wer spricht? Über welchen Mann wird gesprochen? An welchem Tag geschieht das? Ein Indikator kann je nach Situation ganz unterschiedliche Personen bzw. Zeitpunkte benennen. Das gilt genau genommen auch schon für Eigennamen und Kennzeichnungen. Manche Eigennamen sind nämlich mehrfach belegt. So listet das deutsche Telefonbuch unter „Günther Müller" über 800 Einträge auf. Ebenso könnten sich verschiedene Sprecher mit der Kennzeichnung „der schönste Mensch der Welt" auf verschiedene Personen beziehen. Solange aber die Zuhörer oder Leser wissen, wer damit gemeint ist, ist das unproblematisch.

8.2 Prädikate

Während Gegenstände stets etwas Einmaliges sind, kommen die durch Prädikate bezeichneten Eigenschaften und Beziehungen an verschiedenen Gegenständen vor. Eigenschaften sind Merkmale oder Qualitäten. So gibt es unzählige Dinge, die eine grüne Farbe besitzen. Auch Beziehungen kommen unter verschiedenen Gegenständen vor: Der Löwe, der eine Gazelle frisst, steht zu seiner Beute in der Beziehung des Verspeisens. Dieselbe Beziehung besteht zwischen einer hungrigen Person und dem Schnitzel auf ihrem Teller. Die Prädikate gehören ganz unterschiedlichen grammatischen Kategorien an:

- Adjektive, z. B.:
  ist sterblich, ist natürlich, ist opferreich, ist opferreicher
- Gattungsbezeichnungen, z. B.:
  ist ein Mensch, ist ein Krieg, ist eine Zahl, ist ein Roman, ist die Hauptstadt von, ist ein Freund von
- Verben, z. B.:
  studieren, laufen, lieben, regieren
- attributiv erweiterte Adjektive, z. B.:
  ist sehr opferreich, ist unglaublich hässlich, ist attraktiver als Heidi Klum, ist viel schöner
- attributiv erweiterte Gattungsbezeichnungen, z. B.:
  ist Bundespräsident der BRD, ist ein opferreicher Krieg, ist eine natürliche Zahl zwischen 12 und 15, ist ein guter Freund von.
- attributiv erweiterte Verben, z. B.:
  die BRD regieren, bis zum Wahnsinn lieben, gut singen, unbeholfen flirten

In manchen dieser Prädikate kommt ein Name vor, so etwa finden Sie in „ist attraktiver als Heidi Klum" den Eigennamen eines deutschen Models. Dennoch ist der Ausdruck als Ganzer ein Prädikat (er kann mehreren Personen zugeschrieben werden). Ebenso ist „ist eine natürliche Zahl zwischen 12 und 15" ein Prädikat, obwohl darin sogar zwei Eigennamen vorkommen: „12" und „15".[3] Entscheidend ist, dass mehrere Gegenstände, die Zahlen 13 und 14, darunter fallen. Demgegenüber ist „die natürliche Zahl zwischen 12 und 14" eine Kennzeichnung, weil damit allein die Zahl 13 gemeint sein kann.

Ein allgemeines Kriterium zur Unterscheidung zwischen Namen und Prädikaten gibt es nicht. Als Faustregel mag man sich merken: Gegenstände bzw. Ereignisse sind einmalig, Prädikate lassen sich mehreren Gegenständen oder Ereignissen zusprechen. Offensichtlich gibt und gab es unzählige *sterbliche* Gegenstände und schon mehrere *Bundespräsidenten der BRD*. Ebenso *studieren* viele Individuen, und nicht wenige *lieben bis zum Wahnsinn*.

Gattungsbezeichnungen werden von Sprachwissenschaftlern manchmal auch als „Gattungsnamen" bezeichnet. Das ist insofern irreführend, als sie für die Logiker gerade keine Namen, sondern Prädikate sind. Es gibt viele Gegenstände, die unter die Gattungsbezeichnung „Roman" fallen, und schon oft gab es gewaltsame Ereignisse, die als „Krieg" bezeichnet wurden.

In einigen Grenzfällen ist die Faustregel allerdings ungenau: So bleibt unklar, wie die so genannten „Stoffnamen" für Materialien und Substanzen einzustufen sind. Sind Ausdrücke wie „Milch", „Tinte" oder „Holz" Namen oder Prädikate? Es mag zunächst scheinen, dass es sich um Prädikate handelt, da es etwa unzählige Packungen Milch gibt. Eine Packung Milch ist aber nicht zu verwechseln mit der Milch

3 Häufig werden Zahlen mit ihren Eigennamen verwechselt. Zahlen sind abstrakte Gegenstände, die man grundsätzlich nicht wahrnehmen kann. Sehen kann man nur Zahlzeichen wie z. B. „12", „XII" oder „zwölf". Diese Zahlzeichen sind jedoch nicht gleichzusetzen mit der Zahl selbst, sondern sind nur Eigennamen der Zahl.

selbst. So stellt sich die Frage: Welchen Gegenständen könnte man das Prädikat „Milch" zusprechen? Doch wiederum nur *der* Milch. Zudem erlauben die Regeln der Grammatik bei Stoffnamen keine Pluralbildung. Das legt es nahe, die Milch nur als einen einzigen, einheitlichen Gegenstand aufzufassen. Daher können wir Stoffnamen durchaus zu den Eigennamen zählen.

Oft ist erst aus dem Kontext eines Satzes und seiner Äußerung zu entscheiden, ob ein bestimmter Ausdruck ein Name oder ein Prädikat ist. Das erschwert die Unterscheidung der beiden Kategorien zusätzlich. „Bundespräsident" ist unserer Faustregel nach ein Prädikat, weil im Laufe der deutschen Geschichte schon mehrere Personen diesen Titel erhielten und in Zukunft noch weitere hinzukommen; zudem gibt es Bundespräsidenten auch in Österreich und in der Schweiz. Wenn Sie hingegen in der Tageszeitung lesen „Der Bundespräsident besucht die deutschen Soldaten in Afghanistan", dann ist klar, dass damit der gegenwärtige Bundespräsident der BRD gemeint ist. Der Ausdruck „der Bundespräsident" fungiert hier als Name respektive als Kennzeichnung. Umgekehrt kann eine Bezeichnung, die ursprünglich ein Eigenname war, später als Prädikat gebraucht werden. „Don Juan" war der Name eines spanischen Adeligen, der im ausgehenden Spätmittelalter durch seinen ausgeprägten Hang zu schönen Frauen auffiel. Später wurde daraus ein Prädikat für Schürzenjäger: „Rolf Eden *ist ein Don Juan.*"

Bisher haben wir uns bei unserer Darstellung der Prädikate weitgehend an der traditionellen Grammatik orientiert, wie sie in der Schule gelehrt wird. Dort wird das Prädikat definiert als das zentrale Satzglied; irreführend heißt es manchmal auch, das Prädikat sei die Satzaussage. Die Auffassung der Logiker weicht davon ab. So unterscheiden sie zwischen ein- und mehrstelligen Prädikaten. Einstellige Prädikate bezeichnen eine Eigenschaft, mehrstellige Prädikate hingegen eine Beziehung zwischen zwei oder mehreren Gegenständen. Besteht die Beziehung zwischen zwei Gegenständen, so ist das entsprechende Prädikat zweistellig; es gibt aber auch für Beziehungen zwischen drei Gegenständen dreistellige Prädikate usw. So bezeichnet das zweistellige Prädikat „verspeisen" eine Beziehung zwischen zwei Objekten: dem Fressenden und dem Gefressenen. In dem Satz „Linz liegt zwischen Passau und Wien" kommt ein dreistelliges Prädikat vor, welches das Verhältnis dreier Städte zueinander ausdrückt.

Im Laufe der Philosophiegeschichte setzte sich die nominalistische Auffassung durch, dass Eigenschaften und Beziehungen nur gedanklich von den betroffenen Gegenständen zu trennen sind. Eigenschaften und Beziehungen existieren demnach nicht isoliert; ohne Gegenstände gäbe es weder Eigenschaften noch Beziehungen. Die nominalistische Tradition schlägt sich auch in den prädikatenlogischen Formeln nieder, in denen die Prädikate mit einem oder mehreren Platzhaltern für Gegenstände verbunden werden.

Um zu signalisieren, wie ein Prädikat mit einem Namen zu verknüpfen ist, stellen wir die Prädikate künftig mit Hilfe von Variablen dar, wofür die drei letzten Kleinbuchstaben des Alphabets reserviert sind: x, y, z. Variablen stehen nicht für einen bestimmten Gegenstand, sondern zeigen bloß eine leere Stelle an, in die ein beliebiger Name eingesetzt werden könnte. (Anstelle von Variablen könnte man auch Pünktchen … verwenden oder anderswie andeuten, dass etwas einzusetzen ist.) Ein einstelliges Prädikat hat nur eine Leerstelle, die wir fortan mit einer Variable kenntlich machen; bei einem zweistelligen Prädikat sind es zwei Leerstellen, wofür wir zwei Variablen benötigen usw. So ist etwa das Prädikat „ist sterblich" einstellig. Wir können daher schreiben: „x ist sterblich". Das Gleiche gilt für „studieren". Mit Variable formulieren wir dieses einstellige Prädikat folgendermaßen: „x studiert". Auf diese Weise stellen wir die Prädikate als unvollständige Aussagen dar: Sobald man in die durch die Variablen markierten Leerstellen einen Namen einsetzt, entsteht eine vollständige Aussage. Hier sehen Sie verschiedene einstellige Prädikate, die jeweils eine Variable mit sich führen:

Einstellige Prädikate:

x ist sterblich, x ist natürlich, x ist großzügig, x ist sehr opferreich, x ist unglaublich hässlich, x ist attraktiver als Heidi Klum, x ist ein Mensch, x ist ein Krieg, x ist eine Zahl, x ist ein Roman, x ist ein Bundespräsident der BRD, x ist ein opferreicher Krieg, x ist eine natürliche Zahl zwischen 12 und 15, x studiert, x läuft, x liebt sich selbst, x regiert die BRD, x liebt sich selbst bis zum Wahnsinn, x singt gut

Anstelle der Variable *x* hätten wir auch *y* oder *z* einsetzen können; es ist jedoch üblich, einstellige Prädikate mit *x* auszudrücken. Für zweistellige Prädikate benötigen wir hingegen zwei verschiedene Variablen, üblich sind dafür Buchstaben *x* und *y*. So stellen wir beispielsweise das zweistellige Prädikat „verspeisen" wiederum als unvollständige Aussage mit zwei Leerstellen dar: „x verspeist y". Auch der Ausdruck „lieben" wird meist als zweistelliges Prädikat gebraucht: „x liebt y". Diese Schreibweise vermeidet Mehrdeutigkeiten; sie lässt keine Zweifel mehr offen, ob ein Prädikat ein- oder mehrstellig ist. Ein Individuum kann sich nämlich auch selbst lieben. Die Selbstliebe würde aber im Gegensatz zur zwischenmenschlichen Liebe durch ein *ein*stelliges Prädikat bezeichnet: „x liebt sich selbst".

Zweistellige Prädikate:

x ist opferreicher als y, x ist viel schöner als y, x ist die Hauptstadt von y, x ist ein Freund von y, x ist ein guter Freund von y, x liebt y, x liebt y bis zum Wahnsinn, x regiert y, x flirtet unbeholfen mit y

Dreistellige Prädikate:

x liegt zwischen y und z, x übergibt y das Geschenk z

Bei vier- und höherstelligen Prädikaten reichen die drei Buchstaben *x*, *y* und *z* natürlich nicht mehr aus. Bei diesen (eher seltenen) Prädikaten können wir den Buchstaben tiefer stehende Indizes anheften und dann Prädikate bilden wie z. B. „x_1

ist für x_2 gegenüber x_3 aufgrund x_4 verantwortlich"; „Geheimagent x tauscht mit Geheimagent y zum Zeitpunkt z_1 am Ort z_2 Informationen über z_3 aus".

Die Formalisierung deutscher Sätze sollte jetzt leicht fallen. Namen ersetzen wir durch Namensbuchstaben, wofür wir Kleinbuchstaben verwenden. (Nicht erlaubt sind die drei letzten Buchstaben des Alphabets *x*, *y*, *z*, die wir nur als Variablen verwenden.) Prädikate formalisieren wir durch großgeschriebene *Prädikatsbuchstaben*. Die Wahl der jeweiligen Buchstaben ist grundsätzlich frei und wird – wie wir es schon aus dem vorigen Kapitel gewohnt sind – in der Zuordnungsliste dokumentiert. Wir verwenden häufig die Anfangsbuchstaben der jeweiligen Namen und Prädikate. Dem Namen „Sokrates" ordnen wir den Kleinbuchstaben *s* und dem Prädikat „x ist ein Mensch" den Großbuchstaben *M* zu. Um deutlich zu machen, ob das jeweilige Prädikat ein- oder mehrstellig ist, setzen wir hinter den Prädikatsbuchstaben eine entsprechende Anzahl von Variablen. Hinter den Prädikatsbuchstaben für ein einstelliges Prädikat setzen wir eine Variable (z. B. *x*), hinter den Prädikatsbuchstaben für ein zweistelliges Prädikat zwei Variablen (z. B. *xy*) usw. Die Aussage „Sokrates ist ein Mensch", die zweite Prämisse unseres Beispiel-Arguments, formalisieren wir folgendermaßen:

Zuordnungsliste:
- s: Sokrates
- Mx: x ist ein Mensch

prädikatenlogische Form: Ms

Indikatoren sollten Sie in der Zuordnungsliste so weit wie möglich vermeiden. Soweit bekannt, ersetzen Sie diese durch Eigennamen. Die Konklusion des Beispiel-Arguments „Sokrates ist sterblich" formalisieren Sie wie folgt:

Zuordnungsliste:
- s: Sokrates
- Sx: x ist sterblich

prädikatenlogische Form: Ss

Ein Satz, in dem zwei Gegenständen eine Beziehung zugesprochen wird, ist ähnlich zu formalisieren. Hier kommt es allerdings auf die Reihenfolge der Namensbuchstaben an. Betrachten wir den Satz „Ayten liebt Charlotte".

Zuordnungsliste:
- a: Ayten
- c: Charlotte
- Lxy: x liebt y

prädikatenlogische Form: Lac

Falsch wäre es, dem Satz die prädikatenlogische Form *Lca* zuzuweisen. Das wäre die prädikatenlogische Form des anders lautenden Satzes „Charlotte liebt Ayten".

Zur Übung formalisieren wir einige weitere Sätze:

Gott hat mir geholfen.
Wer über Gott in der Einzahl spricht, verwendet den Ausdruck „Gott" als Namen.
- g: Gott
- i: ich
- Hxy: x hat y geholfen

prädikatenlogische Form: Hgi

Jahwe und Allah sind Götter. (= Jahwe ist ein Gott, und Allah ist ein Gott.)
- j: Jahwe
- a: Allah
- Gx: x ist ein Gott

prädikatenlogische Form: Gj & Ga

Der Abendstern ist der Morgenstern.
Der Satz drückt aus, dass der Abendstern und der Morgenstern identisch sind; die Identität lässt sich durch ein das Prädikat „x und y sind identisch" ausdrücken.
- a: Abendstern
- m: Morgenstern
- Ixy: x und y sind identisch

prädikatenlogische Form: Iam

Anna ist stolz auf ihre Figur
- a: Anna
- f: Annas Figur
- Sxy: x ist stolz auf y

prädikatenlogische Form: Saf

Sätze über Beziehungen lassen sich auch mit einstelligen Prädikaten formalisieren. Betrachten wir noch einmal den Satz „Ayten liebt Charlotte". Wir können dem Satz entnehmen, dass Ayten die Eigenschaft hat, Charlotte zu lieben. Dieser Eigenschaft entspricht das einstellige Prädikat „x liebt Charlotte". Weisen wir diesem Prädikat den Buchstaben *F* zu, so ergibt sich die prädikatenlogische Form *Fa*.

Während die traditionelle Grammatik starr zwischen Subjekt und Prädikat unterscheidet, gehen die Logiker mit dem Unterschied zwischen Name und Prädikat sehr flexibel um. Sie erlauben sich sogar, das grammatische Subjekt als Teil eines logischen Prädikats aufzufassen. Betrachten wir noch einmal unseren Beispielsatz „Ayten liebt Charlotte". Das grammatische Subjekt dieses Satzes ist „Ayten", und das grammatische Prädikat wäre „liebt Charlotte". Demnach drückt der Satz aus, Ayten habe die Eigenschaft, Charlotte zu lieben. Man kann den Sachverhalt aber auch umgekehrt betrachten: Charlotte hat die Eigenschaft, von Ayten geliebt zu werden. Das entspricht dem logischen Prädikat „x wird von Ayten geliebt" bzw. „Ayten liebt x". Ordnen wir ihm den Buchstaben *G* zu, so erhalten wir die prädikatenlogische Form *Gc*. Ein und derselbe Satz „Ayten liebt Charlotte" hat demnach drei prädikatenlogische Formen:

• a: Ayten • c: Charlotte • Lxy: x liebt y prädikatenlogische Form: *Lac*	• a: Ayten • Fx: x liebt Charlotte prädikatenlogische Form: *Fa*	• c: Charlotte • Gx: Ayten liebt x (= x wird von Ayten geliebt) prädikatenlogische Form: *Gc*

8.3 Quantoren

Um die Formalisierung der All- und Existenzaussagen zu erleichtern, werden wir sie zuvor nach folgendem Muster halbformal wiedergeben:

Allaussagen: Für jeden Gegenstand x gilt: x hat die Eigenschaften(en) …

Existenzaussagen: Für mindestens einen Gegenstand x gilt: x hat die Eigenschaft(en) …

Nehmen wir zum Beispiel die Allaussage „Alle sind Millionäre." Sie ist als Feststellung über alle Gegenstände, die es überhaupt gibt, aufzufassen:

Für jeden Gegenstand x gilt: x ist ein Millionär.

Diese halbformale Fassung kommt der prädikatenlogischen Form der Aussage sehr nahe. Vor dem Doppelpunkt steht, von wie vielen Gegenständen die Rede ist: von jedem Gegenstand. Nach dem Doppelpunkt wird den Gegenständen die Eigenschaft, Millionär zu sein, zugesprochen. Die prädikatenlogische Form der Aussage hat eine ähnliche Struktur. An erster Stelle steht der Allquantor, dahinter die dem Quantor zugeordnete Variable. Danach kommt eine Klammer, in der diese Variable mit dem entsprechenden Prädikatsbuchstaben verknüpft wird.

„Alle sind Millionäre" → „Für jeden Gegenstand x gilt: x ist ein Millionär."
• Mx: x ist ein Millionär.
prädikatenlogische Form: ∀x(Mx)

Die Klammer nach dem Quantor umfasst den so genannten Bindungsbereich des Quantors. Man sagt auch, die dem Quantor zugeordnete Variable werde durch den Quantor gebunden. In der Formel ∀*x(Mx)* wird die Variable *x* durch den Allquantor gebunden. Natürlich könnten wir dem Quantor auch eine andere Variable, z.B. *y*, zuordnen. Dieselbe Variable müsste auch innerhalb der Klammer stehen: ∀*y(My)*.

Merke: In der auf einen Quantor folgenden Klammer dürfen nur gebundene Variablen stehen.

Innerhalb der Klammer können auch mehrere Prädikate stehen, die durch die bekannten logischen Operatoren zu verbinden sind, so etwa in der Formel ∀*x(Fx ⊃ Gx)* oder ∀*y(Fy ⊃ Gy)*. Hier erstreckt sich der Bindungsbereich des Allquantors auf die beiden Vorkommen der Variable innerhalb der Klammer. Solche Formeln behandeln wir etwas später. Unzulässig wären hingegen Formeln wie $\forall x(My)$ oder $\forall x(Fx \supset Gy)$, in denen die Variable *y* nicht gebunden ist.

Die Aussage „Alle sind Millionäre" ließe sich auf zwei Weisen verneinen. Die äußere Verneinung lautet: „Es ist nicht der Fall, dass alle Millionäre sind." Kürzer: „Nicht alle sind Millionäre". Die ursprüngliche Aussage und die außen verneinte bilden eine Kontradiktion, d.h. sie stehen zueinander in einem *kontradiktorischen Widerspruch*. Sie widersprechen einander und können unmöglich beide wahr sein, wobei eine der beiden Aussagen wahr und die andere falsch sein muss. (Offensichtlich ist es wahr, dass nicht alle Millionäre sind, während die Behauptung, alle seien Millionäre, falsch ist.) Um eine Aussage mit äußerer Verneinung zu formalisieren, ist die Negation links außen vor dem Allquantor zu platzieren.

„Nicht alle sind Millionäre." → „Es ist nicht der Fall, dass für jeden Gegenstand x gilt: x ist ein Millionär."
prädikatenlogische Form: $\neg\forall x(Mx)$

Die innere Verneinung von „Alle sind Millionäre" lautet anders: „Alle sind keine Millionäre". Diese beiden Aussagen bilden eine Kontrarität, d.h. sie stehen zueinander in einem *konträren Widerspruch*: Sie widersprechen einander und können unmöglich beide wahr sein, sie können jedoch beide falsch sein. (In der Tat sind beide Aussagen falsch. Allein in Deutschland leben Hunderttausende Menschen mit einem Geldvermögen von einer Million Euro. Also ist die Behauptung, alle seien Millionäre, ebenso falsch wie die Behauptung, alle seien keine Millionäre.) Um die Aussage mit innerer Verneinung zu formalisieren, setzen wir die Negation innerhalb der Formel vor den Prädikatsbuchstaben:

„Alle sind keine Millionäre." → „Für jeden Gegenstand x gilt: x ist nicht Millionär."
prädikatenlogische Form: $\forall x(\neg Mx)$

Existenzaussagen wie „Es gibt mindestens einen Millionär" sind mit dem Existenzquantor zu formalisieren:

„Es gibt mindestens einen Millionär." → „Für mindestens einen Gegenstand x gilt: x ist ein Millionär."
prädikatenlogische Form: $\exists x(Mx)$

Existenzaussagen lassen sich umgangssprachlich in verschiedenen Formulierungen ausdrücken, die sich inhaltlich kaum unterscheiden. Sie alle haben dieselbe logische Form $\exists x(Mx)$:

Es gibt einige Millionäre.
Es existiert mindestens ein Millionär.
Mancher ist Millionär.
Mindestens ein Gegenstand ist Millionär.
Wenigstens ein Gegenstand ist Millionär.

Auch Existenzaussagen lassen sich sowohl außen als auch innen verneinen. Die äußere Verneinung von „Es gibt mindestens einen Millionär" lautet: „Es ist nicht der Fall, dass es mindestens einen Millionär gibt." Kürzer: „Es gibt keinen Millionär." „Niemand / keiner ist Millionär." Die ursprüngliche Aussage und die außen verneinte stehen zueinander wiederum in einem kontradiktorischen Widerspruch, so dass eine von ihnen wahr ist (offensichtlich ist die ursprüngliche Aussage wahr, während die außen verneinte falsch ist). Bei der Formalisierung der außen verneinten Existenzaussage kommt die Negation wiederum vor den Existenzquantor:

„Es gibt keinen Millionär." → „Es ist nicht der Fall, dass für mindestens einen Gegenstand x gilt: x ist ein Millionär."
prädikatenlogische Form: $\neg\exists x(Mx)$

Die innere Verneinung von „Es gibt einen Millionär" lautet „Es gibt jemanden, der kein Millionär ist". Diese beiden Aussagen stehen zueinander in einem subkonträren Verhältnis, bei dem mindestens eine der beteiligten Aussagen wahr sein muss. Das heißt, sie widersprechen einander keineswegs. (In der Tat sind beide Aussagen wahr.) Bei der Formalisierung der innen verneinten Aussage platzieren wir die Negation innerhalb der Formel vor den Prädikatsbuchstaben:

„Es gibt jemanden, der kein Millionär ist" → „Für mindestens einen Gegenstand x gilt: x ist nicht Millionär."
prädikatenlogische Form: $\exists x(\neg Mx)$

Vielleicht ist Ihnen bereits aufgefallen, dass je zwei der genannten Aussagen dasselbe bedeuten. Die außen verneinte Allaussage „Nicht alle sind Millionäre" besagt inhaltlich nichts anderes als „Es gibt jemanden, der kein Millionär ist". Daher sind auch deren prädikatenlogische Formeln $\neg\forall x(Mx)$ und $\exists x(\neg Mx)$ logisch äquivalent, d.h. aus der einen Formel ist die jeweils andere ableitbar. Logisch äquivalent sind auch die Formeln $\forall x(\neg Mx)$ für „Alle sind keine Millionäre" und $\neg\exists x(Mx)$ für „Es gibt keinen Millionär". In dieser Einsicht gründet die Schlussregel des *Quantorentauschs*, die im Kalkül des natürlichen Schließens wichtig wird. Grob vereinfacht erlaubt sie, die Quantoren auszutauschen, wenn eine vor dem Quantor stehende Negation hinter den Quantor rückt bzw. umgekehrt eine hinter dem Quantor stehende Negation vor den Quantor wandert:

$$\neg\forall x(Mx) \Leftrightarrow \exists x(\neg Mx)$$
$$\forall x(\neg Mx) \Leftrightarrow \neg\exists x(Mx)$$

Die bisherigen Formeln hatten nur einen Prädikatsbuchstaben. Ein wenig komplizierter wird es, sobald zwei Prädikatsbuchstaben erforderlich sind. Das Problem ergibt sich etwa bei der Formalisierung der ersten Prämisse des zu Beginn des Kapitels abgedruckten Arguments:

Alle Menschen sind sterblich.

Dieser Aussage sind zwei Prädikate zu entnehmen: „x ist ein Mensch" sowie „x ist sterblich". Also bedarf es zweier Prädikatsbuchstaben:

- Mx: x ist ein Mensch
- Sx: x ist sterblich

Man darf nun aber nicht die beiden Prädikatsbuchstaben einfach nebeneinander schreiben. Prädikatsbuchstaben müssen stets durch einen logischen Operator miteinander verknüpft werden. Eine Formel wie *∀x(Mx Sx)* wäre daher unzulässig. Vielmehr müssen wir die Prädikatsbuchstaben in diesem Fall mit einem logischen Operator verknüpfen, den wir schon aus der Aussagenlogik kennen: das Konditional.

Die prädikatenlogische Formalisierung weicht hier deutlich von der traditionellen Schulgrammatik ab. Das grammatische Subjekt von „Alle Menschen sind sterblich" wäre „alle Menschen". So scheint es, als ginge es in dieser Aussage um alle Menschen – allen Menschen wird die Eigenschaft zugeschrieben, sterblich zu sein. In der prädikatenlogischen Formalisierung müssen wir die Aussage aber umfassender auffassen: als eine Aussage über alle Gegenstände, die es überhaupt gibt. Subjekt der Aussage sind alle Gegenstände, die es gibt: Bei *allen* Gegenständen ist die Eigenschaft, Mensch zu sein, mit der Eigenschaft verbunden, sterblich zu sein. Das lässt sich auch mit Hilfe des Ausdrucks „wenn – dann" formulieren:

Für jeden Gegenstand gilt: Wenn er ein Mensch ist, dann ist er sterblich.

Halbformal können wir eine derartige Allaussage nach folgendem Muster wiedergeben:

Für jeden Gegenstand x gilt: Wenn x die Eigenschaft … hat, dann hat x die Eigenschaft …

Die halbformale Fassung kommt der prädikatenlogischen Form sehr nahe. Nach dem Doppelpunkt steht der logische Ausdruck „wenn – dann". Entsprechend verknüpfen wir in der prädikatenlogischen Formel die Prädikatsbuchstaben durch ein Konditional:

„Alle Menschen sind sterblich." → „Für jeden Gegenstand gilt: Wenn x ein Mensch ist, dann ist x sterblich."
prädikatenlogische Form: $\forall x(Mx \supset Sx)$

Hier erstreckt sich der Bindungsbereich des Allquantors auf die beiden Vorkommnisse der Variable innerhalb der Klammer. Den kontradiktorischen Widerspruch zur vorigen Aussage erhalten wir wiederum durch die äußere Verneinung: „Es ist nicht der Fall, dass alle Menschen sterblich sind." Kürzer: „Nicht alle Menschen sind sterblich."

„Nicht alle Menschen sind sterblich." → „Es ist nicht der Fall, dass für jeden Gegenstand x gilt: Wenn x ein Mensch ist, dann ist x sterblich."
prädikatenlogische Form: $\neg\forall x(Mx \supset Sx)$

Im konträren Widerspruch zu „Alle Menschen sind sterblich" steht deren innere Verneinung: „Alle Menschen sind nicht sterblich (= unsterblich)". Falls es einen oder mehrere unsterbliche Menschen gäbe, wären beide Aussagen falsch. (Demgegenüber muss bei kontradiktorischen Widersprüchen eine der Aussagen wahr sein.) Die Negation hat ihren Platz innerhalb der Formel vor dem Prädikatsbuchstaben *S*.

„Alle Menschen sind nicht sterblich." → „Für jeden Gegenstand x gilt: Wenn x ist ein Mensch ist, dann ist er nicht sterblich."
prädikatenlogische Form: $\forall x(Mx \supset \neg Sx)$

Betrachten wir nun die Existenzaussagen mit zwei Prädikaten wie „Es gibt mindestens einen Menschen, der sterblich ist". Das bedeutet so viel wie: „Es gibt mindestens einen sterblichen Menschen." „Einige / manche Menschen sind sterblich". Für deren Formalisierung verwenden wir die Konjunktion:

„Es gibt mindestens einen Menschen, der sterblich ist." → „Für mindestens einen Gegenstand x gilt: x ist ein Mensch und x ist sterblich."
prädikatenlogische Form: $\exists x(Mx \& Sx)$

Auf die Reihenfolge der Prädikate kommt es hier nicht an. Die Schlussregel der Kommutation erlaubt es ja, aus $\exists x(Mx \& Sx)$ die Formel $\exists x(Sx \& Mx)$ abzuleiten (die Kommutation darf auch auf einen Teil der Formel, der innerhalb der Klammer steht, angewendet werden). *Falsch, geradezu unsinnig wäre es hingegen, anstelle der Konjunktion das Konditional einzusetzen!*

Auch die äußere und innere Verneinung der vorigen Aussage sind mit der Konjunktion zu formalisieren. Durch die äußere Verneinung bilden wir erneut den kontradiktorischen Widerspruch: „Es ist nicht der Fall, dass es einen Menschen gibt, der sterblich ist." Kürzer: „Es gibt keinen Menschen, der sterblich ist." Noch kürzer: „Kein Mensch ist sterblich."

„Es gibt keinen Menschen, der sterblich ist." → „Es ist nicht der Fall, dass für mindestens einen Gegenstand x gilt: x ist ein Mensch und x ist sterblich."
prädikatenlogische Form: $\neg\exists x(Mx \& Sx)$

Die innere Verneinung von „Es gibt mindestens einen Menschen, der sterblich ist" lautet: „Es gibt einen Menschen, der nicht sterblich ist". Die beiden Aussagen stehen zueinander in einem subkonträren Verhältnis, d.h. eine von ihnen muss wahr sein; theoretisch könnten beide wahr sein.

„Es gibt mindestens einen Menschen, der nicht sterblich ist". → „Für mindestens einen Gegenstand x gilt: x ist Mensch und x ist nicht sterblich."
prädikatenlogische Form: $\exists x(Mx \& \neg Sx)$

Je zwei der sechs Aussagen, die wir soeben behandelten, sind wiederum gleichbedeutend. Zum einen sind das die außen verneinte Allaussage „Nicht alle Menschen sind sterblich" und die innen verneinte Existenzaussage „Es gibt mindestens einen Menschen, der nicht sterblich ist". Deshalb sind die Formeln $\neg\forall x(Mx \supset Sx)$ und $\exists x(Mx \& \neg Sx)$ logisch äquivalent. Zum anderen gilt das für die innen verneinte Allaussage „Alle Menschen sind nicht sterblich" und die außen verneinte Existenzaussage „Es gibt keinen Menschen, der sterblich ist." Beide drücken aus, dass sich die Eigenschaften *Mensch* und *sterblich* ausschließen. Ebenso sind die Formeln $\forall x(Mx \supset \neg Sx)$ und $\neg\exists x(Mx \,\&\, Sx)$ logisch äquivalent.

$\neg\forall x(Mx \supset Sx) \Leftrightarrow \exists x(Mx \,\&\, \neg Sx)$
$\forall x(Mx \supset \neg Sx) \Leftrightarrow \neg\exists x(Mx \,\&\, Sx)$

Es wird später Ihre Beweise mit dem Kalkül des natürlichen Schließens erheblich vereinfachen, wenn Sie anstelle einer außen negierten Formel die logisch äquivalente Formel mit innerer Negation verwenden. Einen Satz wie „Es gibt keinen Menschen, der sterblich ist" sollten Sie durch $\forall x(Mx \supset \neg Sx)$ übertragen. Für „Nicht alle Menschen sind sterblich" ist die Formel $\exists x(Mx \,\&\, \neg Sx)$ zu empfehlen.

Über die Disjunktion oder das Bikonditional ist nicht viel zu sagen: Nur die wenigsten All- und Existenzaussagen muss man mit Hilfe dieser logischen Operatoren formalisieren:

Alles ist ein Mensch oder sterblich: $\forall x(Mx \vee Sx)$
Es gibt jemanden, der ein Mensch oder sterblich ist: $\exists x(Mx \vee Sx)$
Alle sind genau dann Menschen, wenn sie sterblich sind: $\forall x(Mx \equiv Sx)$
Es gibt jemanden, der genau dann ein Mensch ist, wenn er sterblich ist: $\exists x(Mx \equiv Sx)$

8.4 Allaussagen

Die Variationsmöglichkeiten der deutschen Sprachen erlauben es, Allaussagen ohne das Wort „alle(s)" zu formulieren. Hier einige Beispiele:

Alle betrunkenen Autofahrer riskieren ihr Leben.
Jeder betrunkene Autofahrer riskiert sein Leben.
Die betrunkenen Autofahrer riskieren ihr Leben.
Der betrunkene Autofahrer riskiert sein Leben.
Ein betrunkener Autofahrer riskiert sein Leben.
Wenn (falls/sofern) jemand betrunken Auto fährt, dann riskiert er sein Leben.
Wenn (falls/sofern) man betrunken Auto fährt, dann riskiert man sein Leben
Wenn (falls/sofern) ein Autofahrer betrunken ist, dann riskiert er sein Leben.
Man riskiert sein Leben, wenn (falls/sofern) man betrunken Auto fährt.
Ist ein Autofahrer betrunken, so riskiert er sein Leben.
Wer betrunken Auto fährt, riskiert sein Leben.

Alle diese Allaussagen haben dieselbe logische Form:

- Ax: x ist ein betrunkener Autofahrer
- Rx: x riskiert sein Leben

prädikatenlogische Form: $\forall x(Ax \supset Rx)$

Aufpassen muss man wiederum bei der Formalisierung von Allaussagen mit den Wörtern „nur", „erst", „bloß" oder „allein". Sie verändern die Bedeutung von

Bedingungsaussagen entscheidend: Der mit „wenn" eingeleitete Nebensatz benennt die notwendige Bedingung – nicht wie üblich die hinreichende Bedingung. Beispielsweise besagt der Satz „Nur wenn es kalt ist, (dann) schneit es": Die Kälte ist notwendig für Schneefall. Der Aussagebuchstabe für die notwendige Bedingung bildet bekanntlich das Hinterglied der Formel und steht rechts des Konditionals. Die logische Form dieses Beispielsatzes lautet $S \supset K$, wenn wir „Es schneit" durch S und „Es ist kalt" durch K ersetzen. Nicht anders ist es bei den Allaussagen:

(1a) Nur (erst/bloß/allein) wenn jemand frei ist, ist er für seine Tat verantwortlich.
(1b) Jemand ist nur (erst/bloß/allein) dann für seine Tat verantwortlich, wenn er frei ist.

Der mit „wenn" eingeleitete Nebensatz informiert hier über die notwendige Bedingung. Deshalb stellen wir den Prädikatsbuchstaben für die notwendige Bedingung (*Fx* für „x ist frei") ins Hinterglied:

- Fx: x ist frei
- Vx: x ist für seine Tat verantwortlich

prädikatenlogische Form: $\forall x(Vx \supset Fx)$

Für gewöhnlich benennt der mit „wer" eingeleitete Nebensatz die hinreichende Bedingung. (Vgl. den obigen Satz: „Wer betrunken Auto fährt, riskiert sein Leben.") Die Lage ändert sich wiederum, sobald die Wörter „nur", „erst", „bloß" oder „allein" hinzutreten: „Für seine Tat verantwortlich ist nur, wer frei ist." Die Freiheit gilt hier ebenfalls als notwendige Bedingung.

Diese und alle folgenden Sätze drücken im Grunde nichts anderes aus als: „Alle, die für ihre Tat verantwortlich sind, sind frei":

Alle, die für ihre Tat verantwortlich sind, sind frei.
Jeder, der für seine Tat verantwortlich ist, ist frei.
Wer für seine Tat verantwortlich ist, ist frei.
Frei ist, wer für seine Tat verantwortlich ist.
Für seine Tat verantwortlich zu sein ist eine hinreichende Bedingung für Freiheit.
Für seine Tat verantwortlich zu sein ist hinreichend für Freiheit.
Wenn jemand (man) für seine Tat verantwortlich ist, dann (so) ist er (man) frei.
Nur wenn jemand (man) frei ist, ist er (man) für seine Tat verantwortlich.
Jemand ist nur dann für seine Tat verantwortlich, wenn er frei ist.
Für seine Tat verantwortlich ist nur, wer frei ist.
Freiheit ist eine notwendige Bedingung dafür, dass man für seine Tat verantwortlich ist.
Freiheit ist notwendig dafür, dass man für seine Tat verantwortlich ist.
Nur Freie sind für ihre Tat verantwortlich.
Ohne Freiheit ist man für seine Tat nicht verantwortlich.

Ein Satz der Form „Alle … sind …" darf, wie wir gesehen haben, wie ein Wenn-dann-Satz verstanden werden, in dem es um einen unbestimmten Gegenstand geht.

Im Deutschen drücken wir den unbestimmten Gegenstand häufig mit den Indefinitpronomen „jemand“, „man“ oder „etwas“ aus; in prädikatenlogischen Formeln verwenden wir dafür Variablen. Der Wenn-Teil und der Dann-Teil bilden allerdings erst gemeinsam eine Einzelaussage, die aussagenlogisch mit einem einzigen Aussagebuchstaben zu formalisieren wäre.

Alle gedopten Sportler werden disqualifiziert.
⇩
Wenn jemand (man) ein gedopter Sportler ist, dann wird er (man) disqualifiziert.
⇩
Für jeden Gegenstand x gilt: Wenn x gedopt ist, dann wird x disqualifiziert.
⇩
aussagenlogische Form: A
prädikatenlogische Form: $\forall x(Gx \supset Dx)$

Ganz anders zu formalisieren ist der folgende Satz. Darin geht es um den äußerst unwahrscheinlichen Fall, dass alle Sportler gedopt sind:

(2) Wenn *alle* gedopt sind, werden *alle* disqualifiziert.

Dieser Satz enthält zwei Einzelaussagen: „Alle sind gedopt“, was die prädikatenlogische Form $\forall x(Gx)$ hat, sowie „Alle werden disqualifiziert“ mit der prädikatenlogischen Form $\forall x(Dx)$. Entsprechend ist der Satz prädikatenlogisch mit zwei Allquantoren zu formalisieren. Formalisieren wir aussagenlogisch, benötigen wir für jede der beiden Aussagen einen Aussagebuchstaben:

- B: Alle sind gedopt.
- C: Alle werden disqualifiziert.

aussagenlogische Form: $B \supset C$

- Gx: x ist gedopt
- Dx: x wird disqualifiziert

prädikatenlogische Form: $\forall x(Gx) \supset \forall x(Dx)$

Der Bindungsbereich des vorderen Allquantors umfasst nur die unmittelbar nachfolgende Klammer, in der *Gx* steht. Theoretisch wäre es möglich, dem zweiten Allquantor eine andere Variable zuzuweisen. Man könnte auch schreiben: $\forall x(Gx) \supset \forall y(Dy)$. Oder auch: $\forall y(Gy) \supset \forall x(Dx)$.

Vor einer weiteren Verwechslung ist zu warnen. Vergleichen wir zu diesem Zweck die beiden folgenden Sätze:

(3) Wenn jemand mit einem Maschinengewehr auf einem belebten Platz herumballert, dann stirbt er.

(4) Wenn jemand mit einem Maschinengewehr auf einem belebten Platz herumballert, dann stirbt jemand.

Satz (3) ist eine Allaussage der Form „Alle … sind …". Beachten Sie bitte das Personalpronomen „er" am Ende des Satzes, das sich auf das Indefinitpronomen „jemand" bezieht. Das drückt aus: Jeder, der mit dem Maschinengewehr auf einem belebten Platz herumballert, wird selbst sterben. Der Satz könnte in einem Land, in dem alle Schwerverbrecher gefasst und hingerichtet werden, durchaus wahr sein. Zu formalisieren ist er folgendermaßen:

- A: Wenn jemand mit einem Maschinengewehr auf einem belebten Platz herumballert, dann stirbt er. (= Alle, die mit einem Maschinengewehr auf einem belebten Platz herumballern, sterben.)

aussagenlogische Form: A

- Mx: x ballert mit einem Maschinengewehr auf einem belebten Platz herum
- Sx: x stirbt

prädikatenlogische Form: $\forall x(Mx \supset Sx)$

Ganz anders zu verstehen und zu formalisieren ist Satz (4), in dem das Indefinitpronomen „jemand" zweimal vorkommt. Das Wörtchen am Ende des Satzes bezieht sich jedoch nicht auf den gewissen Jemand, der mit dem Maschinengewehr herumballert. Es könnte jemand anderen bezeichnen, der unschuldig sterben muss. Dieser feine Unterschied macht sich sowohl bei der prädikatenlogischen als auch bei der aussagenlogischen Formalisierung deutlich bemerkbar: Satz (4) ist keine Allaussage, sondern eine Bedingungsaussage mit zwei selbständigen Einzelaussagen: „Jemand ballert mit einem Maschinengewehr auf einem belebten Platz herum" und „Jemand stirbt". Die aussagenlogische Form enthält dementsprechend zwei Aussagebuchstaben. Prädikatenlogisch können wir jede der beiden Einzelaussagen mit einem Existenzquantor formalisieren.

- B: Jemand ballert mit einem Maschinengewehr auf einem belebten Platz herum.
- C: Jemand stirbt.

aussagenlogische Form: $B \supset C$

- Mx: x ballert mit einem Maschinengewehr auf einem belebten Platz herum
- Sx: x stirbt

prädikatenlogische Form: $\exists x(Mx) \supset \exists x(Sx)$[4]

Vielleicht ist ihnen bereits aufgefallen, dass wir Allaussagen bislang nie mit einer Konjunktion formalisierten. Für eine Aussage wie „Alle Menschen sind sterblich" verwenden wir ein Konditional: $\forall x(Mx \supset Sx)$. Es gibt freilich auch Allaussagen, für die wir auch eine Konjunktion benötigen. Die sind aber seltener:

(5) Alles ist vergänglich und unwichtig.

- Vx: x ist vergänglich
- Sx: x ist unwichtig

prädikatenlogische Form $\forall x(Vx \,\&\, Ux)$

4 Der Vollständigkeit halber sei erwähnt, dass man Satz (4) auch mit Allquantor formalisieren könnte: $\forall x[Mx \supset \exists y(Sy)]$ oder $\forall x \exists y(Mx \supset Sy)$.

Daneben gibt es Allaussagen, die allen Gegenständen mit zwei Eigenschaften eine dritte zuschreiben. Die deutsche Grammatik lässt dafür wiederum verschiedene Formulierungen zu:

(6a) (Alle) Studenten, die jünger als 30 sind, erhalten den ermäßigten Eintrittspreis.
(6b) Den ermäßigten Eintrittspreis erhalten (alle) Studenten, die jünger als 30 sind.
(6c) Wenn jemand (man) Student und unter 30 ist, erhält er (man) den ermäßigten Eintrittspreis.
(6d) Den ermäßigten Eintrittspreis erhält, wer Student und unter 30 ist.

Bei der Formalisierung verknüpfen wir die Prädikatsbuchstaben für die Prädikate „x ist Student“ und „x ist unter 30“ mit der Konjunktion. Gemeinsam bilden Sie das Vorderglied:

- Sx: x ist ein Student
- Jx: x ist jünger als 30
- Ex: x erhält den ermäßigten Eintrittspreis

prädikatenlogische Form: $\forall x[(Sx \,\&\, Jx) \supset Ex]$

Die vorigen Sätze lassen es offen, ob neben den Studenten unter 30 auch noch andere Personen wie Schüler oder Rentner eine Ermäßigung erhalten. Für einen Schüler, der an der Kasse einen dieser Sätze liest, mag es sich lohnen nachzufragen, ob er ebenfalls eine Ermäßigung bekommt. Etwas anderes bedeuten die folgenden Sätze, in denen der Studentenstatus und ein Alter unter 30 Jahren zu notwendigen Bedingungen erklärt werden:

(7a) Alle, die den ermäßigten Eintrittspreis erhalten, sind Studenten, die jünger als 30 sind.
(7b) Nur Studenten, die jünger als 30 sind, erhalten den ermäßigten Eintrittspreis.
(7c) Nur wenn jemand (man) Student und unter 30 ist, erhält er (man) den ermäßigten Eintrittspreis.
(7d) Den ermäßigten Eintrittspreis erhält nur, wer Student und unter 30 ist.

Vergleichen Sie die Sätze (6c) und (7c) sowie (6d) und (7d)! Den Unterschied macht jeweils das Wort „nur“. Die Prädikatsbuchstaben für die beiden notwendigen Bedingungen verknüpfen wir per Konjunktion *(Sx & Ix)* und stellen sie ins Hinterglied:

prädikatenlogische Form: $\forall x[Ex \supset (Sx \,\&\, Jx)]$

Leider verhalten sich die Wörter „und“ und „oder“ in einigen deutschen Sätzen etwas merkwürdig. Wir müssen uns dieses merkwürdige Verhalten vor Augen führen, um diese Aussagen korrekt zu formalisieren. Betrachten wir als erstes Beispiel einen Satz, der oberflächlich mit (6a) verwandt zu sein scheint:

(8) Studenten und Rentner erhalten den ermäßigten Eintrittspreis.

Hier dürfen wir nicht dem Wortlaut auf den Leim gehen, sondern müssen bei der Formalisierung etwas gesunden Menschenverstand einsetzen. Was besagt Satz (8)? Heißt es, Sie müssten zugleich Student *und* Rentner sein, um den ermäßigten Eintrittspreis zu erhalten? Natürlich nicht, an Seniorenstudenten ist hier nicht gedacht. Deshalb wäre es falsch, den Satz mit Hilfe der Konjunktion zu formalisieren:

- Sx: x ist ein Student
- Rx: x ist ein Rentner
- Ex: x erhält den ermäßigten Eintrittspreis

falsche prädikatenlogische Form: ∀x[(Sx & Rx) ⊃ Ex]

Wenn wir Satz (8) beispielsweise an der Theaterkasse lesen, so liegt es nahe, ihm zwei Einzelaussagen zu entnehmen: a) „Studenten erhalten den ermäßigten Eintrittspreis" und b) „Rentner erhalten den ermäßigten Eintrittspreis". Die erste Aussage hat die einfache prädikatenlogische Form *∀x(Sx ⊃ Ex)*, die zweite Aussage *∀x(Rx ⊃ Ex)*.

prädikatenlogische Form: ∀x(Sx ⊃ Ex) & ∀x(Rx ⊃ Ex)

Es wäre auch möglich, Satz (8) mit Hilfe einer Disjunktion zu formalisieren. Warum eine Disjunktion, wo doch in (8) nirgendwo der Ausdruck „oder" vorkommt? Das wird deutlich, wenn wir ihn als Wenn-dann-Satz oder mit dem Relativpronomen „wer" formulieren:

(8a) Wenn jemand ein Student oder Rentner ist, dann erhält er den ermäßigten Eintrittspreis.
(8b) Wer Student oder Rentner ist, erhält den ermäßigten Eintrittspreis.
prädikatenlogische Form: ∀x[(Sx ∨ Rx) ⊃ Ex]

Auf den ersten Blick weicht die Formel *∀x[(Sx ∨ Rx) ⊃ Ex]* erheblich von *∀x(Sx ⊃ Ex)* & *∀x(Rx ⊃ Ex)* ab. In Wahrheit sind sie jedoch logisch äquivalent, d.h. aus der einen Formel ist die jeweils andere ableitbar (nach Lektüre des nächsten Kapitels könnten Sie das selbst beweisen). Beide Formalisierungen sind gleich gut.

Satz (8) lässt wiederum offen, ob neben Studenten und Rentnern noch andere Personen (Schüler, Behinderte) eine Ermäßigung erhalten. Das Wort „nur" ändert die Bedeutung entscheidend:

(9) Nur Studenten und Rentner erhalten den ermäßigten Eintrittspreis.

Für die Ermäßigung ist es demzufolge notwendig, ein Student *oder* ein Rentner zu sein. Wer das nicht ist, muss den vollen Eintrittspreis bezahlen. Die Prädikatsbuchstaben für die notwendigen Bedingungen verknüpfen wir per Disjunktion *(Sx ∨ Rx)* und stellen sie ins Hinterglied:

prädikatenlogische Form: ∀x[Ex ⊃ (Sx ∨ Rx)]

8.5 Beziehungen

Aussagen über Beziehungen kommen in der Philosophie seltener vor als Aussagen über Eigenschaften. Zudem lassen sie sich häufig wie Aussagen über Eigenschaften formalisieren. Daher behandeln wir die Formalisierung von Beziehungen nur kurz. Zuvor noch eine Bemerkung zu den Variablen.

Die Bezeichnung „Variable“ ist durchaus wörtlich zu nehmen: Variablen sind variabel einsetzbar. Die Wahl der Variablen ist weitgehend beliebig, mit einer Einschränkung: Jede in der Klammer stehende Variable sollte bereits vor der Klammer bei einem Quantor stehen. Auf diese Weise wird die Variable durch den Quantor *gebunden*. Bei Formeln wie *∃x(Gy)* oder *∃y(Gx)* ist das nicht gegeben. Sie wären nicht geeignet zur Formalisierung einer Aussage wie „Es gibt mindestens einen Gott“. Die beim Quantor stehende Formel sollte sich in der Formel wiederholen. Ansonsten ist es gleichgültig, welche Variable Sie verwenden. Die Formel *∃x(Fx)* ist genauso recht wie *∃y(Fy)* oder *∃z(Fz)*. Formalisieren wir nun eine Existenzaussage mit einer Beziehung:

„Ayten liebt jemanden.“ → „Für mindestens einen Gegenstand x gilt: Ayten liebt x.“
- a: Ayten
- Lxy: x liebt y

prädikatenlogische Form: ∃x(Lax)

In der Zuordnungsliste steht nach dem Prädikatsbuchstaben *L* zuerst die Variable *x* und dahinter *y*. Vielleicht ist es etwas irritierend, dass in der Formel *∃x(Lax)* die Variable *x* an die hintere Stelle rückte. Das ist aber kein Fehler, Variablen dürfen eben variabel den Platz tauschen. Wenn Sie das zu sehr irritiert, könnten Sie jedoch die Formel auch mit der Variable *y* formalisieren. So erhalten sie *∃y(Lay)*.

Betrachten wir als Nächstes einen Satz, der zwei Aussagen enthält: „Ayten liebt jemanden, und jemand liebt Ayten.“ Dieser Satz lässt offen, ob der von Ayten geliebte Gegenstand und der Ayten liebende Gegenstand identisch sind. Es könnte auch eine tragische Dreieckskonstellation vorliegen.

„Ayten liebt jemanden, und jemand liebt Ayten.“ → „Für mindestens einen Gegenstand x gilt: Ayten liebt x, und für mindestens einen Gegenstand x gilt: x liebt Ayten.“
prädikatenlogische Form: ∃x(Lax) & ∃x(Lxa)

Sie können auch jedem der beiden Quantoren eine andere Variable zuweisen. Die Formel *∃x(Lax)* & *∃x(Lxa)* ist gleichbedeutend mit den folgenden Formeln:

∃x(Lax) & ∃y(Lya)
∃y(Lay) & ∃x(Lxa)

Etwas anders zu formalisieren ist der Satz „Ayten liebt jemanden, der sie liebt.“ Demzufolge gibt es (mindestens) einen Gegenstand, der zu Ayten in zwei Beziehungen steht: Er wird von Ayten geliebt *und* liebt seinerseits Ayten. Um dies zu formalisieren, verwenden Sie nur einen Existenzquantor:

„Ayten liebt jemanden, der sie liebt." → „Für mindestens einen Gegenstand x gilt: Ayten liebt x, und x liebt Ayten."
prädikatenlogische Form: ∃x(Lax & Lxa)

8.6 Formeln mit mehreren Quantoren

In allen Formeln, mit denen wir uns bisher befassten, stand immer nur ein Quantor vor einer Klammer, die den Bindungsbereich des Quantors festlegte. Es gibt aber auch Formeln, bei denen vor der Klammer zwei oder mehr Quantoren auftreten. In diesem Fall müssen wir jedem Quantor eine eigene Variable zuordnen. Zusätzlich ist die Reihenfolge der vor der Klammer stehenden Quantoren zu beachten. Betrachten wir den Satz „Alle sehen (irgend)jemanden". Wir formalisieren ihn mit Allquantor und Existenzquantor:

„Alle sehen jemanden." → „Für jeden Gegenstand x gilt: für mindestens einen Gegenstand y gilt: x sieht y."
- Sxy: x sieht y

prädikatenlogische Form: ∀x[∃y(Sxy)]

In dieser Formel bindet der Allquantor die Variable *x*, der Existenzquantor bindet *y*. Natürlich könnten wir umgekehrt dem Allquantor die Variable *y* zuordnen und dem Existenzquantor *x*. Dann ändert sich aber innerhalb der Klammer die Reihenfolge der Variablen: ∀*y[*∃*x(Syx)]*.

Wichtig ist die Reihenfolge der Quantoren: Der links außen positionierte Quantor ist der jeweilige Hauptoperator. Um die Aussage „Alle sehen jemanden" korrekt zu formalisieren, muss der Allquantor die Position des Hauptoperators einnehmen, gefolgt vom Existenzquantor. Anders bei der Aussage „Es gibt jemanden, der alles sieht" bzw. „Jemand sieht alles". Hier wird behauptet, es gebe eine (namentlich nicht genannte) Person, die alles sieht.

„Es gibt jemanden, der alles sieht." → „Für mindestens einen Gegenstand x gilt: für jeden Gegenstand y gilt: x sieht y."
prädikatenlogische Form: ∃x[∀y(Sxy)]

Schließlich gibt es auch den einen oder anderen Gegenstand (z.B. den Mond), den alle sehen: „Es gibt jemanden, den alle sehen". Inhaltlich unterscheidet sich dieser Satz vom vorigen sehr deutlich, behauptet er doch, alle Gegenstände wären in der Position des Sehenden. Deshalb setzen wir in der Klammer die zum Allquantor gehörige Variable vor die Variable des Existenzquantors. Die prädikatenlogische Form dieses Satzes unterscheidet sich von der Form des vorigen nur in einer Hinsicht: die Variablen hinter dem Prädikatsbuchstaben *S* tauschen ihre Plätze:

„Es gibt jemanden, den alle sehen." → „Für mindestens einen Gegenstand x gilt: für jeden Gegenstand y gilt: y sieht x."
prädikatenlogische Form: ∃x[∀y(Syx)]

Die äußere Klammer, die zwischen den Quantoren aufgeht, lassen wir häufig weg – dies ist in der Logik allgemein üblich. Statt $\exists x[\forall y(Syx)]$ schreiben wir $\exists x\forall y(Syx)$.

8.7 Prädikatenlogik und Philosophie

Die Prädikatenlogik hat ihre Domäne in den Wissenschaften und in der Philosophie; dort wird meist über Allgemeines gesprochen, und zwar mit Allaussagen. So werden Zusammenhänge und Gegensätze zwischen Begriffen, Vorstellungen und Ideen untersucht. Betrachten wir einige philosophische Thesen:

Die Begriffe „Determination" und „Freiheit" schließen sich aus.

Begriffe werden durch Prädikate bezeichnet. Daher können wir diese These über die beiden Begriffe „Determination" und „Freiheit" in eine These über zwei Prädikate umwandeln, um sie anschließend zu formalisieren:

Umschreibung: Es gibt keinen Gegenstand, der determiniert und frei ist. / Wenn etwas determiniert ist, ist es nicht frei.

- Dx: x ist determiniert
- Fx: x ist frei

prädikatenlogische Form: $\neg\exists x(Dx \,\&\, Fx)$ / $\forall x(Dx \supset \neg Fx)$

Die Idee von Gott ist die eines Wesens, über dem nichts Größeres gedacht werden kann. (Anselm von Canterbury)
Umschreibung: Für alle Gegenstände gilt, dass sie nicht größer als Gott gedacht werden können.

- Gxy: x kann größer als y gedacht werden
- g: Gott

prädikatenlogische Form: $\forall x(\neg Gxg)$

Jedes Wissen muss sowohl wahr als auch gerechtfertigt sein.
Umschreibung: Wenn etwas Wissen ist, dann ist es wahr und gerechtfertigt.

- Kx: x ist Wissen
- Tx: x ist wahr
- Gx: x ist gerechtfertigt

prädikatenlogische Form: $\forall x[Kx \supset (Tx \,\&\, Gx)]$

Gerechtigkeit besteht in der Gleichheit der Ressourcenverteilung. (Egalitarismus)
Umschreibung: Für jeden Gegenstand gilt: Er ist gerecht genau dann, wenn in ihm die Ressourcen gleich verteilt sind.

- Gx ist ist gerecht
- Rx: in x sind die Ressourcen gleich verteilt

prädikatenlogische Form: $\forall x(Gx \equiv Rx)$

Übungen

Bitte formalisieren Sie die folgenden Aussagen prädikatenlogisch:

a) Gesunde sind nicht krank.
b) Kein Schüler macht gerne Hausaufgaben.
c) Niemand ist wahrhaft glücklich.
d) Manch einer, der zu viel trinkt, findet nicht mehr nach Hause.
e) Wenn jemand zu viel trinkt, findet er nicht mehr nach Hause.
f) Es gibt keine roten Schwäne. (Rx: x ist rot, Sx: x ist ein Schwan)
g) Alle kennen den Papst. (Kxy: x kennt y, p: der Papst)
h) Zeus sieht alles. (Sxy: x sieht y, z: Zeus)
i) Die Göttin der Liebe liebt einige. (Lxy: x liebt y, g: die Göttin der Liebe)
j) Einige lieben die Göttin der Liebe nicht.
k) Niemand liebt die Göttin der Liebe.
l) Anna liebt die Pferde, und die Pferde lieben sie. (Lxy: x liebt y, P: x ist ein Pferd, a: Anna)
m) Wer viel arbeitet und eisern spart, wird reich.
n) Morgens schwimmen nur Schüler und Rentner.
o) Alle Raben und Amseln sind Vögel und bauen Nester. (Rx: x ist ein Rabe, Ax: x ist eine Amsel, Vx: x ist ein Vogel, Bx: x baut Nester)
p) Morgens schwimmen alle Schüler und Rentner.

9. Verhältnis zwischen Aussagen- und Prädikatenlogik

Zu Beginn von Teil III haben wir erklärt, weshalb die Aussagenlogik durch die Prädikatenlogik zu ergänzen ist. Zahlreiche logisch gültige Argumente sind nur prädikatenlogisch, nicht aber aussagenlogisch gültig. So unser früheres Beispiel: „Alle Menschen sind sterblich. Sokrates ist ein Mensch. Also ist er sterblich." Diese Mängel der Aussagenlogik haben einen Grund, der außerhalb der Logik liegt: Es gibt einfach zu viele Gegenstände. Gäbe es nur ganz wenige, bräuchten wir keine Prädikatenlogik. Dann ließen sich die Allaussagen und Existenzaussagen umwandeln in Aussagen über die einzelnen Gegenstände. Da es aber unendlich viele Gegenstände gibt, ergäben sich daraus unendlich viele Aussagen, mit denen kein menschlicher Logiker arbeiten könnte.

Unter bestimmten Bedingungen dürfen wir aber den Gegenstandsbereich (man spricht auch vom Diskursuniversum) gedanklich einschränken. Wir tun so, als ob es nur ganz wenige Gegenstände gäbe – beispielsweise Sokrates, Platon und Athen. Sie werden jetzt vielleicht am Sinn dieser Konstruktion zweifeln: Wie kann es eine Stadt wie Athen geben, wenn es nur zwei Menschen gibt? Und bestehen nicht Sokrates und Platon aus mehreren Gegenständen (Herz, Kopf usw.)? Das Ziel dieser gedanklichen Übung ist es aber nicht, sich vorzustellen, es gäbe nur diese drei Gegenstände. Vielmehr wollen wir uns auf diese drei Gegenstände konzentrieren und von allen anderen absehen. – Im nächsten Schritt müssen wir die erste Prämisse so abwandeln, wie wir das schon bisher bei Allaussagen gemacht haben:

Für jeden Gegenstand gilt: Wenn er ein Mensch ist, dann ist er sterblich.
prädikatenlogische Form: $\forall x(Mx \supset Sx)$

Vorausgesetzt, es gibt nur drei Gegenstände (Sokrates, Platon und Athen), könnten wir daraus drei mit „und“ verbundene Einzelaussagen ableiten:

Wenn Sokrates ein Mensch ist, dann ist er sterblich; und wenn Platon ein Mensch ist, dann ist er sterblich; und wenn Athen ein Mensch ist, dann ist es sterblich.

Die Phrase „für alle Gegenstände gilt“ kommt in dieser langen Aussage nicht mehr vor. Entsprechend lässt sich auch der Allquantor der Formel $\forall x(Mx \supset Sx)$ auflösen: Wir setzen an die Stelle der Variable x je einen Namensbuchstaben (für Sokrates verwenden wir s, für Platon p und für Athen a); die drei Teilformeln verbinden wir mit der Konjunktion:

$(Ms \supset Ss)\ \&\ (Mp \supset Sp)\ \&\ (Ma \supset Sa)$

Es spricht auch nichts dagegen, den Gegenstandsbereich noch radikaler auf den einzigen Gegenstand einzuschränken, der in dem Beispiel erwähnt wird: Sokrates. In diesem Fall besagt die erste Prämisse nur noch:

Wenn Sokrates ein Mensch ist, dann ist er sterblich.
$Ms \supset Ss$

Die zweite Prämisse „Sokrates ist ein Mensch“ hat die prädikatenlogische Form *Ms*. Das erlaubt jetzt einen einfachen aussagenlogischen Beweis: Aus $Ms \supset Ss$ und *Ms* folgt per Modus ponens *Ss* für die Konklusion „Sokrates ist sterblich“.

(1)	$Ms \supset Ss$	Ann.	
(2)	Ms	Ann.	
(3)	Ss	1, 2, MP	q.e.d.

Damit haben wir allein mit den aussagenlogischen Schlussregeln bewiesen, dass das Argument logisch gültig ist. Die gedankliche Beschränkung des Gegenstandsbereichs hat den Vorteil, dass wir keine Schlussregel zur Auflösung des Allquantors benötigen. Prinzipiell könnten wir auf ähnliche Weise auch Existenzaussagen bzw. Formeln mit Existenzquantor auflösen:

Es gibt mindestens einen Menschen, der sterblich ist.
prädikatenlogische Form: $\exists x(Mx\ \&\ Sx)$

Im Mini-Universum, das nur aus drei Gegenständen (Sokrates, Platon, Athen) besteht, wäre die Existenzaussage wahr, wenn Sokrates, Platon *oder* Athen die genannten Eigenschaften hat. So können wir drei mit „oder“ verbundene Einzelaussagen ableiten:

Sokrates ist Mensch und sterblich, *oder* Platon ist Mensch und sterblich, *oder* Athen ist Mensch und sterblich.

(Ms & Ss) ∨ (Mp & Sp) ∨ (Ma & Sa)

Das Universum, in dem wir leben, besteht jedoch nicht aus drei, sondern aus unendlich vielen Gegenständen. Um dem Rechnung zu tragen, wenden wir uns im nächsten Kapitel den Schlussregeln des prädikatenlogischen Kalküls des natürlichen Schließens zu.

10. Prädikatenlogischer Kalkül des natürlichen Schließens

Sämtliche Schlussregeln des aussagenlogischen Kalküls des natürlichen Schließens gelten auch im prädikatenlogischen Kalkül. Unverändert gelten auch die Regeln für den bedingten Beweis (Konditional-Einführung), indirekten Beweis (Reductio ad absurdum) und den verzweigten Beweis (Baumkalkül). Dem fügen wir in diesem Kapitel sechs Schlussregeln hinzu. Wirklich nötig wären nur drei: der Quantorentausch, die Allquantor-Beseitigung und die Existenzquantor-Beseitigung. Die übrigen drei Regeln erleichtern die Beweise erheblich.

10.1 *Quantorentausch*

Die erste Regel ist der *Quantorentausch* (abgekürzt: *QT*). Sie erlaubt es, den Allquantor durch den Existenzquantor auszutauschen und umgekehrt den Existenzquantor durch den Allquantor. Dabei ist vor und nach dem neuen Quantor eine Negation hinzuzufügen. Der übrige Teil der Formel, für den im folgenden Kasten der griechische Buchstabe α steht, bleibt unverändert:

Quantorentausch (QT)^{T}

$$\frac{\forall x(\alpha)}{\neg\exists x\neg(\alpha)} \qquad \frac{\exists x(\alpha)}{\neg\forall x\neg(\alpha)}$$

Betrachten wir dazu einige Beispiele:

$$\frac{\forall x(Fx)}{\neg\exists x\neg(Fx)} \qquad \frac{\exists x(Fx)}{\neg\forall x\neg(Fx)} \qquad \frac{\forall x\neg(Fx \;\&\; Gx)}{\neg\exists x\neg\neg(Fx \;\&\; Gx)}$$

Den Quantorentausch dürfen Sie auch auf Teile einer Formel anwenden, weshalb die Schlussregel im Kasten mit einem hochgestellten ^{T} gekennzeichnet ist. Steht beispielsweise vor einem Allquantor eine Negation, so dürfen Sie ihn dennoch durch den Existenzquantor austauschen. Dabei ist wiederum vor und nach dem Existenzquantor eine Negation hinzuzufügen, sodass nun die Konklusion mit einer doppelten Negation beginnt:

$$\frac{\neg\forall x(Fx)}{\neg\neg\exists x\neg(Fx)} \qquad \frac{\neg\exists x(Fx)}{\neg\forall x(Fx)} \qquad \frac{Fa \supset \exists x(Gx)}{Fa \supset \neg\forall x\neg(Gx)}$$

Natürlich dürften Sie die doppelten Negationen gleich stillschweigend beseitigen. Sie hätten daher beim linken Schluss umgehend $\exists x(Fx)$ ableiten dürfen und beim mittleren Schluss $\forall x(Fx)$. – Der Quantorentausch ist auch bei Formeln mit mehreren Quantoren erlaubt. Dabei kommt erneut unmittelbar vor und unmittelbar nach dem ausgetauschten Quantor eine Negation hinzu:

$$\frac{\exists x[\forall y(Fxy)]}{\neg\forall x\neg[\forall y(Fxy)]} \qquad \frac{\exists x[\forall y(Fxy)]}{\exists x[\neg\exists y\neg(Fxy)]} \qquad \frac{\neg\forall x[\neg\forall y\neg(Fx \supset Gx)]}{\neg\forall x[\neg\neg\exists y\neg\neg(Fx \supset Gx)]}$$

In alltäglichen Gesprächen schließen die Menschen immer wieder nach dem Muster des Quantorentauschs. Sie folgern etwa aus dem Umstand, dass alle eine bestimmte Eigenschaft haben, dass es nicht einmal einen Gegenstand gibt, der die Eigenschaft nicht hat:

1. Alle kamen zum Fest.

2. Also: Es gibt niemanden, der nicht zum Fest kam. (= Es ist *nicht* der Fall, dass es mindestens einen Gegenstand gibt, der *nicht* zum Fest kam.)

- Fx: x kommt zum Fest

$$\frac{\forall x(Fx)}{\neg\exists x\neg(Fx)}$$

Auch der umgekehrte Schluss ist wohlbekannt. Was folgt aus der Tatsache, dass einige krank sind? Offensichtlich ist dann nicht jeder gesund, d.h. nicht jeder ist nicht krank:

1. Einige sind krank.

2. Also: Nicht jeder ist nicht krank.

- Kx: x ist krank.

$$\frac{\exists x(Kx)}{\neg\forall x\neg(Kx)}$$

10.2 Allquantor-Beseitigung

Allquantor-Beseitigung (∀-Bes.)

$$\frac{\forall x(\alpha)}{\alpha[x/@]}$$

α[x/@] ist eine Formel, in der jedes Vorkommnis der Variable *x* durch einen beliebigen Namensbuchstaben @ ersetzt wurde.

Die *Allquantor-Beseitigung* (abgekürzt: ∀*-Bes.*), manchmal auch *Allspezialisierung* genannt, ermöglicht es, den Allquantor zu eliminieren und die durch den Allquantor gebundene Variable an allen Stellen durch einen beliebigen Namensbuchstaben zu ersetzen. In der obigen Schlussregel verwenden wir das Zeichen „@" als Platzhalter für einen beliebigen Namensbuchstaben. Nehmen wir z.B. an, die Prämisse lautet ∀*x(Fx)*. Im ersten Schritt beseitigen Sie den Allquantor mit der dazugehörigen Variable; auch die Klammer können Sie gleich weglassen: *Fx*. Im zweiten Schritt ersetzen Sie die Variable durch einen beliebigen Kleinbuchstaben. Sie könnten nun *Fa* oder auch *Fb* usw. ableiten. Betrachten wir einige weitere Beispiele:

$$\frac{\forall x(Fx)}{Fa} \qquad \frac{\forall x(Fx)}{Fc} \qquad \frac{\forall y(Fy)}{Fa}$$

$$\frac{\forall x(Fx \supset Gx)}{Fa \supset Ga} \qquad \frac{\forall x[\exists y(Fxy)]}{\exists y(Fay)} \qquad \frac{\forall x[\exists y(Fxy \supset Gyx)]}{\exists y(Fcy \supset Gyc)}$$

Oft lernt man am meisten, wenn man auch einige unzulässige Anwendungen einer Schlussregel betrachtet:

$$\frac{\forall x\ (Fx \supset Gx)}{Fa \supset Gb} \qquad \frac{\forall x(Fx \supset Gx)}{Fa \supset Gx} \qquad \frac{\neg\exists x(Fx)}{\neg Fa}$$

Im linken Schluss wurde die Variable *x* durch zwei unterschiedliche Namensbuchstaben, einmal durch *a* und einmal durch *b*, ersetzt; die Variable ist jedoch stets durch denselben Aussagebuchstaben zu ersetzen. Man darf hier *Fa* ⊃ *Ga* oder *Fb* ⊃ *Gb* usw. ableiten, nicht aber *Fa* ⊃ *Gb*! Im mittleren Schluss wurde nur ein Vorkommnis der Variable durch den Aussagebuchstaben *a* ersetzt; richtig wäre es, die Variable an allen Stellen durch den Aussagebuchstaben zu ersetzen: *Fa* ⊃ *Ga*. Beim rechten Beispiel ist die Allquantor-Beseitigung von vornherein nicht zulässig, weil die Prämisse links außen mit einem Existenzquantor beginnt. Die Allquantor-Beseitigung dürfen Sie aber – im Gegensatz zum Quantorentausch – nicht auf Teilformeln anwenden. Die Prämisse muss daher mit einem Allquantor beginnen; nicht einmal eine Negation darf davor stehen.

10.3 Existenzquantor-Beseitigung

Existenzquantor-Beseitigung (∃-Bes.)

∃x(α)

α[x/@]

α[x/@] ist eine Formel, in der jedes Vorkommnis der Variable *x* durch einen beliebigen Namensbuchstaben @ ersetzt wurde.

Eigentlich passiert bei der *Existenzquantor-Beseitigung* (abgekürzt: *∃-Bes.*) nichts anderes als bei der Beseitigung des Allquantors. Der Quantor verschwindet, und die durch den Quantor gebundene Variable wird durch einen beliebigen Namensbuchstaben ersetzt. Dazu einige Beispiele:

∃x(Fx)	∃x(Fx)	∃y(Fy)
Fa	Fc	Fa
∃x(Fx & Gx)	∃x[∃y(Fxy)]	∃x[∀y(Fxy & Gyx)]
Fa & Ga	∃y(Fay)	∀y(Fcy & Gyc)

Bedenken Sie, dass die Existenzquantor-Beseitigung wie schon die Allquantor-Beseitigung auf Teilformeln nicht anwendbar ist! Die Prämisse muss daher mit einem Existenzquantor beginnen; nicht einmal eine Negation darf davor stehen.

So weit scheint die Schlussregel recht einfach zu sein. Es gibt aber einen Haken. Wenn man die Existenzquantor-Beseitigung uneingeschränkt verwenden dürfte, wären auch Argumente wie das folgende logisch gültig:

1. Es gibt einige Milliardäre.

---

2. Also: Jonny Walker ist Milliardär.

- Mx: x ist Millionär
- j: Jonny Walker

(1) ∃x(Mx) Ann.
(2) Mj 1, ∃-Bes. [unzulässig!]

> Die Anwendung der Existenzquantor-Beseitigung ist an drei Voraussetzungen geknüpft:
>
> 1. Sie dürfen keinen Namensbuchstaben @ einsetzen, der bereits in den Annahmen des Beweises vorkommt.
> 2. In der Konklusion des Beweises darf der der jeweilige Namensbuchstabe @ *nicht* mehr vorkommen.
> 3. Wenn Sie innerhalb eines Beweises mehrmals eine Existenzquantor-Beseitigung durchführen, müssen Sie für @ jedes Mal einen neuen Namensbuchstaben einsetzen. (In verzweigten Beweisen gilt: Innerhalb eines Zweiges müssen Sie für @ jedes Mal einen neuen Namensbuchstaben einsetzen.)

Der obige Beweis verstößt gegen die zweite Bedingung. Der Namensbuchstabe *j*, der dort für die Variable eingesetzt wurde, kommt in der Konklusion des Beweises *Mj* immer noch vor. Die zweite Bedingung verbietet das. Ein Beweis darf daher niemals mit einer Existenzquantor-Beseitigung enden.

Gegen die dritte Bedingung verstößt der folgende Pseudo-Beweis für die folgende Argumentform:

∃x(Fx)
∃x(Gx)
———————
∃x(Fx & Gx)

(1)	∃x(Fx)	Ann.
(2)	∃x(Gx)	Ann.
(3)	Fa	1, ∃-Bes.
(4)	Ga	2, ∃-Bes. [unzulässig!]
(5)	Fa & Ga	4, 5, &-Einf.
(6)	∃x(Fx & Gx)	5, ∃-Einführung

In Zeile (4), in der die Existenzquantor-Beseitigung zum zweiten Mal angewendet wird, muss man einen anderen Namensbuchstaben als in Zeile (3) einsetzen. Man könnte etwa den Buchstaben *b* verwenden. Dann gelingt der Beweis aber nicht mehr:

(4)	Gb	2, ∃-Bes.
(5)	Fa & Gb	4, 5, &-Einf.

Da wir in Zeile (5) zwei verschiedene Namensbuchstaben haben, können wir nicht mehr auf *∃x(Fx & Gx)* schließen. (Die Existenzquantor-Einführung wäre zwar auch in Zeile (5) erlaubt, aber wir könnten damit bloß *∃x(Fx & Gb)* oder *∃x(Fa & Gx)* ableiten.) Damit ist der Beweis gescheitert. Die Argumentform ist logisch ungültig, wie wir auch durch ein Gegenbeispiel mit wahren Prämissen und falscher Konklusion erkennen könnten:

1. Es gibt mindestens eine Katze.
2. Es gibt mindestens einen Hund.

---

3. Es gibt mindestens einen Gegenstand, der Katze und Hund ist.

Vergleichen wir damit einen Beweis, in dem die Existenzquantor-Beseitigung mit Recht angewendet wird: Im vorigen Kapitel behaupteten wir, die Formeln *∃x(Mx & ¬Sx)* und *¬∀x(Mx ⊃ Sx)* seien logisch äquivalent, d.h. aus der einen sei die jeweils andere ableitbar. Das lässt sich mit Hilfe der Existenzquantor-Beseitigung beweisen. Wir beginnen damit, aus *∃x(Mx & ¬Sx)* die Formel *¬∀x(Mx ⊃ Sx)* abzuleiten:

∃x(Mx & ¬Sx)

¬∀x(Mx ⊃ Sx)

(1)	∃x(Mx & ¬Sx)	Ann.
(2)	¬∀x¬(Mx & ¬Sx)	1, QT

Es scheint naheliegend, einen Quantorentausch anzuwenden. Die daraus abgeleitete Formel *¬∀x¬(Mx & ¬Sx)* entpuppt sich aber als Sackgasse, die nicht zur gesuchten Konklusion führt. In dieser Situation machen wir, was man immer machen sollte, wenn man nicht mehr weiter weiß: Wir nehmen zusätzlich die Negation der Konklusion an und führen den Beweis indirekt. Anschließend beseitigen wir die Quantoren und versuchen einen beliebigen Widerspruch abzuleiten:

(3)	¬¬∀x(Mx ⊃ Sx)	ZA	
[(4)	∀x(Mx ⊃ Sx)	3, ¬-Bes.]	
(5)	Ma ⊃ Sa	4, ∀-Bes.	
(6)	Ma & ¬Sa	1, ∃-Bes.	
(7)	Ma	6, &-Bes.	
(8)	Sa	5, 7, MP	
(9)	¬Sa	6, &-Bes.	
(10)	¬¬¬∀x(Mx ⊃ Sx)	3, 8, 9, RAA	
[(11)	¬∀x(Mx ⊃ Sx)	10, ¬-Bes.]	q.e.d.

Bei jeder Anwendung der Existenzquantor-Beseitigung müssen wir überprüfen, ob die drei Voraussetzungen erfüllt sind. Es dauert nur wenige Sekunden.

1. Der Namensbuchstabe *a*, den wir im Zuge der Existenzquantor-Beseitigung an die Stellen der Variable *x* gesetzt haben, kommt in der einzigen Annahme *∃x (Mx & ¬Sx)* nicht vor.
2. Auch in der Konklusion *¬∀x(Mx ⊃ Sx)* taucht *a* nicht mehr auf.
3. Die dritte Bedingung regelt den Fall, dass ein Beweis mehrere Existenzquantor-Beseitigungen enthält. Da in unserem Beweis nur eine Existenzquantor-Beseitigung vorkommt, ist automatisch auch diese Bedingung erfüllt. Damit ist die Anwendung der Existenzquantor-Beseitigung korrekt.

Einfacher ist es, umgekehrt aus $\neg\forall x(Mx \supset Sx)$ die Formel $\exists x(Mx \,\&\, \neg Sx)$ abzuleiten. Dafür benötigen wir im Wesentlichen nur einen Quantorentausch und eine Konditional-Ersetzung:

$\neg\forall x(Mx \supset Sx)$

$\exists x(Mx \,\&\, \neg Sx)$

(1)	$\neg\forall x(Mx \supset Sx)$	Ann.	
(2)	$\neg\neg\exists x\neg(Mx \supset Sx)$	1, QT	
[(3)	$\exists x\neg(Mx \supset Sx)$	2, ¬-Bes.]	
(4)	$\exists x(Mx \,\&\, \neg Sx)$	3, ⊃-Ers.	q.e.d.

Damit ist bewiesen, dass die Formeln $\neg\forall x(Mx \supset Sx)$ und $\exists x(Mx \,\&\, \neg Sx)$ logisch äquivalent sind. Mit gutem Recht dürfen Sie eine Aussage wie „Nicht alle Menschen sind sterblich" auch durch $\exists x(Mx \,\&\, \neg Sx)$ formalisieren. Sie bedeutet dasselbe wie „Es gibt mindestens einen Menschen, der nicht sterblich ist".

10.4 Existenzquantor-Einführung

Die *Existenzquantor-Einführung* (abgekürzt: *∃-Einf.*) hat denkbar einfache Anwendungen. So folgt aus „Berlin hat mehr als drei Millionen Einwohner" die Konklusion „Mindestens ein Gegenstand hat mehr als drei Millionen Einwohner". Dementsprechend erlaubt es die Existenzquantor-Einführung, aus einer Formel mit einem Namensbuchstaben, beispielsweise aus *Db*, eine Formel mit Existenzquantor abzuleiten: $\exists x(Dx)$.

Existenzquantor-Einführung (∃-Einf.)

α

$\exists x(\alpha[@/x])$

α[@/x] ist eine Teilformel, in der jedes Vorkommnis eines beliebigen Namensbuchstabens @ durch eine Variable *x* ersetzt wurde.[5]

Voraussetzung für die Existenzquantor-Einführung ist, dass die Prämisse α einen beliebigen Namensbuchstaben @ enthält. Daraus dürfen Sie die Konklusion $\exists x(\alpha[@/x])$ ableiten. Das heißt einfach: Sie schreiben vor die Formel α einen Existenzquantor mit Variable und ersetzen in α jedes Vorkommnis des Namensbuchs-

5 Nur nebenbei sei erwähnt: Bei der Existenzquantor-Einführung ist es auch in Ordnung, wenn Sie nur ein Vorkommnis von @ durch die Variable ersetzen. Meist ist es aber zielführender, jedes Vorkommnis zu ersetzen.

tabens @ durch die Variable. – Nehmen wir z. B. an, die Prämisse lautet *Fb*. Sie schreiben davor den Existenzquantor und eine Variable; zudem klammern Sie die ursprüngliche Prämisse ein und ersetzen den Namensbuchstaben *b* durch die Variable; daraus ergibt sich die Konklusion *∃x(Fx)*. Hier einige weitere Schlüsse mit Existenzquantor-Einführung:

Fa	Fa & Ga	Fa & Gb
∃x(Fx)	∃x(Fx & Gx)[6]	∃x(Fa & Gx)

Den neu einzuführenden Existenzquantor setzen Sie immer ganz links an den Beginn der Konklusion. Wenn Sie die Schlussregel etwa auf die negierte Prämisse *¬Fa* anwenden, so müssen Sie daraus *∃x(¬Fx)* ableiten. Unzulässig wäre *¬∃x(Fx)*. Das Gleiche gilt für Prämissen, die bereits einen Quantor enthalten. Hier müssen Sie besonders aufpassen: Da jeder Quantor eine eigene Variable hat, müssen Sie dem neu einzuführenden Existenzquantor eine neue Variable zuordnen. So kommt etwa in der Formel *∀x(Fxa ⊃ Gxa)* die Variable *x* bereits vor. Wenn Sie darauf die Existenzquantor-Einführung anwenden, müssen Sie dem Existenzquantor eine andere Variable zuweisen, beispielsweise *y*. Den Namensbuchstaben *a* ersetzen Sie durch *y* und erhalten auf diese Weise *∃y[∀x(Fxy ⊃ Gxy)]*. Die äußere Klammer könnten Sie weglassen: *∃y∀x(Fxy ⊃ Gxy)*.

¬Fa	∀x(Fxa ⊃ Gxa)	¬∃x(Fax & Gbx)
∃x(¬Fx)	∃y[∀x(Fxy ⊃ Gxy)]	∃y[¬∃x(Fyx & Gbx)]

Zur Übung betrachten wir nun ein sehr einfaches Argument.

1. Manche Einbrecher sind dämlich.

---

2. Also: Manche sind dämlich.

- Ex: x ist ein Einbrecher
- Dx: x ist dämlich

∃x(Ex & Dx)

∃x(Dx)

Die Konjunktions-Beseitigung liegt zum Greifen nahe, doch sie darf nur auf Formeln angewendet werden, deren Hauptoperator die Konjunktion ist – sie darf nicht auf Teilformeln angewendet werden. Enthält aber eine Formel einen oder mehrere Quantoren, so gilt immer der an erster Stelle positionierte Quantor als Hauptoperator; der Hauptoperator der Prämisse *∃x(Ex & Dx)* ist also der Existenzquantor. Wir

6 Es wäre auch erlaubt, den Aussagebuchstaben *a* nur an einer Stelle durch die Variable zu ersetzen (vgl. die vorige Fußnote). Daher dürfte man auch *∃x(Fx & Ga)* oder *∃x(Fa & Gx)* ableiten.

müssen ihn beseitigen, ehe wir die Konjunktions-Beseitigung durchführen können. Am Ende führen wir den Existenzquantor wieder ein:

(1)	∃x(Ex & Dx)	Ann.	
(2)	Ea & Da	1, ∃-Bes.	
(3)	Da	2, &-Bes.	
(4)	∃x(Dx)	3, ∃-Einf.	q.e.d.

Bei der Existenzquantor-Beseitigung in Zeile (2) müssen wir wiederum Obacht geben, ob die drei Bedingungen erfüllt sind:

1. Der Namensbuchstabe *a* kommt in der Annahme *∃x(Ex & Dx)* nicht vor.
2. In der Konklusion *∃x(Dx)* kommt *a* ebenfalls nicht vor.
3. Da in unserem Beweis nur eine Existenzquantor-Beseitigung vorkommt, ist automatisch auch die dritte Bedingung eingehalten. Gut, demnach sind alle drei Voraussetzungen für die Existenzquantor-Beseitigung erfüllt.

An diesem Beispiel können wir noch etwas anderes veranschaulichen: Existenzaussagen, in denen den Gegenständen zwei Eigenschaft zu- oder abgesprochen werden, werden grundsätzlich mit der Konjunktion formalisiert. Wenn wir stattdessen das Konditional einsetzen, misslingt der Beweis:

(1)	∃x(Ex ⊃ Dx)	Ann.
(2)	Ea ⊃ Da	∃-Bes.

Nach zwei Zeilen geht es einfach nicht mehr weiter. Schuld ist die unangemessene Formalisierung der Prämisse. Das Konditional hat hier nichts zu suchen!

10.5 Allquantor-Einführung

Allquantor-Einführung (∀-Einf.)

α
―――――
∀x(α[@/x])

α[@/x] ist eine Teilformel, in der jedes Vorkommnis eines beliebigen Namensbuchstabens @ durch eine Variable *x* ersetzt wurde.

Wenn die Prämisse *α* einen beliebigen Namensbuchstaben @ enthält, erlaubt es die *Allquantor-Einführung* (abgekürzt: *∀-Einf.*) unter bestimmten Bedingungen, die Konklusion *∀x(α[@/x])* abzuleiten. Sie schreiben einfach vor *α* einen Allquantor mit Variable und ersetzen in α jedes Vorkommnis des Namensbuchstabens @ durch die Variable. Damit ähnelt die Allquantor-Einführung der Existenzquantor-Einführung, nur wird eben anstelle des Existenzquantors der Allquantor eingeführt. Hier einige Beispiele:

Fa	Fa & Ga	Fa & Gb
∀x(Fx)	∀x(Fx & Gx)	∀x(Fa & Gx)

Auch für die Allquantor-Einführung gilt: Den neu einzuführenden Quantor setzen Sie immer ganz links an den Beginn der Konklusion. Wenn Sie etwa die Schlussregel auf die negierte Prämisse *¬Fa* anwenden, so müssen Sie daraus *∀x(¬Fx)* ableiten. Wenn die Prämisse bereits einen Quantor enthält, müssen Sie dem neu einzuführenden Allquantor eine neue Variable zuordnen.

¬Fa	∀x(Fxa ⊃ Gxa)	¬∃x(Fax & Gbx)
∀x(¬Fx)	∀y[∀x(Fxy ⊃ Gxy)]	∀y[¬∃x(Fyx & Gbx)]

Bis hierher gibt es keinen großen Unterschied zur Existenzquantor-Einführung. Die Allquantor-Einführung bedarf allerdings einiger Einschränkungen. Andernfalls wäre das folgende Argument logisch gültig:

1. Nietzsche starb an Syphilis.

---

2. Also: Alle starben an Syphilis.

- Sx: x starb an Syphilis
- n: Nietzsche

(1)	Sn	Ann.
(2)	∀x(Sx)	1, ∀-Einf. [unzulässig!]

Die Allquantor-Einführung darf aber nur eingesetzt werden, wenn drei Voraussetzungen erfüllt sind. Die ersten beiden gelten auch für die Existenzquantor-Beseitigung:

1. Sie dürfen keinen Namensbuchstaben @ einsetzen, der bereits in den Annahmen des Beweises vorkommt.
2. In der Konklusion des Beweises darf der der jeweilige Namensbuchstabe @ *nicht* mehr vorkommen.
3. Die Zeile, auf die Sie die Allquantor-Einführung anwenden, darf keinen Namensbuchstaben enthalten, den Sie zuvor durch eine Existenzquantor-Beseitigung abgeleitet haben.

Der obige Beweis verstößt gegen die erste Bedingung. Der Namensbuchstabe *s*, der in Zeile (2) durch die Variable ersetzt worden ist, kommt bereits in der Annahme *Sn* vor. Im Folgenden sehen Sie zwei Beweise, die gegen die dritte Bedingung verstoßen:

(1)	∃x(Fx)	Ann.
(2)	Fa	1, ∃-Bes.
(3)	∀x(Fx)	2, ∀-Einf. [unzulässig!]

Die Allquantor-Einführung wird auf Zeile (2) angewendet, in der aber der Namensbuchstabe *a* vorkommt, der zuvor durch eine Existenzquantor-Beseitigung abgeleitet worden ist. Im nächsten Beweis wird die Allquantor-Einführung unzulässigerweise auf Zeile (3) angewendet. Die Formel enthält den Namensbuchstaben *b*, der zuvor durch eine Existenzquantor-Beseitigung in den Beweis gekommen ist.

(1)	∀x∃y(Fxy)	Ann.
(2)	∃y(Fay)	1, ∀-Bes.
(3)	Fab	2, ∃-Bes.
(4)	∀y(Fyb)	3, ∀-Einf. [unzulässig!]
(5)	∃x∀y(Fyx)	4, ∃-Einf.

Betrachten wir demgegenüber einen Beweis, in dem die Allquantor-Einführung erlaubt ist:

$$\frac{\forall x(Fx \equiv Gx)}{\forall x(Gx \supset Fx)}$$

(1)	∀x(Fx ≡ Gx)	Ann.	
(2)	Fa ≡ Ga	1, ∀-Bes.	
(3)	(Fa ⊃ Ga) & (Ga ⊃ Fa)	2, ≡-Bes.	
(4)	Ga ⊃ Fa	3, &-Bes.	
(5)	∀x(Gx ⊃ Fx)	4, ∀-Einf.	q.e.d.

Alle drei Bedingungen der Allquantor-Einführung sind erfüllt:

1. Der Namensbuchstabe *a*, der im Zuge der Allquantor-Einführung durch die Variable ersetzt wird, kommt in der einzigen Annahme *∀x(Fx ≡ Gx)* nicht vor.
2. Auch in der Konklusion *∀x(Gx ⊃ Fx)* ist *a* nicht zu finden.
3. In Zeile (4), auf die wir die Allquantor-Einführung anwenden, kommt kein Namensbuchstabe vor, der zuvor durch eine Existenzquantor-Beseitigung abgeleitet worden ist. Der obige Beweis beinhaltet ja gar keine Existenzquantor-Beseitigung.

Als Nächstes beweisen wir eine Argumentform, die wir später unter dem Namen „Prädikatenlogischer Kettenschluss“ zu einer Schlussregel aufwerten:

$\forall x(Fx \supset Gx)$
$\forall x(Gx \supset Hx)$

$\forall x(Fx \supset Hx)$

Bei dieser Gelegenheit geben wir Ihnen einige strategische Ratschläge, wie Sie bei prädikatenlogischen Beweisen vorgehen sollten: Die spezifisch prädikatenlogischen Schlussregeln benötigen Sie meist am Anfang und am Ende des Beweises, während Sie in den mittleren Beweiszeilen eher die aus der Aussagenlogik bekannten Schlussregeln einsetzen. Sie steigen gewissermaßen von der Ebene der Prädikatenlogik herab auf die Ebene der Aussagenlogik, ehe Sie gegebenenfalls am Ende wieder zur Prädikatenlogik zurückkehren. Zunächst sollten Sie deshalb die Quantoren beseitigen. Enthält die Konklusion einen Quantor, so führen sie ihn erst am Ende wieder ein. Für unsere aktuelle Argumentform heißt das: Zuerst sind die Allquantoren der beiden Prämissen zu beseitigen.

(1)	$\forall x(Fx \supset Gx)$	Ann.
(2)	$\forall x(Gx \supset Hx)$	Ann.
(3)	$Fa \supset Ga$	1, ∀-Bes.
(4)	$Gb \supset Hb$	2, ∀-Bes.

In Zeile (3) haben wir die Variable willkürlich durch den Namensbuchstaben *a* ersetzt, in Zeile (4) durch *b*. Selbstverständlich ist das erlaubt – wir dürfen ja bei der Allquantor-Einführung jeden beliebigen Namensbuchstaben einsetzen. Allein, damit manövrieren wir uns in eine Sackgasse: Mit den Zeilen (3) und (4) ist nichts mehr anzufangen. Sinnvoller ist es, in beiden Zeilen denselben Namensbuchstaben zu verwenden:

(3)'	$Fa \supset Ga$	1, ∀-Bes.
(4)'	$Ga \supset Ha$	2, ∀-Bes.

Jetzt können wir auf die Zeilen (3) und (4) eine altbekannte Schlussregel des aussagenlogischen Kalküls anwenden: den Kettenschluss. Danach ist es nur noch ein Schritt zur Konklusion:

(5)	$Fm \supset Hm$	3, 4, KS	
(6)	$\forall x(Fx \supset Hx)$	5, ∀-Einf.	q.e.d.

Die drei Bedingungen der Allquantor-Einführung sind natürlich erfüllt:

1. Der Namensbuchstabe *a* kommt nicht in der Annahme vor.
2. Ebenso wenig ist *a* in der Konklusion.
3. Der Namensbuchstabe *a* wurde nicht durch eine Existenzquantor-Beseitigung abgeleitet.

Auf die Allquantor-Einführung könnte man auch verzichten. Die einschlägigen Beweise lassen sich stattdessen indirekt führen, sind allerdings teils weitaus komplizierter. Im Folgenden sehen Sie den indirekten Beweis unserer Argumentform:

(1)	$\forall x(Fx \supset Gx)$	Ann.
(2)	$\forall x(Gx \supset Hx)$	Ann.
(3)	$\neg\forall x(Fx \supset Hx)$	ZA
(4)	$Fa \supset Ga$	1, ∀-Bes.
(4)	$Ga \supset Ha$	2, ∀-Bes.
(5)	$Fa \supset Ha$	3, 4, KS
(6)	$\exists x\neg(Fx \supset Hx)$	3, QT
(7)	$\neg(Fa \supset Ha)$	6, ∃-Bes.
(8)	$Fa \,\&\, \neg Ha$	7, ⊃-Ers.
(9)	Fa	8, &-Bes.
(10)	Ha	5, 9, MP
(11)	$\neg Ha$	8, &-Bes.
	X	

Sehen wir uns einen anspruchsvollen Beweis mit Allquantor-Einführung an. Wir laden Sie ein, den Beweis für die folgende Argumentform gleich selbst zu versuchen, ehe Sie die anschließenden Kommentare lesen.

$\forall x[(Fx \lor Gx) \supset Hx]$
$\forall x[(Ix \lor Kx) \supset Gx]$
$\forall x[Hx \supset (Lx \,\&\, Mx)]$

$\forall x[Ix \supset (Lx \,\&\, Mx)]$

Die ersten Schritte sind klar: Wir beseitigen die Allquantoren und ersetzen die Variablen jeweils durch denselben Namensbuchstaben.

(1)	$\forall x[(Fx \lor Gx) \supset Hx]$	Ann.
(2)	$\forall x[(Ix \lor Kx) \supset Gx)]$	Ann.
(3)	$\forall x[Hx \supset (Lx \,\&\, Mx)]$	Ann.
(4)	$(Fa \lor Ga) \supset Ha$	1, ∀-Bes.
(5)	$(Ia \lor Ka) \supset Ga$	2, ∀-Bes.
(6)	$Ha \supset (La \,\&\, Ma)$	3, ∀-Bes.
(7)	$(Fa \lor Ga) \supset (La \,\&\, Ma)$	4, 6, KS

Nun empfiehlt es sich, das zu tun, was man bei jedem Beweis tun sollte: die Konklusion in den Blick nehmen. Zuerst sollte uns auffallen, dass sie einen Allquantor enthält. Das lässt vermuten, dass wir am Ende des Beweises eine Allquantor-Einführung vornehmen müssen. Welche Formel müsste aber in der vorletzten Beweiszeile stehen, um daraus die Konklusion abzuleiten? Es wäre die Formel *Ia ⊃ (La & Ma)*; daraus könnten wir per Allquantor-Einführung auf *∀x[Ix ⊃ (Lx & Mx)]* schließen.

Jetzt ist *Ia ⊃ (La & Ma)* unser Zwischenziel. Unsere Aufgabe ist es, diese Formel mit Hilfe der Schlussregeln des aussagenlogischen Kalküls abzuleiten. Hier tritt jedoch ein Problem auf: Aus den Zeilen (1) bis (7) lassen sich keine weiteren Schlüsse ziehen – jedenfalls keine Schlüsse, die uns dem Zwischenziel *Ia ⊃ (La & Ma)* näher brächten. Doch die Argumentform ist keineswegs logisch ungültig. Wir dürfen nicht übersehen, dass der Hauptoperator von *Ia ⊃ (La & Ma)* ein Konditional ist. Dieser Umstand verlangt eine Konditional-Einführung. Zu diesem Zweck ist das Vorderglied *Ia* als Zusatzannahme einzuführen. Sollte es dann gelingen, das Hinterglied *(La & Ma)* abzuleiten, dürften wir per Konditional-Einführung auf *Ia ⊃ (La & Ma)* schließen:

(8)	Ia	ZA
(9)	Ia ∨ Ka	8, ∨-Einf.
(10)	Ga	5, 9, MP
(11)	Fa ∨ Ga	10, ∨-Einf.
(12)	La & Ma	7, 11, MP
(13)	Ia ⊃ (La & Ma)	8, 12, ⊃-Einf.
(14)	∀x[Ix ⊃ (Lx & Mx)]	13, ∀-Einf. q.e.d.

10.6 Prädikatenlogischer Kettenschluss

Der *Prädikatenlogische Kettenschluss* (abgekürzt: *PKS*) ist dem aus Teil II bekannten Kettenschluss sehr ähnlich. Die beiden Prämissen und die Konklusion beginnen jedoch links mit einem Allquantor und haben (mindestens) einen gemeinsamen Prädikatsbuchstaben.

Prädikatenlogischer Kettenschluss (PKS)

∀x(α ⊃ β)
∀x(β ⊃ γ)
———————
∀x(α ⊃ γ)

Nicht zulässig ist der Prädikatenlogische Kettenschluss, wenn vor dem Allquantor eine Negation oder ein Existenzquantor steht. Hier sehen Sie einige korrekte Schlüsse:

∀x(Fx ⊃ Gx)	∀x(Fx ⊃ ¬Gx)	∀x[¬Fx ⊃ (Gx ∨ Hx)]
∀x(Gx ⊃ Hx)	∀x(¬Gx ⊃ ¬Hx)	∀x[(Gx ∨ Hx) ⊃ Ix]
———————	———————	———————
∀x(Fx ⊃ Hx)	∀x(Fx ⊃ ¬Hx)	∀x(¬Fx ⊃ Ix)

Die Logiker kennen den Prädikatenlogischen Kettenschluss schon länger als den aussagenlogischen Kettenschluss. Aristoteles zählte ihn zu den wichtigsten Syllogismen, erwähnt jedoch nirgends dessen aussagenlogisches Gegenstück. Das liegt vermutlich daran, dass sich Aristoteles vor allem für wissenschaftliche Argumente interessierte, die aus Allaussagen bestehen. So steht am Anfang des I. Buchs seiner *Metaphysik* das folgende Argument:

Alle Menschen streben von Natur nach Wissen. Dies beweist die Liebe zu den Sinneswahrnehmungen; denn auch ohne den Nutzen werden sie an sich geliebt und vor allen anderen die Wahrnehmungen mittels der Augen. Nicht nämlich nur zum Zweck des Handelns, sondern auch, wenn wir nicht zu handeln beabsichtigen, ziehen wir das Sehen so gut wie allen anderen vor. Ursache davon ist, dass dieser Sinn uns am meisten Erkenntnis gibt.[7]

Den Kern des Arguments bilden Allaussagen:

1. Alle Menschen lieben die Sinneswahrnehmungen, insbesondere das Sehen.
2. Wer die Sinneswahrnehmungen, insbesondere das Sehen, liebt, strebt von Natur nach Wissen (Erkenntnis).

---

3. Also: Alle Menschen streben von Natur nach Wissen.

- Mx : x ist ein Mensch
- Sx: x liebt die Sinneswahrnehmungen
- Wx: x strebt von Natur nach Wissen

(1)	$\forall x\,(Mx \supset Sx)$	Ann.	
(2)	$\forall x\,(Sx \supset Wx)$	Ann.	
(3)	$\forall x\,(Mx \supset Wx)$	1, 2, PKS	q.e.d.

Den Beweis hätte man auch ohne Prädikatenlogischen Kettenschluss führen können. Überhaupt könnten wir auf diese Schlussregel ganz verzichten, wenn wir die Allquantoren beseitigen und von der Ebene der Prädikatenlogik auf die Ebene der Aussagenlogik hinabsteigen, ehe wir am Ende den Allquantor wieder einführen:

(1)	$\forall x(Mx \supset Sx)$	Ann.	
(2)	$\forall x(Sx \supset Wx)$	Ann.	
(3)	$Ma \supset Sa$	1, $\forall$-Bes.	
(4)	$Sa \supset Wa$	2, $\forall$-Bes.	
(5)	$Ma \supset Wa$	3, 4, KS[8]	
(6)	$\forall x(Mx \supset Wx)$	5, $\forall$-Einf.	q.e.d.

10.7 Kontraposition

Es wäre eigentlich gar nicht nötig, die Kontraposition hier erneut zu anzuführen. Wir erinnern nur daran, dass sie eine Äquivalenzregel ist und daher auch auf eingeklammerte Teilformeln angewendet werden darf. Aus $\neg(A \supset B)$ beispielsweise darf man $\neg(\neg B \supset \neg A)$ ableiten. Entsprechendes gilt für Formeln mit Allquantor:

---

7 Aristoteles: *Metaphysik* I, 980a.

8 Der Schluss von (3) $Ma \supset Sa$ und (4) $Sa \supset Wa$ auf (5) $Ma \supset Wa$ gehorcht dem altbekannten (aussagenlogischen) Kettenschluss (abgekürzt: KS). Von einem „prädikatenlogischer Kettenschluss" sprechen wir nur bei Schlüssen aus Formeln, die mit einem Allquantor beginnen. Es wäre daher falsch, in der rechten Spalte von Zeile (5) die Schlussregel „PKS" anzuführen.

$\forall(Fx \supset Gx)$	$\forall x[(Fx \,\&\, Gx) \supset \neg Hx]$
$\forall x(\neg Gx \supset \neg Fx)$	$\forall x[\neg\neg Hx \supset \neg(Fx \,\&\, Gx)]$

Oft ermöglicht erst die Kontraposition den Einsatz des Prädikatenlogischen Kettenschlusses:

$\forall x(Fx \supset Gx)$
$\forall x(\neg Hx \supset \neg Gx)$

$\forall x(Fx \supset Hx)$

(1)	$\forall x(Fx \supset Gx)$	Ann.
(2)	$\forall x(\neg Hx \supset \neg Gx)$	Ann.
(3)	$\forall x(\neg\neg Gx \supset \neg\neg Hx)$	2, KP
[(4)	$\forall x(Gx \supset \neg\neg Hx)$	3, ¬-Bes.]
[(5)	$\forall x(Gx \supset Hx)$	4, ¬-Bes.]
(6)	$\forall x(Fx \supset Hx)$	1, 5, PKS q.e.d.

10.8 Die Wahl der Formalisierung

Sätze über Beziehungen lassen sich auf unterschiedliche Weise formalisieren. Es hängt vom jeweiligen Argument ab, welche Formalisierung am günstigsten ist. Das eine Mal muss man einen Satz etwas detaillierter analysieren, weil der Beweis sonst misslingt, das andere Mal darf man ruhig etwas oberflächlicher herangehen. Wir empfehlen Ihnen: Formalisieren Sie die Sätze so einfach wie möglich und so detailliert wie nötig.

Nehmen wir den Satz „Jede Deutschlehrerin liebt die Theaterstücke von Goethe". Er lässt drei prädikatenlogische Formalisierungen zu. In der einfachsten Variante 1 formalisieren wir den Satz mit einstelligen Prädikaten. In der detailliertesten Variante 3 ersetzen wir den Eigennamen „Goethe" durch einen Namensbuchstaben.

Variante 1:
- Dx: x ist Deutschlehrerin
- Fx: x liebt die Theaterstücke von Goethe

$\forall x(Dx \supset Fx)$

Variante 2:
- Dx: x ist Deutschlehrerin
- Lxy: x liebt y
- Gx: x ist ein Theaterstück von Goethe

$\forall x \forall y[Dx \supset (Gy \supset Lxy)]$

Variante 3:
- Dx: x ist Deutschlehrerin
- Lxy: x liebt y
- Txy: x ist ein Theaterstück von y
- g: Goethe

$\forall x \forall y[Dx \supset (Tyg \supset Lxy)]$

Keine dieser drei Formalisierungen ist für sich betrachtet besser oder schlechter als die anderen. Wenn jedoch der Satz innerhalb eines Arguments (als Prämisse oder Konklusion) auftritt, lässt sich beurteilen, welche Formalisierung am zweckmäßigsten ist:

Bekanntlich liebt jede Deutschlehrerin die Theaterstücke Goethes. Da Trude Deutschlehrerin ist, muss sie demnach *Clavigo*, eines von Goethes Theaterstücken, lieben.

1. Jede Deutschlehrerin liebt die Theaterstücke von Goethe.
2. Trude ist Deutschlehrerin.
3. *Clavigo* ist ein Theaterstück von Goethe.

---

4. Also: Trude liebt *Clavigo*.

Das Argument ist – so viel sei verraten – logisch gültig. Unsere Aufgabe sei es nun, die Sätze so einfach wie möglich zu formalisieren – aber so, dass der Beweis noch gelingt. Wir beginnen mit Variante 1, der einfachsten prädikatenlogischen Argumentform, in der nur einstellige Prädikate vorkommen:

- Dx: x ist Deutschlehrerin
- Fx: x liebt die Theaterstücke von Goethe
- Gx: x ist ein Theaterstück von Goethe
- Cx: x liebt *Clavigo*
- t: Trude
- c: Clavigo

$\forall x(Dx \supset Fx)$
Dt
Gc

Ct

(1)	$\forall x(Dx \supset Fx)$	Ann.
(2)	Dt	Ann.
(3)	Gc	Ann.
(4)	$Dt \supset Ft$	1, ∀-Bes.
(5)	Ft	1, 4, MP

Weiter kommen wir nicht. Die Argumentform ist also logisch ungültig. Das heißt aber keineswegs, dass das Argument selbst ungültig wäre. Wir müssen auch die detaillierteren Argumentformen untersuchen. Ist eine andere Argumentform logisch gültig, so ist das Argument selbst ebenfalls logisch gültig.

***Logisch gültig* ist ein Argument genau dann, wenn es mindestens eine logisch gültige Argumentform hat.**

Im Umkehrschluss heißt das: Logisch ungültig ist ein Argument dann und nur dann, wenn keine seiner Argumentformen logisch gültig ist. Um sicherzustellen, dass ein Argument logisch ungültig ist, müssen wir daher alle seine Argumentformen überprüfen. Auch bei unserem Beispiel-Argument müssen wir alle weiteren Argumentformen überprüfen. Als Nächstes untersuchen wir, ob die Argumentform gemäß Variante 2 logisch gültig ist. Dabei formalisieren wir die Prämisse „Jede Deutschlehrerin liebt die Theaterstücke von Goethe" mithilfe eines zweistelligen Prädikats:

- Dx: x ist Deutschlehrerin
- Lxy: x liebt y
- Gx: x ist ein Theaterstück von Goethe
- t: Trude
- c: Clavigo

∀x∀y[Dx ⊃ (Gy ⊃ Lxy)]
Dt
Gc

Ltc

(1)	∀x∀y[Dx ⊃ (Gy ⊃ Lxy)]	Ann.	
(2)	Dt	Ann.	
(3)	Gc	Ann.	
(4)	∀y[Dt ⊃ (Gy ⊃ Lty)]	1, ∀-Bes.	
(5)	Dt ⊃ (Gc ⊃ Ltc)	4, ∀-Bes.	
(6)	Gc ⊃ Ltc	2, 5, MP	
(7)	Ltc	3, 6, MP	q.e.d.

Damit ist bewiesen, dass die Argumentform und das Argument selbst logisch gültig sind. Variante 3, die detaillierteste Argumentform, brauchen wir nicht mehr zu untersuchen. Sie ist ebenfalls logisch gültig.

10.9 Unterschiede zwischen Aussagen- und Prädikatenlogik

Der große Vorteil einer aussagenlogischen Formalisierung liegt auf der Hand: Sie ist einfacher und übersichtlicher als eine prädikatenlogische Analyse. Die Aussagenlogik bietet sich vor allem bei Argumenten an, in denen es nur um einzelne Gegenstände geht. Im Alltag wird überwiegend über konkrete Personen, Dinge und Ereignisse gesprochen. Daher lassen sich die entsprechenden Überlegungen in der Regel aussagenlogisch erfassen. Betrachten wir ein typisches nicht-wissenschaftliches Argument:

Herr Schneider würde niemals den *Berliner Kurier* lesen. Denn er würde den *Berliner Kurier* nur lesen, wenn er Ostberliner wäre, So weit ich weiß, wohnt er aber am an der Karl-Marx-Straße. Er wäre demnach, wenn das stimmt, ein Neuköllner. Als Neuköllner ist er kein Ostberliner. Also kann es nicht sein, dass er den Berliner Kurier liest.

- O: Herr Schneider ist Ostberliner.
- B: Herr Schneider liest den *Berliner Kurier*.
- S: Herr Schneider wohnt an der Karl-Marx-Straße.
- N: Herr Schneider ist Neuköllner.

(1)	$B \supset O$	Ann.	
(2)	S	Ann.	
(3)	$S \supset N$	Ann.	
(4)	$N \supset \neg O$	Ann.	
(5)	$S \supset \neg O$	3, 4, KS	
(6)	$\neg O$	2, 5, MP	
(7)	$\neg B$	1, 6, MT	q.e.d.

Vergleichen wir damit ein Argument, das prädikatenlogisch formalisiert werden muss:

Herr Schneider würde niemals den Berliner Kurier lesen. Denn nur Ostberliner lesen den *Berliner Kurier*. Soweit ich weiß, wohnt er aber an der Karl-Marx-Straße. Wenn jemand an der Karl-Marx-Straße wohnt, dann ist er Neuköllner. Als Neuköllner ist man natürlich kein Ostberliner. Also kann es nicht sein, dass Herr Schneider den *Berliner Kurier* liest.

Die aussagenlogische Form dieses Arguments wäre ungültig. Das erkennt man sofort, wenn man es aussagenlogisch zu formalisieren versucht:

- A: Nur Ostberliner lesen den *Berliner Kurier*.
- B: Herr Schneider wohnt an der Karl-Marx-Straße.
- C: Wenn jemand an der Karl-Marx-Straße wohnt, dann ist er Neuköllner.
- D: Als Neuköllner ist man kein Ostberliner.
- E: Herr Schneider liest den *Berliner Kurier*.

A
B
C
D
——
$\neg E$

Das Argument ist aussagenlogisch ungültig. Wie sich leicht beweisen lässt, ist es jedoch prädikatenlogisch gültig. Damit ist es auch logisch gültig.

- Ox: x ist ein Ostberliner
- Bx: x liest den *Berliner Kurier*
- Sx: x wohnt an der Karl-Marx-Straße
- Nx: x ist Neuköllner
- s: Herr Schneider

(1)	$\forall x(Bx \supset Ox)$	Ann.
(2)	Ss	Ann.
(3)	$\forall x(Sx \supset Nx)$	Ann.
(4)	$\forall x(Nx \supset \neg Ox)$	Ann.
(5)	$Bs \supset Os$	1, ∀-Bes.
(6)	$Ss \supset Ns$	3, ∀-Bes.
(7)	$Ns \supset \neg Os$	4, ∀-Bes.
(8)	$Ss \supset \neg Os$	6, 7, KS
(9)	$\neg Os$	2, 8, MP
(10)	$\neg Bs$	5, 9, MT q.e.d.

Übungen

Prüfen Sie mit dem Kalkül des natürlichen Schließens, ob die folgenden Argumentformen logisch gültig sind.

1

$\forall x(Fx \supset Gx)$
Fa
———
Ga

2

$\forall x[(Fx \lor Gx) \supset Hx]$
$\forall x(Kx \supset \neg Hx)$
Km
———
$\neg Gm$

3

$\forall x(Fx \supset Gx)$
$\forall x(\neg Gx)$
———
$\forall x(\neg Fx)$

4 Prüfen Sie bitte mit dem Kalkül des natürlichen Schließens, ob die folgenden Kurzargumente logisch gültig sind. Formalisieren Sie die Argumente mit den folgenden Buchstaben:

- t: Tristan
- i: Isolde
- m: König Marke
- Lxy: x liebt y

a) Tristan liebt Isolde. Also gibt es jemanden, der Isolde liebt.
b) Tristan liebt Isolde. Also gibt es jemanden, den Tristan liebt.
c) Tristan liebt Isolde. Also liebt jemand jemanden.
d) Isolde liebt König Marke nicht. Also lieben nicht alle Marke. (= Also wird König Marke nicht von allen geliebt).
e) König Marke liebt alle. Also gibt es jemanden, der Isolde liebt.

5 Ist die Argumentform logisch gültig?
$\forall x[Fx \supset (Gx \lor Hx)]$
$\forall x(Gx \supset Ix)$
$\exists x(Fx \,\&\, \neg Ix)$
———
$\exists x(Fx \,\&\, Hx)$

6 Beweisen Sie bitte, dass die Formeln $\forall x(Mx \supset \neg Sx)$ („Alle Menschen sind nicht sterblich") und $\neg\exists x(Mx \,\&\, Sx)$ („Es gibt keinen Menschen, der sterblich ist") logisch äquivalent sind. Zu diesem Zweck leiten sie aus $\forall x(Mx \supset \neg Sx)$ die Formel $\neg\exists x(Mx \,\&\, Sx)$ ab, anschließend gehen Sie umgekehrt vor.

Prüfen Sie mit dem Kalkül des natürlichen Schließens, ob die folgenden Argumente logisch gültig sind:

7

1. Jedes Kunstwerk ist schön.
2. Wien ist nicht schön.

---

3. Also: Wien ist kein Kunstwerk.

8

1. Jedes Kunstwerk ist schön.
2. Wien ist kein Kunstwerk.

---

3. Also: Wien ist nicht schön.

9

1. In den Berliner Opernhäusern erhalten alle Studierenden, die das 30. Lebensjahr noch nicht vollendet haben, den ermäßigten Eintrittspreis.
2. Udo erhält keine Ermäßigung, obwohl er Student ist.

---

3. Also: Udo hat das 30. Lebensjahr vollendet.

10 Ist die folgende Argumentform logisch gültig?

$\forall x[\neg(Hx \vee Ix) \supset \neg Gx]$
$\forall x(Fx \supset Gx)$
$\forall x[(Hx \vee Ix) \supset Bx]$

$\forall x(Fx \supset Bx)$

Prüfen Sie mit verzweigten Beweisen, ob die folgenden drei Argumentformen logisch gültig sind.

11

$\forall x(Fx) \vee \forall x(Gx)$

$\forall x(Fx \vee Gx)$

12

$\exists x(Fx \vee Gx)$

$\exists x(Fx) \vee \exists x(Gx)$

13

$\exists x(Fx) \vee \exists x(Gx)$

$\exists x(Fx \vee Gx)$

14 Im folgenden Argument setzt sich John Searle mit einer Frage auseinander, die in der Forschung zur künstlichen Intelligenz heiß diskutiert wird: Besitzen Computerprogramme so etwas wie Geist oder Bewusstsein? Searle nennt explizit vier Prämissen, deren erste Sie ignorieren können. Prüfen Sie mit dem Kalkül des natürlichen Schließens, ob die unten genannte Schlussfolgerung aus den Prämissen folgt.

1. *Hirn verursacht Geist. …*

2. *Syntax reicht nicht für Semantik aus.*

Das ist eine begriffliche Wahrheit. Damit wird nur unsere Unterscheidung zwischen dem Begriff von etwas rein Formalem und dem Begriff von etwas mit einem Inhalt zum Ausdruck gebracht. …

3. *Computerprogramme sind vollständig durch ihre formale (oder syntaktische) Struktur definiert.*

Ich unterstelle, dass dies kraft Definition stimmt; es gehört zu unserem Begriff eines Computerprogrammes.

4. *Ein Geist hat geistige Inhalte, und zwar semantische Inhalte.*

Ich unterstelle, dass es einfach auf der Hand liegt, dass unser Geist so funktioniert. Meine Gedanken, Überzeugungen und Wünsche handeln von etwas, sie beziehen sich auf etwas, sie betreffen Zustände und Sachverhalte in der Welt; und das tun sie, weil ihr Inhalt sie auf diese Sachverhalte in der Welt richtet. Wir können nun aus diesen vier Prämissen unseren ersten Schluss ziehen; er folgt offensichtlich aus den Prämissen 2, 3 und 4:

SCHLUSSFOLGERUNG I

Kein Computerprogramm kann aus eigener Kraft einem System einen Geist geben. Ein Programm ist, kurz gesagt, kein Geist und reicht – für sich selbst genommen – nicht hin, um einen Geist zu haben.

Dies ist nun ein sehr starkes Ergebnis, denn es besagt, dass das Projekt der Geist-Erschaffung durch Programmeschreiben von vornherein zum Scheitern verurteilt ist. Und ich möchte noch einmal hervorheben, dass dies nichts mit dem Stand der Technik oder der Komplexität des Programmes zu tun hat. Dies ist eine rein formale oder logische Konsequenz einiger Axiome, denen alle (oder fast alle) an der Diskussion Beteiligten zustimmen.[9]

15 In der logischen Analyse eines Textes stehen Sie oft vor der Aufgabe, implizite Prämissen zu ergänzen. Von Epikur ist ein sehr kurzes Argument überliefert, das besondere Herausforderungen an die Prämissenergänzung stellt. Der Text ist nur wenige Zeilen lang:

Jedes körperliche Leiden ist erträglich. Denn was einen akuten Schmerz verursacht, ist nur von kurzer Dauer, und das, was lang andauert, verursacht nur milden Schmerz.[10]

Der Text enthält zwei explizite Prämissen:

Alles, was einen akuten Schmerz verursacht, ist von kurzer Dauer.
Alles, was einen lang andauernden Schmerz verursacht, verursacht milden Schmerz.

Um aus dem Text ein logisch gültiges Argument herauszuschälen, haben wir drei Prämissen hinzuzufügen. So ergibt sich das folgende Argument:

9 John Searle: „Können Computer denken?“, in: ders.: *Geist, Hirn und Wissenschaft*, Frankfurt/M. 1986, S. 37 f.

10 Epikur: *Fragment IV*, Vatikan-Sammlung, zitiert nach: Irving M. Copi: *Einführung in die Logik*, München 1998, S. 37.

1. Alles, was einen akuten Schmerz verursacht, ist von kurzer Dauer.
2. Alles, was einen lang andauernden Schmerz verursacht, verursacht milden Schmerz.
3. Alles, was von kurzer Dauer ist, ist erträglich.
4. Alles, was milden Schmerz verursacht, ist erträglich.
5. Jedes körperliche Leiden verursacht entweder einen akuten Schmerz oder einen lang andauernden Schmerz.

---

6. Also ist jedes körperliche Leiden erträglich.

Beweisen Sie bitte, dass das Argument logisch gültig ist. Viel Vergnügen!

Teil IV: Meisterargumente

In diesem Kapitel möchten wir Ihnen einige Meisterargumente vorstellen, deren Rekonstruktionen nach unserer Erfahrung recht gute Übungen für die fortgeschrittene logische Analyse sind. Die Analyse dieser Argumente mag dazu dienen, zwei Fähigkeiten zu schulen: die intuitive Fähigkeit, die logische Struktur eines Textes zu erkennen, und die Fähigkeit, die Struktur eines Textes in der Form expliziter, logisch gültiger Argumente darzustellen. In der Kommentierung der hier vorgestellten Meisterargumente möchten wir ebenfalls auf einige Aspekte aufmerksam machen, die zu einem Bereich gehören, den man *logische Dramaturgie* nennen mag. Darunter verstehen wir die (teils sehr komplexe) Art und Weise, in der ein Autor die Argumente präsentiert und *kommentiert* (oder, im Falle philosophischer Prosa-Dialoge, von den Protagonisten solcher Dialoge präsentieren und kommentieren lässt), um darauf aufmerksam zu machen, welche Annahmen für ein bestimmtes Beweisziel erforderlich oder entbehrlich sind.

11. Das Wiedererinnerungsargument in Platons *Phaidon*

In Platons Dialog *Phaidon* werden verschiedene Argumente zugunsten der Unsterblichkeit der menschlichen Seelen erörtert. Eines dieser Argumente ist in der philosophischen Literatur als das Wiedererinnerungsargument (oder auch als das Argument aus der Wiedererinnerung) des *Phaidon* bekannt. Dieses Argument lässt sich – unter logischen und thematischen Gesichtspunkten – in zwei voneinander unabhängige Argumente unterteilen, die wir hier das *Wissensargument* und das *Argument zugunsten eines vorgeburtlichen Wissenserwerbs* nennen. Diese beiden Argumente enthalten wiederum verschiedene Teilargumente.

Das Wiedererinnerungsargument ist als eine fortgeschrittene Übung in der logischen Analyse aus (mindestens) zwei Gründen sehr interessant. Erstens lässt sich das gesamte Argument in separate Argumente gliedern, die ihrerseits wiederum Teilargumente enthalten, die sich in der Rekonstruktion der entsprechenden Textstellen wiederum insgesamt zu einem großen Argument zusammenfassen lassen. An diesem Argument lässt sich demonstrieren, wie man Argumente im Blick auf bestimmte Beweisziele zusammenfassen kann, wenn man geeignete *Brückenannahmen* einfügt. Zweitens hat das Erinnerungsargument eine hypothetische Konklusion, und zwar eine Konklusion, die auf (mindestens) einer Annahme beruht, deren hypothetischer Charakter nicht beseitigt werden kann, weil sich diese Annahme mit den Mitteln unserer menschlichen Erkenntnisfähigkeiten niemals definitiv beweisen oder widerlegen lässt. Bei solchen Argumenten ist einige Vorsicht geboten.

Der *Phaidon* ist übrigens auch ein faszinierendes philosophiehistorisches Zeugnis der glücksrelevanten Bedeutung der logischen Analyse. In einem Exkurs innerhalb des *Phaidon* weist Sokrates seine Gesprächspartner auf die Gefahr eines grundlegenden Misstrauens gegenüber Argumenten hin, das man durch wiederholte enttäuschende und verdrießliche Erfahrungen mit Argumenten entwickeln könne: Wenn jemand oft von verschiedenen Menschen enttäuscht worden ist, kann er leicht zu einem Menschenfeind werden, der niemandem über den Weg traut, um sich vor weiteren Enttäuschungen zu schützen. Auf ähnliche Weise könne man auch zu einem ‚Argumentfeind' werden, wenn man sich auf Argumente verlässt, die bald wahr, bald auch wieder nicht wahr zu sein scheinen (89d-e). Wer Argumenten jedoch grundsätzlich misstraut, beraubt sich der Möglichkeit, irgendetwas wirklich zu erkennen – deshalb sei die ‚Argumentfeindschaft' ein großes Übel (90d-e). Um sich vor diesem Übel zu bewahren, hat man genau zu prüfen, welche Thesen sich mit welchen Argumenten wirklich gut begründen lassen.

11.1 *Das Glücksargument des Phaidon*

Das Argument aus der Wiedererinnerung ist – wie auch die anderen Argumente des *Phaidon* – in einen großen thematischen Kontext eingebettet, der dem Dialog seine unvergleichliche, überaus wirkungsmächtige existentielle Dimension verleiht: Sokrates ist zum Tode verurteilt und befindet sich im Gefängnis. Bis ihm der Schierlingsbecher überreicht wird, vergehen noch 30 Tage. Während der verbleibenden Zeit führt er mit seinen Freunden philosophische Gespräche. Das letzte dieser Gespräche ist dasjenige des *Phaidon*.

Zu Beginn des Dialoges sind Sokrates' Gesprächspartner überaus erstaunt, dass Sokrates sich vor dem nahenden Tod überhaupt nicht fürchtet, sondern vielmehr glücklich und frohen Mutes ist. Sokrates begründet seine Zuversicht so: Für die Menschen, die ihr bisheriges Leben auf der Suche nach Wissen verbracht haben, d.h. für die Philosophierenden, sei der Tod keineswegs ein schrecklicher, sondern vielmehr ein guter, glückszuträglicher Zustand. Wer sich zeit seines Lebens um Wissen bemüht hat, könne nämlich darauf hoffen, dass seine Seele nach dem Tod, nach der Ablösung der Seele vom Leib, endlich das Wissen gewinnt, das wir Menschen anstreben, unter den Bedingungen des irdischen Lebens jedoch niemals erreichen können. Deshalb sei es klug, den Tod nicht zu fürchten. Diese These wird von Sokrates auch so formuliert, dass die Philosophen, d.h. die vorrangig um Wissen bemühten Menschen, gerne sterben wollen. Was könnte das heißen? Um seine zweifellos provokante These zu erläutern, entwirft Sokrates im *Phaidon* ein komplexes Kontingenzbewältigungsprogramm. Die zentrale Botschaft dieses Programms ist die Empfehlung, sich in dem irdischen, menschlichen Leben von den Zufälligkeiten und Täuschungen des irdischen Lebens zu lösen und zu befreien. Die (jedenfalls) bestmögliche Befreiung von den unerwünschten, aber unvermeidbaren Zufälligkeiten des irdischen Lebens ist Sokrates zufolge ein entscheidendes Element des menschlichen Glücks, des gelingenden Lebens (*eudaimonia*).

Die beste Medizin gegen die Zufälligkeit des menschlichen Lebens ist das Nachdenken. Sokrates ermutigt seine Gesprächspartner dazu, sich nicht auf ihre oftmals trügerischen Sinneseindrücke zu verlassen, sondern sich um das Wissen von allgemeinen Sachverhalten zu bemühen. Auf dieses Wissen zielen die sokratischen „Was ist X?"-Fragen. Wenn wir leib-seelische Personen unsere Fähigkeit des theoretischen Nachdenkens in diesem Leben erfolgreich ausüben können, dann besteht, so vermutet Sokrates, immerhin die *Möglichkeit*, dass unsere Seelen ihren Wissensdrang nach dem Tode der leib-seelischen Person ganz unbehindert von den Zufälligkeiten und Täuschungen des irdischen Daseins ausleben können und das Wissen erlangen, das uns im diesseitigen Leben versagt bleibt. Wir können Sokrates' Überlegungen über das Glück und die Unsterblichkeit so zusammenfassen:

1. Wenn wir imstande sind, in diesem Leben theoretisches Wissen zu erlangen, dann ist es auch möglich, dass die Seele ihr Erkenntnisstreben nach dem Tod der leiblich-seelischen Person in Perfektion zu verwirklichen vermag.
2. In der Tat sind wir imstande, in diesem Leben theoretisches Wissen zu erlangen.

---

3. Also ist es möglich, dass die Seele ihr Erkenntnisstreben nach dem Tod in Perfektion zu verwirklichen vermag.
4. Wenn es möglich ist, dass die Seele ihr Erkenntnisstreben nach dem Tod der leiblich-seelischen Person, d.h. nach der Trennung der Seele vom Körper, in Perfektion zu verwirklichen vermag, dann ist der Tod für den philosophierenden, d.h. für den um Wissen bemühten Menschen, ein glückszuträglicher (und deshalb wünschenswerter und empfehlenswerter) Zustand.
5. Wenn der Tod für den philosophierenden Menschen ein glückszuträglicher Zustand ist, dann ist es klug, den Tod nicht zu fürchten.

---

6. Also ist es klug, den Tod nicht zu fürchten.

Das übergeordnete Argument des *Phaidon* ist in der logischen Analyse des Wiedererinnerungsarguments sehr zu beachten, um zu erkennen, was Sokrates mit diesem Argument zu beweisen beansprucht. Was Sokrates zu beweisen hat, ist die *Möglichkeit* des Erwerbs perfekten Wissens *post mortem*. Nicht weniger gilt es zu beweisen, aber auch nicht mehr.

Sokrates' Gesprächspartner Kebes und Simmias sind von den ersten beiden Prämissen des Glücksarguments überzeugt. Kebes äußert jedoch Zweifel daran, dass die Seelen der Menschen nach dem Tod weiter existieren und über Erkenntnisfähigkeit verfügen. Sokrates schlägt vor, gemeinsam die Gründe zu erörtern, die für oder gegen diese Annahme sprechen.

Zuerst liefert Sokrates ein Argument, das zu zeigen scheint, dass die Seele nach dem Tod der leib-seelischen Person in einem anderen Leib wiederkehrt. Dieses

Argument scheint auch dafür zu sprechen, dass die menschlichen Seelen unsterblich sind. Kebes stimmt begeistert zu, glaubt sich daran zu erinnern, dass Sokrates einmal ein Argument vorgetragen habe, das ebenfalls die Unsterblichkeit der menschlichen Seelen beweist, und gibt dieses Argument in seinen eigenen Worten wieder – wir haben uns das Argument im vierten und fünften Kapitel schon angesehen. Sokrates entwickelt daraufhin ein *neues* Argument, das er selbst im *Phaidon* mit seinen Gesprächspartnern diskutieren möchte. Dieses Argument besteht, wie bereits gesagt, aus zwei voneinander unabhängigen Argumenten, die sich wiederum in verschiedene Teilargumente gliedern lassen.

11.2 *Das Wissensargument*

Das erste Teilargument, das wir hier das *Wissensargument* nennen, enthält zwei Teilargumente (1a) und (1b). Das erste Teilargument (1a) zeigt, dass wir über das Wissen über exakte Größengleichheit verfügen, das wir aufgrund unserer Wahrnehmung (Beobachtung) scheinbar, aber tatsächlich stets nur annähernd gleich großer Dinge gewinnen:

> Wir behaupten doch, dass es etwas Gleiches gibt; ich meine damit nicht, dass ein Holzstück gleich einem Holzstück ist, ein Stein einem Stein oder sonst etwas von dieser Art, sondern neben allen diesen Fällen etwas anderes: das Gleiche selbst. Sollen wir behaupten, dass es etwas ist oder nichts? … Wissen wir auch, was es ist? – Allerdings. Woher haben wir unser Wissen (vom Gleichen selbst) gewonnen? Haben wir nicht … beim Anblick von gleichen Holzstücken oder Steinen oder dergleichen von diesen Dingen her den Gedanken an jenes (Gleiche) erfasst, das doch ganz *verschieden* von diesen Dingen ist? … Betrachte die Sache auch so: Scheinen dir nicht Steine und Holzstücke manchmal, obwohl es dieselben sind, bald gleich groß zu sein, bald wieder nicht? … Und sind dir die Gleichen selbst einmal ungleich erschienen, oder die Gleichheit als Ungleichheit? – Nein, nie. – Die gleichen Dinge hier und das Gleiche selbst sind also nicht dasselbe. (74a9-c5)[1]

Der erste Teil des Wissensarguments sei so rekonstruiert:

1. Wir wissen, dass für jedes Paar zweier empirischer Gegenstände (Einzeldinge) gilt, dass sie nicht exakt gleich groß sind (74a9–12, vgl. auch 74d4–7).
2. Wenn wir wissen, dass für jedes Paar zweier empirischer Gegenstände (Einzeldinge) gilt, dass sie nicht exakt gleich groß sind, dann verfügen wir über das Wissen über exakte Größengleichheit (das Wissen vom „Gleichen selbst") (74a9–12, 74b2–3, vgl. auch die spätere Stelle 74d9-e4).

---

3. Wir verfügen also über das Wissen exakter Größengleichheit (vgl. auch 74e9–75a3).

1 Übersetzungen, mit geringfügigen Änderungen: Platon: *Phaidon*, Übersetzung und Kommentar von Theodor Ebert, Göttingen 2004. Die Ausdrücke „das Gleiche selbst" und „Gleichheit" beziehen sich auf quantitative Relationen wie etwa Größengleichheit oder auch die gleiche Tonhöhe zweier Saiten (93d6–11). In dem Kontext *Phaidon* 74a9-c5 bedeutet der Ausdruck „das Gleiche selbst" so viel wie exakte Größengleichheit.

Das zweite Teilargument (1b) soll nun zeigen, dass wir das Wissen über exakte Größengleichheit auf der Grundlage unserer Beobachtungen annähernd, aber eben nicht exakt gleich großer Dinge durch eine Art von Wiedererinnerung gewinnen:

Du hast aber doch … aufgrund dieser (scheinbar, aber eben nicht exakt) gleichen Dinge, die von jenem Gleichen grundverschieden sind, das Wissen vom (Gleichen) gedanklich erfasst und erworben? … Wann immer du beim Anblick eines Dinges, ausgehend von diesem Anblick (der empirischen, scheinbar, aber nicht exakt gleich großen Dinge), an etwas *anderes* denkst, sei es ähnlich oder unähnlich, so muss es sich … um *Wiedererinnerung* handeln? … Machen wir bei den Holzstücken und den eben erwähnten gleichen Dingen nicht folgende Erfahrung: Scheinen sie uns genauso gleich zu sein wie das, was das Gleiche selbst ist, oder mangelt es ihnen daran …? – Es mangelt daran in vieler Hinsicht. – … Wenn jemand beim Anblick von etwas denkt: „Was ich jetzt gerade sehe, will zwar so sein wie etwas anderes, doch mangelt es ihm daran …, so zu sein wie jenes …“, dann muss derjenige, der dies denkt, dasjenige, von dem er behauptet, dass dieses (sichtbare) Ding hier es nachahme …, früher schon gekannt haben? … Machen wir eine solche Erfahrung nicht auch im Falle der gleichen Dinge und des Gleichen selbst? … Also müssen wir auch das Gleiche selbst vor dem Zeitpunkt bereits gekannt haben, an dem wir zum ersten Mal gleiche Dinge *gesehen und dabei gedacht haben*: „Alle diese Dinge streben zwar danach, so zu sein wie das Gleiche, bleiben hinter diesem aber zurück“. (74c7–75a3)

Das in diesem Text entwickelte Argument sei so rekonstruiert:

1. Wir gewinnen das Wissen über exakte Größengleichheit aufgrund unserer Wahrnehmung der stets bestenfalls annähernd gleich großen Dinge.
2. Wenn wir das Wissen über exakte Größengleichheit aufgrund unserer Wahrnehmung der stets bestenfalls annähernd gleich großen Dinge gewinnen, dann ist der Erwerb dieses Wissens eine Wiedererinnerung (eines zu einem früheren Zeitpunkt bereits erworbenen Wissens, wie es Sokrates zuvor in 73c5-e1 erläutert hat).
3. Wenn der Erwerb des Wissens über exakte Größengleichheit eine Wiedererinnerung ist, dann verfügten wir über dieses Wissen bereits vor dem erstmaligen Gebrauch unserer Wahrnehmungsfähigkeit.

---

4. Also verfügten wir über das Wissen exakter Größengleichheit bereits vor dem erstmaligen Gebrauch unserer Wahrnehmungsfähigkeit.

Erläuterungen: Bevor wir uns der logischen Analyse der beiden Argumente zuwenden, ist zu klären, von welcher Art von Wissen in der ersten Prämisse des ersten Teilarguments und von welcher Art von Wiedererinnerung in der ersten Prämisse des zweiten Teilarguments die Rede ist. Für das inhaltliche Verständnis des Arguments kommt es entscheidend darauf an, welche *Art von Wissen* im Sinne der dritten Prämisse des oben dargestellten Arguments uns schon vor dem ersten Gebrauch unserer Wahrnehmungsfähigkeiten zur Verfügung steht.

Die zweite Prämisse des ersten Teilarguments (1a) enthält zwei Aussagen. Im Antezedens heißt es, dass wir wissen, dass die folgende Behauptung wahr ist: Für jedes Paar zweier empirischer Gegenstände (Einzeldinge) gilt, dass sie nicht exakt gleich groß, sondern bestenfalls annähernd gleich groß sind. Diese Annahme beruht auf einer Definition exakter Größengleichheit: Für jedes Paar zweier Gegenstände *x* und *y* gilt, dass *x* und *y* genau dann exakt gleich groß sind, wenn *x* weder größer noch kleiner als *y* ist. In formaler Darstellung:

$$\forall x \forall y[(x = y) \equiv (\neg(x > y) \,\&\, \neg(x < y))]$$

Das Wissen über exakte Größengleichheit, das in der hier genannten expliziten Definition exakter Größengleichheit zum Ausdruck kommt, nennt Sokrates im Konsequens der zweiten Prämisse. In der ersten Prämisse des Arguments (1a) behauptet Sokrates, dass die im Antezedens der zweiten Prämisse erwähnte Annahme zutrifft.

Die empirischen Dinge, die wir beobachten können, sind niemals exakt gleich groß, sondern stets nur bestenfalls annähernd gleich groß. Exakte Größengleichheit (das „Gleiche selbst") ist der Gegenstand einer Definition. (Philosophen bezeichnen solche Gegenstände auch als abstrakte Entitäten.) Exakte Größengleichheit ist der nicht-beobachtbare Gegenstand einer Definition. Platon scheint die Relation der exakten Größengleichheit so aufzufassen, dass exakte Größengleichheit ein perfekter, in jeder Hinsicht unveränderlicher Gegenstand ist – ein Gegenstand, den man in der deutschsprachigen Platonliteratur üblicherweise als „Idee" bezeichnet. Jedes Paar empirischer Dinge besitzt die Eigenschaft der exakten Größengleichheit auf stets nur imperfekte, unvollkommene Weise. Im *Phaidon* heißt es metaphorisch, dass es den empirischen Dingen „daran mangelt, gleich (groß) zu sein" und die empirischen Dinge „danach streben, so zu sein wie das Gleiche selbst, hinter dem Gleichen aber zurückbleiben".

Wenn wir wissen, dass zwei Dinge nur annähernd gleich groß sind, so wissen wir Platon zufolge auch, ‚was das Gleiche selbst ist', kennen also die Definition exakter Größengleichheit. Dieses Wissen kann nun in verschiedener Weise vorliegen. Wir können in einer potenziellen oder auch in einer aktualen und ausdrücklichen Weise über das Wissen exakter Größengleichheit verfügen. In dem ersten Sinne verfügen wir über dieses Wissen insofern, als wir in der Lage sind, zu erkennen, dass zwei empirische Dinge in einigen Fällen gleich groß zu sein scheinen, aber nicht exakt gleich groß sind. In dem zweiten Sinne verfügen wir über ein aktuales und *explizites*, propositionales Wissen; wir kennen dann den genauen Gehalt der Definition exakter Größengleichheit. Dieses Wissen gewinnen wir durch eine logische Konstruktion.

Beides ist zu unterscheiden. Wir können ja auch erkennen, dass zwei Dinge gleich groß zu sein *scheinen*, ohne eine explizite Definition exakter Größengleichheit angeben zu können. Wenn wir aber darüber nachdenken, von welchem Kriterium wir in unseren Beobachtungen (Wahrnehmungen) Gebrauch machen, können wir dieses Kriterium in einer expliziten Definition exakter Größengleichheit ausdrücken.

Wiedererinnerung als Explikation theoretischen Wissens. Sokrates behauptet in dem zweiten Teilargument des Wissensarguments, dass wir das ausdrückliche Wissen über exakte Größengleichheit aufgrund unserer Wahrnehmung(en) durch eine Art von Wiedererinnerung erlangen. Die Definition exakter Größengleichheit ist ein abstrakter, kein beobachtbarer Sachverhalt. Dennoch können wir diese Definition in der Tat auf der Grundlage von Beobachtungen empirischer Größenverhältnisse gewinnen, nämlich dadurch, dass wir darüber nachdenken, von welchem Kriterium wir stets dann Gebrauch machen, wenn wir sehen, dass zwei empirische Dinge gleich groß zu sein scheinen, tatsächlich aber nur annähernd gleich groß sind. Wir verwandeln dann ein potenzielles in ein aktuales Wissen. Diesen kognitiven Vorgang erläutert Sokrates als eine Art von Erinnerung; wenn wir den allgemeinen, nicht beobachtbaren Sachverhalt exakter Größengleichheit in einer expliziten Definition formulieren, erinnern wir uns daran, dass uns dieses Wissen vor diesem Zeitpunkt *der Möglichkeit nach* bereits zur Verfügung gestanden hat.

Logische Analyse: Wenn wir das erste Teilargument so rekonstruieren, dass in der ersten Prämisse summarisch von „*der* exakten Größengleichheit" die Rede ist, können wir es aussagenlogisch darstellen:

- A: Wir wissen, dass für jedes Paar zweier empirischer Gegenstände (Einzeldinge) gilt, dass sie nicht exakt gleich groß sind.
- B: Wir verfügen über das Wissen über exakte Größengleichheit.

(1)	A	Ann.	
(2)	$A \supset B$	Ann.	
(3)	B	1, 2, MP	q.e.d.

Das Teilargument (1b) ist so darzustellen:

- C: Wir gewinnen das Wissen über exakte Größengleichheit aufgrund unserer Wahrnehmung der stets bestenfalls annähernd gleich großen Dinge.
- D: Der Erwerb des Wissens über exakte Größengleichheit ist eine Wiedererinnerung.
- E: Wir verfügten über das Wissen exakter Größengleichheit bereits vor dem erstmaligen Gebrauch unserer Wahrnehmungsfähigkeit.

(1)	C	Ann.	
(2)	$C \supset D$	Ann.	
(3)	$D \supset E$	Ann.	
(4)	D	1, 2, MP	
(5)	E	3, 4, MP	q.e.d.

Wir können beide Teilargumente zusammenfassen, wenn wir eine Bedingungsaussage einfügen, die zwischen den beiden Teilargumenten eine Brücke schlägt, nämlich die Annahme $B \supset C$: „Wenn wir über das Wissen über exakte Größengleichheit verfügen, dann gewinnen wir das Wissen über exakte Größengleichheit aufgrund unserer Wahrnehmung der stets bestenfalls annähernd gleich großen Dinge."

Zusammenfassung von (1a) und (1b):

(1)	A	Ann.	
(2)	$A \supset B$	Ann.	
(3)	B	1, 2, MP	
(4)	$B \supset C$	Ann.	
(5)	C	3, 4, MP	
(6)	$C \supset D$	Ann.	
(7)	$D \supset E$	Ann.	
(8)	D	5, 6, MP	
(9)	E	7, 8, MP	q.e.d.

Sokrates hat zunächst den Erwerb des (ausdrücklichen, theoretischen) Wissens über exakte Größengleichheit als eine Art von Wiedererinnerung erläutert. Wir gewinnen dieses Wissen durch das *Nachdenken über* die Wahrnehmung. Dieses Wissen steht uns, als wahrnehmungsfähigen Personen, schon vor diesem Zeitpunkt, d.h. vor der reflektierten Wahrnehmung, zur Verfügung, nämlich als ein potenzielles Wissen. Diese Annahmen können mit dem Modell der Wiedererinnerung gut begründet werden, und das entsprechende Argument ist an diesem Punkt, in 75b3, abgeschlossen.

Anschließend nimmt Sokrates Kurs auf das von Simmias und Kebes gewünschte Beweisziel: die Unsterblichkeit der menschlichen Seele – von der zuvor in dem Wissensargument gar nicht die Rede war.

11.3 *Das Argument zugunsten eines vorgeburtlichen Wissenserwerbs*

Um die Unsterblichkeit der menschlichen Seelen zu beweisen, hat Sokrates zuerst zu zeigen, dass unsere Seelen das Wissen von exakter Größengleichheit schon vor der Geburt (der leib-seelischen Person) gewonnen haben:

Bevor wir also angefangen haben zu sehen, zu hören und die anderen Sinne zu gebrauchen, mussten wir schon irgendwoher das Wissen vom Gleichen selbst erworben haben, wenn wir doch die wahrnehmbaren (scheinbar) gleichen Dinge zu jenem (Gleichen selbst) in Beziehung setzen und denken: „All dieses bemüht sich, so zu sein wie jenes, ist aber schlechter als es"? … Konnten wir nicht gleich von Geburt an sehen, hören und die anderen Sinne gebrauchen? – Freilich. – Wir mussten aber … schon vorher das Wissen vom Gleichen gewonnen haben? – Ja. – Wie es scheint, müssen wir es also vor der Geburt erworben haben? – So scheint es. [Prämisse 1] – … Und wenn wir das so erworbene Wissen nicht jedes Mal wieder vergäßen, müssten wir … es unser Leben lang behalten … Wenn wir es aber … vor der Geburt erworben und bei der Geburt verloren haben, … wäre dann nicht das, was wir „lernen" nennen, das Wiedererfassen eines ureigenen Wissens? … Für welche Alternative willst du dich entscheiden, Simmias? Dass wir im Besitz des Wissens geboren werden oder dass wir uns zu einem späteren Zeitpunkt im Leben an das wiedererinnern, wovon wir in früherer Zeit ein Wissen erworben haben? [Prämisse 2] (Bedenke bei deiner Entscheidung:) Wer etwas weiß, sollte wohl in der Lage sein, über das, was er weiß, Rechenschaft zu geben, oder nicht?

– Notwendigerweise ist das so. [Prämisse 3] – Meinst du, dass alle in der Lage sind, über die Gegenstände unseres Gesprächs Rechenschaft zu geben? – (Nein.) – Also meinst du nicht, dass alle von diesen Gegenständen ein Wissen haben? [Prämisse 4] … Also erinnern sie sich an das, was sie einst gelernt haben? Notwendigerweise. [Zwischenkonklusion 5] – Also existierten unsere Seelen auch schon früher, Simmias, bevor sie in menschliche Gestalt kamen, unabhängig von ihren Körpern und hatten Vernunft [Konklusion]. (75b4–76c6)

Das Argument sei so rekonstruiert:

1. Unsere Seele hat das Wissen über exakte Größengleichheit bereits vor unserer Geburt erworben.
2. Wenn unsere Seele das Wissen über exakte Größengleichheit vor der Geburt bereits erworben hat, dann ist dieses Wissen entweder von Geburt an jederzeit präsent, oder das Lernen, d.h. der spätere Erwerb dieses Wissens, ist ein Wiedererfassen eines vorgeburtlich schon einmal erworbenen Wissens (75d7-e7, 76a4-b2).
3. Wenn das Wissen über exakte Größengleichheit von Geburt an jederzeit präsent ist, dann ist jeder Mensch jederzeit imstande, darüber Rechenschaft zu geben, das entsprechende Wissen also zu erläutern (76b7–8).
4. Nun ist aber nicht jeder jederzeit imstande, über exakte Größengleichheit Rechenschaft zu geben (76b10–12).
5. Also ist es nicht der Fall, dass das Wissen über exakte Größengleichheit von Geburt an jederzeit präsent ist.
6. Wenn das Lernen ein Wiedererfassen eines vorgeburtlich schon einmal erworbenen Wissens ist, dann hat unsere Seele schon vor unserer Geburt (als leiblich-seelischer Person) existiert.

---

7. Also hat unsere Seele schon vor unserer Geburt existiert.

In formaler Darstellung:

- A: Unsere Seele hat das Wissen über exakte Größengleichheit bereits vor unserer Geburt einmal erworben.
- B: Das Wissen über exakte Größengleichheit ist von Geburt an jederzeit präsent.
- C: Das Lernen ist ein Wiedererfassen eines vorgeburtlich schon einmal erworbenen Wissens.
- D: Jeder Mensch ist jederzeit imstande, über exakte Größengleichheit Rechenschaft zu geben.
- E: Unsere Seele hat schon vor unserer Geburt existiert.

(1)	A	Ann.	
(2)	$A \supset (B \vee C)$	Ann.	
(3)	$B \supset D$	Ann.	
(4)	$\neg D$	Ann.	
(5)	$\neg B$	3, 4, MT	
(6)	$C \supset E$	Ann.	
(7)	$B \vee C$	1, 2, MP	
(8)	C	5, 7, DS	
(9)	E	6, 8, MP	q.e.d.

Annahme (6) haben wir zugunsten der Rekonstruktion ergänzt. Sokrates und Simmias kommen jetzt zu dem Ergebnis, dass uns das ausdrückliche Wissen über exakte Größengleichheit bereits vor dem ersten Gebrauch unserer Wahrnehmungsfähigkeiten, also schon vor unserer Geburt, zur Verfügung gestanden hat. Die Argumentation ist überraschend umständlich; falls unsere Seele das Wissen über exakte Größengleichheit vor unserer Geburt erworben hat, so hat sie trivialerweise vor unserer Geburt existiert „und hatte Vernunft". Die Konklusion des vorgeburtlichen Wissenserwerbs sollte die LeserInnen des *Phaidon* ohnehin überraschen, denn sie ist für das Beweisziel, das Sokrates selbst im *Phaidon* verfolgt, gar nicht nötig.

11.4 *Kommentar: Quod (non) erat demonstrandum oder: Argumente mit unvermeidlich hypothetischen Konklusionen*

Was das Wiedererinnerungsargument, genauer gesagt das Wissensargument, beweist, ist die Möglichkeit, durch das Nachdenken über die Wahrnehmung, d.h. über die Kriterien, von denen wir in Beobachtungen Gebrauch machen, ein explizites, theoretisches Wissen zu gewinnen. Das Argument zeigt insofern in der Tat, dass es jedenfalls möglich ist, sich durch das Nachdenken in gewisser Weise von den Einschränkungen unserer Wahrnehmung zu lösen und zu erkennen, „was etwas ist" (65e2–66a8) – denn genau das geschieht *in actu*, wenn Sokrates seine Gesprächspartner daran erinnert, dass sie wissen, was exakte Größengleichheit ist. Diese Tatsache kann man durchaus so kommentieren, dass es ebenfalls *möglich* ist, dass die Seele ihr Erkenntnisstreben nach dem Tod zu verwirklichen vermag – wenn sie denn unabhängig von einem menschlichen Leib zu existieren vermag.

Was das Argument aus der Wiedererinnerung nicht beweist, ist der vorgeburtliche Erwerb des (theoretischen) Wissens über exakte Größengleichheit oder gar die Unsterblichkeit der menschlichen Seelen. Um von einem vorgeburtlichen Wissenserwerb auf die Unsterblichkeit der Seelen schließen zu können, müsste man eine weitere Annahme hinzufügen: „Wenn uns das (wohlgemerkt) ausdrückliche (theoretische) Wissen über exakte Größengleichheit – und überdies das Wissen von allen platonisch verstandenen Ideen – bereits vor unserer Geburt als leiblich-seelische Personen zur Verfügung gestanden hat und wenn die Seele auch nach der Ablösung vom Leib weiter existieren kann, dann ist unsere Seele unsterblich."

Problematisch ist freilich bereits die erste Prämisse des zuletzt dargestellten Arguments: der vorgeburtliche Wissenserwerb. Diese Annahme ist an Ort und Stelle unbegründet und lässt sich mit dem heuristischen Modell der Wiedererinnerung, das Sokrates zuvor entwickelt hat, auch gar nicht verständlich machen. Deshalb ist auch der Schluss auf die vorgeburtliche Existenz der Seele unbegründet. Für das übergeordnete Glücksargument des *Phaidon* ist dieser Beweismangel allerdings unbeachtlich. Sokrates braucht im Sinne seines eigenen Beweisziels ja lediglich zu zeigen, dass es *möglich* ist, dass unsere Seelen ihr Erkenntnisstreben nach dem Tode fortsetzen und verwirklichen können und in diesem Sinne unsterblich sind. Mehr als diese Möglichkeit ist nicht notwendig.

Aus argumentationstheoretischer Sicht weist das Argument aus der Wiedererinnerung auf den folgenden, nicht ganz unbedeutenden Sachverhalt hin: Philosophische Argumente haben nicht selten unvermeidlich hypothetische Konklusionen, also Annahmen, die sich mit unseren endlichen menschlichen Erkenntnismitteln niemals definitiv beweisen oder widerlegen lassen. Das gilt für Unsterblichkeitsargumente, und es gilt etwa auch für Argumente zugunsten der Existenz Gottes (oder anderer extraterrestrischer Intelligenzen), der Anfangslosigkeit des Universums oder der Existenz immaterieller Objekte wie etwa Zahlen (oder platonisch verstandener Ideen). Endgültig beweisen oder aber widerlegen können wir solche Annahmen nicht. Doch es besteht immerhin die Möglichkeit, dass solche Annahmen wahr sind, also etwa die Möglichkeit der Existenz Gottes oder der Unsterblichkeit der menschlichen Seelen.

Wenn ein Argument eine unvermeidlich hypothetische Konklusion hat, dann sind auch die Prämissen – jedenfalls die informativ entscheidenden, die Beweislast tragenden Prämissen – eines solchen Arguments unvermeidliche Hypothesen, d.h. möglicherweise wahre Annahmen, deren hypothetischer Status niemals endgültig beseitigt werden kann. Bei Argumenten mit unvermeidlich hypothetischen Konklusionen verhält es sich oft so, dass sowohl eine bestimmte These (welche die Konklusion eines Arguments ist) als auch die ihr konträr entgegengesetzte These gleichermaßen gut begründet sind, wie es Kant in dem großartigen Kapitel über „Die Antinomie der reinen Vernunft" der *Kritik der reinen Vernunft* demonstriert.[2]

Hat ein Argument eine unvermeidlich hypothetische Konklusion, so braucht man lediglich die Möglichkeit der Wahrheit einer Konklusion zu beweisen.[3] Allerdings besteht bei solchen Argumenten stets die Gefahr, starke Prämissen anzunehmen, die, falls sie wahr sind, mehr beweisen als das Beweisziel erfordert oder, falls sie sich nicht begründen lassen, leicht in die ‚Misologie', den argumentativen Verdruss, führen können, auf den Sokrates im *Phaidon* (89d-e) hinweist. Das wird in Platons Diskussion der Unsterblichkeitsargumente im *Phaidon* deutlich.

12. Niemals trügt der Schein? Ein staunenswertes Argument in Platons Theaitet

In Platons Dialog *Theaitet* werden verschiedene Vorschläge einer Definition von Wissen diskutiert. Der erste Vorschlag lautet „Wissen ist Wahrnehmung (bzw. Wahrnehmen)". Genauer gesagt: Für jede Person und jeden wahrgenommenen

2 Immanuel Kant: *Kritik der reinen Vernunft*, B 432–595. (Eine spezielle Antinomie haben wir uns in den Übungen am Ende des sechsten Kapitels angesehen.)

3 Man vergleiche dazu auch Kants Überlegungen zum Umgang mit metaphysischen Hypothesen in: ebd., B 797–810.

Sachverhalt gilt, dass eine Person einen Sachverhalt genau dann wahrnimmt, wenn sie weiß, dass dieser Sachverhalt besteht. Um diese These zu erläutern, entwirft Sokrates im ersten Hauptteil des *Theaitet* probeweise eine staunenswerte Auffassung über Wissen, Wahrnehmung und die wahrnehmbare Welt, die er auch Protagoras (und allen vorsokratischen Dichtern und Denkern, mit Ausnahme des Parmenides) zuspricht, und zwar in dem folgenden Textstück:

(Theaitet:) Wer etwas weiß, nimmt meiner Meinung nach dasjenige wahr, was er weiß. Und wie mir jetzt jedenfalls scheint, ist Wissen nichts anderes als Wahrnehmung. … (Sokrates:) Deine Bestimmung des Wissens, Theaitet, scheint gar nicht schlecht zu sein. Vielmehr ist es auch die, die Protagoras einmal gegeben hat. In einer etwas anderen Weise hat er nämlich dasselbe gesagt. Er sagt, „Maßstab aller Dinge" sei der Mensch, „der seienden, dass sie sind, der nicht seienden, dass sie nicht sind". … Meint er damit nicht folgendes: „Für mich ist alles so, wie es mir erscheint, für dich wiederum so, wie es dir erscheint", Mensch aber bin ich genauso wie du? – Ja, das meint er damit. [Prämisse 1] – Ein kluger Mann (wie Protagoras) wird ja wohl keinen Unsinn behaupten. Deshalb wollen wir uns mit seinem Gedanken näher beschäftigen. Kommt es nicht manchmal vor, dass beim Wehen desselben Windes der eine von uns friert, der andere aber nicht, oder dass der eine nur ein wenig friert, der andere aber sehr? – Sicher. … Sollen wir nun mit Protagoras sagen, dass derselbe Wind für den Frierenden kalt sei, für den anderen aber nicht? – Ja, sicher. – Und erscheint dies nun beiden jeweils so? – Ja. – Die Rede vom „als etwas erscheinen" bedeutet doch soviel wie „wahrnehmen"? – So ist es. [Prämisse 2] – Also ist „als etwas erscheinen" und „wahrnehmen" beim Warmen (oder Kalten) und bei allen derartigen Dingen dasselbe: So, wie jemand diese Dinge jeweils wahrnimmt, sind sie wohl auch für ihn? – Offensichtlich ist das so. [Prämisse 3] – Also bezieht sich Wahrnehmung immer auf etwas, das (eine Tatsache) ist, und ist untrüglich, so wie Wissen. – So scheint es. (151e-152c)[4]

Die Konklusion des Arguments wird schon zu Beginn des Textes und am Ende noch einmal genannt: „Wissen ist nichts anderes als Wahrnehmung". Das Argument lässt sich so darstellen:

1. Für alle Personen x und Sachverhalte y gilt: x erscheint y genau dann, wenn y eine Tatsache ist und x sich in zutreffender Weise auf y bezieht.
2. Person x erscheint der Sachverhalt y genau dann, wenn sie y wahrnimmt.
3. Über Wissen vom Sachverhalt y verfügt Person x genau dann, wenn y eine Tatsache ist und x sich in zutreffender Weise auf y bezieht.

---

4. Also gilt für alle Personen x und Sachverhalte y: Eine Person x verfügt über Wissen vom Sachverhalt y genau dann, wenn sie y wahrnimmt.

- Exy: der Person x erscheint der Sachverhalt y
- Tx: x ist eine Tatsache
- Zxy: Person x bezieht sich in zutreffender Weise auf den Sachverhalt y
- Axy: Person x nimmt den Sachverhalt y wahr
- Wxy: Person x verfügt über Wissen vom Sachverhalt y

4 Übersetzung, mit geringfügigen Modifikationen: Platon: *Theätet*, Griechisch/Deutsch, übersetzt und herausgegeben von Ekkehard Martens, Stuttgart 1981, S. 35–37.

Im folgenden Beweis müssen wir zunächst die Allquantoren beseitigen und dann die Formel $Wab \equiv Aab$ ableiten (zuvor leiten wir $Wab \supset Aab$ und $Aab \supset Wab$ ab), um dann durch zwei Allquantor-Einführungen auf die Konklusion schließen zu können: $\forall x \forall y(Wxy \equiv Axy)$

(1)	$\forall x\forall y[Exy \equiv (Ty \,\&\, Zxy)]$	Ann.
(2)	$\forall x\forall y(Exy \equiv Axy)$	Ann.
(3)	$\forall x\forall y[Wxy \equiv (Ty \,\&\, Zxy)]$	Ann.
(4)	$\forall y[Eay \equiv (Ty \,\&\, Zay)]$	1, ∀-Bes.
(5)	$Eab \equiv (Tb \,\&\, Zab)$	4, ∀-Bes.
(6)	$\forall y(Eay \equiv Aay)$	2, ∀-Bes.
(7)	$Eab \equiv Aab$	6, ∀-Bes.
(8)	$\forall y[Way \equiv (Ty \,\&\, Zay)]$	3, ∀-Bes.
(9)	$Wab \equiv (Tb \,\&\, Zab)$	8, ∀-Bes.
(10)	$[Eab \supset (Tb \,\&\, Zab)] \,\&\, [(Tb \,\&\, Zab) \supset Eab]$	5, ≡-Bes.
(11)	$(Eab \supset Aab) \,\&\, (Aab \supset Eab)$	7, ≡-Bes.
(12)	$[Wab \supset (Tb \,\&\, Zab)] \,\&\, [(Tb \,\&\, Zab) \supset Wab]$	9, ≡-Bes.
(13)	$Eab \supset (Tb \,\&\, Zab)$	10, &-Bes.
(14)	$(Tb \,\&\, Zab) \supset Eab$	10, &-Bes.
(15)	$Eab \supset Aab$	11, &-Bes.
(16)	$Aab \supset Eab$	11, &-Bes.
(17)	$Wab \supset (Tb \,\&\, Zab)$	12, &-Bes.
(18)	$(Tb \,\&\, Zab) \supset Wab$	12, &-Bes.
(19)	$Wab \supset Eab$	14, 17, KS
(20)	$Wab \supset Aab$	15, 19, KS
(21)	$Aab \supset (Tb \,\&\, Zab)$	13, 16, KS
(22)	$Aab \supset Wab$	18, 21, KS
(23)	$Wab \equiv Aab$	20, 22, ≡-Einf.
(24)	$\forall y(Way \equiv Aay)$	23, ∀-Einf.
(25)	$\forall x\forall y(Wxy \equiv Axy)$	24, ∀-Einf. q.e.d.

Die Konklusion dürfte uns erstaunen. Das an Ort und Stelle genannte Beispiel des warm oder kalt empfundenen Winds ist noch harmlos. Im weiteren Verlauf des Dialoges wird aber die umfassende Bedeutung der Konklusion „Wissen ist Wahrnehmung" sehr klar: Sie gilt für jedes Wahrnehmungsurteil und jede Meinung jeder Person. Wäre diese These wahr, so gäbe es keine Irrtümer; was immer wir in irgendeiner Weise über die Welt meinen – sei es auch halluzinieren – wäre wahr. Niemals tröge uns der Schein. Nun, wir wissen: Das ist falsch. Das obige Argument ist im *Theaitet* denn auch der Auftakt einer Reihe raffinierter Gegenargumente.[5]

---

5 Vgl. dazu Jörg Hardy: „Die Welt im Fluß? – Erkenntnistheorie und Ontologie im ersten Hauptteil des Theaitet", in: *Philosophiegeschichte und logische Analyse / History of Philosophy and Logical Analysis* 9, 2006, S. 31–78.

13. Wissen und Erklärungen im *Theaitet*

13.1 *Wissen und wahre Meinungen vor Gericht*

Im zweiten Hauptteil des *Theaitet* prüfen Sokrates und sein Gesprächspartner Theaitet die These „Wissen ist dasselbe wie wahre Meinung(en)". Nachdem Sokrates zuvor einige plausible, aber letztlich erfolglose Einwände gegen die besagte These vorgebracht hat, nennt er ein Gegenbeispiel, mit dem sich diese These überraschend einfach widerlegen lässt.

Sokrates entwirft folgendes Szenario: Ein Gericht hat festzustellen, ob eine bestimmte Tat von einer bestimmten Person begangen worden ist. Die Rechtstatsachenforschung war im Athen des vierten vorchristlichen Jahrhunderts einigen, aus heutiger Sicht recht befremdlichen, prozessualen Einschränkungen unterworfen. Ein Zeuge oder eine Person, die eine Klage vorträgt und einen bestimmten Sachverhalt behauptet, kann in einer Verhandlung nur einmal mit einer längeren, ausführlichen Darstellung seiner (möglichen) Tatsachenkenntnis und seiner Rechtsauffassung auftreten, und für diesen Auftritt stand nur eine begrenzte, von einer Wasseruhr knapp bemessene Zeit zur Verfügung. Dasselbe galt für die jeweilige Gegenseite. Sokrates weist nun darauf hin, dass die Richter auch dann, wenn sie durch einen Redner von einer *wahren* Meinung überzeugt werden, niemals wissen können, was sich ereignet hat. Denn die Richter sind selbst keine Augenzeugen des Geschehens, und nur ein Augenzeuge kann wirklich wissen, was sich tatsächlich ereignet hat. Die Richter fällen ihr Urteil, und zwar auch ihr tatsächlich *wahres* Urteil über das Geschehen, bestenfalls aufgrund einer wahren Meinung.

Das Beispiel zeigt, dass nicht jede wahre Meinung als Wissen gelten kann. In der Begründung dieser These fasst Sokrates nun zwei voneinander unabhängige Argumente mit derselben Konklusion zusammen (201a4-c7):

Diese These (nämlich die These, jede wahre Meinung sei Wissen) bedarf nur einer kurzen Prüfung. Denn eine ganze Kunst zeigt dir, dass Wissen das nicht ist (nämlich dasselbe wie wahre Meinung). … Es ist die Kunst derer, die es in der Klugheit besonders weit gebracht haben und die Redner und Advokaten heißen. Diese Leute überreden (ihre Zuhörer) nicht dadurch, dass sie (ihre Zuhörer) belehren (d.h. Wissen übermitteln), sondern dadurch, das sie einen zu glauben veranlassen, was sie gerade wollen. Oder meinst du, es gebe Leute, die seien als Lehrer so tüchtig, dass sie zugunsten derer, die, *als niemand zugegen war*, ihres Geldes beraubt wurden oder sonst Gewalt erfahren haben, die Fähigkeit besitzen, in der kurzen Redezeit, die die Gerichtsuhr gewährt, die Wahrheit über das, was geschehen ist, hinreichend vorzutragen? – Keineswegs, denke ich, doch überreden können sie allerdings. – Und mit „überreden" meinst du: jemanden etwas glauben machen? – Natürlich. – Wenn also Richter richtig überredet worden sind über Tatsachen, *die man nur wissen kann, wenn man sie selber gesehen hat, sonst aber nicht*, dann haben sie, sofern sie ihr Urteil darüber aufgrund bloßen Hörens (d.h. aufgrund von Überredung) gebildet und dabei doch eine wahre Meinung gewonnen haben, ohne Wissen geurteilt, da sie zum Richtigen überredet worden waren, wenn sie denn ihr Urteil korrekt abgegeben haben. … Wenn wahre Meinung(en) und Wissen dasselbe wären, hätte ein guter Richter niemals eine wahre Meinung ohne Wissen. So aber sieht es denn doch so aus, dass jedes der beiden etwas anderes ist.[6]

Das erste Argument sei als Reductio ad absurdum rekonstruiert:

1. <Jede Person weiß genau dann, wie es sich mit einem Tathergang verhält, wenn sie eine wahre Meinung über einen Tathergang hat.>
2. Die Richter werden über einen Tathergang nicht zuverlässig und hinreichend informiert.
3. Wer über einen Tathergang nicht zuverlässig und hinreichend informiert wird, wird zu seiner Meinung über einen Tathergang lediglich überredet.
4. Einige Richter haben (immerhin) eine wahre Meinung über einen fraglichen Tathergang.
5. Wer zu einer Meinung über einen Tathergang lediglich überredet wird, hat kein Wissen über einen zu klärenden Tathergang.
6. Wenn jede Person genau dann weiß, wie es sich mit einem Tathergang verhält, wenn sie eine wahre Meinung über einen Tathergang hat, dann ist es *nicht* der Fall, dass einige Richter eine wahre Meinung und *kein* Wissen über einen fraglichen Tathergang haben.

---

7. Also ist es nicht der Fall, dass jede Person genau dann weiß, wie es sich mit einem Tathergang verhält, wenn sie eine wahre Meinung über einen Tathergang hat.

In formaler Darstellung:

- Wx: x hat Wissen über einen Tathergang
- Mx: x hat eine wahre Meinung über einen Tathergang
- Rx: x ist ein Richter
- Zx: x wird über einen Tathergang zuverlässig und hinreichend informiert („belehrt")
- Üx: x wird zu einer Meinung über einen Tathergang lediglich überredet

(1)	$\forall x(Wx \equiv Mx)$	ZA
(2)	$\forall x(Rx \supset \neg Zx)$	Ann.
(3)	$\forall x(\neg Zx \supset \text{Ü}x)$	Ann.
(4)	$\exists x(Rx \mathbin{\&} Mx)$	Ann.
(5)	$\forall x(\text{Ü}x \supset \neg Wx)$	Ann.
(6)	$\forall x(Wx \equiv Mx) \supset \neg\exists x(Rx \mathbin{\&} Mx \mathbin{\&} \neg Wx)$	Ann.
(7)	$\neg\exists x(Rx \mathbin{\&} Mx \mathbin{\&} \neg Wx)$	1, 6, MP
(8)	$\forall x(Rx \supset \text{Ü}x)$	2, 3, PKS
(9)	$\forall x(Rx \supset \neg Wx)$	5, 8, PKS
(10)	$Ra \supset \neg Wa$	9, ∀-Bes.
(11)	$Ra \mathbin{\&} Ma$	4, ∃-Bes.
(12)	Ra	11, &-Bes.
(13)	$\neg Wa$	10, 12, MP
(14)	$Ra \mathbin{\&} Ma \mathbin{\&} \neg Wa$	11, 13, &-Einf.
(15)	$\exists x(Rx \mathbin{\&} Mx \mathbin{\&} \neg Wx)$	14, ∃-Einf.
(16)	$\neg\forall x(Wx \equiv Mx)$	1, 7, 15, RAA q.e.d.

6 Übersetzung, mit geringfügigen Änderungen: Ernst Heitsch: *Überlegungen Platons im Theaetet*, Stuttgart 1988, S. 172 f.

Sokrates entwickelt in dem zitierten Textstück *en passant* noch ein zweites Argument für dieselbe Konklusion. Zwei Prämissen werden in kurzen Nebensätzen ausgesprochen, die wir im dem Zitat kursiv markiert haben. Die übrigen beiden Prämissen teilen sich die beiden Argumente; sie werden oben als vierte und sechste Prämisse nummeriert:

1. <Jede Person weiß genau dann, wie es sich mit einem Tathergang verhält, wenn sie eine wahre Meinung über einen Tathergang hat.>
2. Die Richter sind keine Augenzeugen (Annahme zugunsten der Pointe des sokratischen Arguments).
3. Wenn eine Person weiß, wie es sich mit einem bestimmten Tathergang verhält, dann ist sie ein Augenzeuge.
4. Einige Richter haben (immerhin) eine wahre Meinung über einen bestimmten Tathergang.
5. Wenn jede Person genau dann weiß, wie es sich mit einem Tathergang verhält, wenn sie eine wahre Meinung über einen Tathergang hat, dann ist es *nicht* der Fall, dass einige Richter eine wahre Meinung und *kein* Wissen über einen fraglichen Tathergang haben.

---

6. Also ist es nicht der Fall, dass jede Person genau dann weiß, wie es sich mit einem Tathergang verhält, wenn sie eine wahre Meinung über einen Tathergang hat.

In formaler Darstellung:

- Wx: x hat Wissen über einen Tathergang
- Mx: x hat eine wahre Meinung über einen Tathergang
- Ax: x ist Augenzeuge eines Ereignisses (Tathergangs)
- Rx: x ist ein Richter

(1)	$\forall x(Wx \equiv Mx)$	ZA
(2)	$\forall x(Rx \supset \neg Ax)$	Ann.
(3)	$\forall x(Wx \supset Ax)$	Ann.
(4)	$\exists x(Rx \;\&\; Mx)$	Ann.
(5)	$\forall x(Wx \equiv Mx) \supset \neg\exists x(Rx \;\&\; Mx \;\&\; \neg Wx)$	Ann.
(6)	$\neg\exists x(Rx \;\&\; Mx \;\&\; \neg Wx)$	1, 5, MP
(7)	$Ra \supset \neg Aa$	2, $\forall$-Bes.
(8)	$Wa \supset Aa$	3, $\forall$-Bes.
(9)	$Ra \;\&\; Ma$	4, $\exists$-Bes.
(10)	Ra	9, &-Bes.
(11)	$\neg Aa$	7, 10, MP
(12)	$\neg Wa$	8, 11, MT
(13)	$Ra \;\&\; Ma \;\&\; \neg Wa$	9, 12, &-Einf.
(14)	$\exists x(Rx \;\&\; Mx \;\&\; \neg Wx)$	13, $\exists$-Einf.
(15)	$\neg\forall x(Wx \equiv Mx)$	1, 6, 14, RAA q.e.d.

Die erste Begründung der Konklusion lässt die Möglichkeit offen, dass ein Richter (und jede Person) dann über das Wissen eines Sachverhalts verfügt, wenn er über diesen Sachverhalt hinreichend informiert wird. Doch die zweite Begründung schließt diese Möglichkeit aus. Auch dann, wenn Zeugen und Richter genug Zeit für eine ausführliche Darstellung bzw. Befragung hätten, könnten die Augenzeugen ihr eigenes Wissen nicht an die Richter weitergeben. Die Beweislast des gesamten Arguments trägt die dritte Prämisse: „Wenn eine Person weiß, wie es sich mit einem bestimmten Tathergang verhält, dann ist sie ein Augenzeuge." Diese Annahme ist freilich erläuterungsbedürftig. Nicht jede Art von Wissen ist Augenzeugenwissen – man denke etwa an mathematisches Wissen. Wenn Sokrates gleichwohl Wissen an die Bedingung eines in einem weiteren Sinne verstandenen Augenzeugenwissens knüpfen will, so scheint er anzunehmen, dass Wissen, im Unterschied zu wahren Meinungen, eine Eigenschaft hat, die im Falle des Wissens eines Augenzeugen besonders deutlich wird.

Augenzeugenwissen ist ein auf bestmögliche Weise gerechtfertigtes Wissen. Ein Augenzeuge hat sein Wissen ganz allein aus eigener Kraft gewonnen und ist deshalb in besonderer Weise ein, modern gesprochen, epistemisch selbstbestimmter Urheber seiner Meinungen über ein Geschehen. Möglicherweise möchte Sokrates darauf hinweisen, dass man sich in dem Bemühen um Wissen stets an dem Maßstab eines so charakterisierten Augenzeugenwissens orientieren sollte.

13.2 *Ein Traum über Wissen und Erklärungen*

Nach dem eben genannten forensischen Gegenbeispiel steht die These „Wissen ist eine wahre Meinung mit einer Erklärung" als ein nächster (und letzter) Vorschlag der Definition von Wissen zur Diskussion. Theaitet will einmal von jemandem gehört haben, Wissen und wahre Meinung seien zwei verschiedene Dinge, nur die „wahre Meinung mit Erklärung sei Wissen", und „was keine Erklärung hat, das wisse man nicht …, was aber eine Erklärung hat, das wisse man" (201c-d). Sokrates möchte wissen, wie derjenige, von dem Theaitet dies gehört habe, die möglichen Gegenstände des Wissens von den anderen genau unterschieden habe, doch Theaitet kann sich nicht daran erinnern. Daraufhin erzählt Sokrates, was er einmal gehört hat:

Ich meine von gewissen Leuten gehört zu haben, dass die Elemente – die als solche mit den Buchstaben als den Elementen der Schrift zu vergleichen sind –, aus denen wir und alles andere zusammengesetzt sind, keine Erklärung haben. Denn jedes Element lasse sich, als es selbst, nur benennen, sonst aber könne man nichts weiter von ihm aussagen … So also seien die Elemente unerklärbar und unerkennbar …, die komplexen (zusammengesetzten) Dinge aber seien erkennbar und erklärbar und in einer wahren Meinung zu erfassen. Wenn daher jemand über etwas eine wahre Meinung ohne Erklärung gewinne, dann besitze er darüber zwar Wahrheit, aber kein Wissen, denn wer nicht imstande sei, für etwas eine Erklärung sowohl selbst zu geben als auch sich geben zu lassen, der habe davon kein Wissen. Wenn er aber dazu noch die Erklärung habe, sei er zu alldem fähig und im vollen Besitz des Wissens. (201d4–202c5)[7]

Dieser Auffassung zufolge sind die Elemente einer komplexen Sache nicht erklärbar und kein möglicher Gegenstand von Wissen. Nun ‚erwacht' Sokrates aus seinem Traum und erinnert seinen Gesprächspartner daran, dass ein kompetenter Sprecher freilich auch die Buchstaben (Elemente) dieser Sprache kennt, komplexe Gebilde wie Silben und Wörter also zu buchstabieren vermag. Ein kompetenter Sprecher kann die Buchstaben (Phoneme) einer Sprache in der Weise erklären, dass er ihre distinktiven Merkmale angibt. In einer intuitiven Weise verfügt jeder kompetente Sprecher über diese Fähigkeit, übrigens in derselben Weise, in der man über das im *Phaidon* thematisierte Wissen von exakter Größengleichheit verfügt. Falls man nun annähme, dass *jede* Erklärung in der Analyse der Elemente einer komplexen Sache besteht, so wären die Elemente ihrerseits in der Tat unerklärbar. Wenn man diese Annahme aber nicht macht, lässt sich die These über die Unerkennbarkeit der Elemente mit dem Hinweis auf die Sprachkompetenz leicht widerlegen:

Hatten wir also recht mit der Behauptung, dass der Buchstabe zwar nicht (erkennbar), wohl aber die Silbe erkennbar sei? [Prämisse 1] … – Nimm also den Fall der beiden Buchstaben S und O. [Prämisse 2] Beide zusammen sind die erste Silbe meines Namens. Nun ist es doch so: Wer die Silbe kennt, kennt die beiden Buchstaben. – Natürlich. – Er kennt also das S und das O … Für jeden der beiden Buchstaben also gilt, dass er ihn nicht kennt, und er, der keinen der beiden kennt, kennt doch beide. – Das, Sokrates, ist abwegig und unsinnig. – Sicher; doch wenn, wer beide kennen will, jeden der beiden kennen muss, dann muss, wer jemals eine Silbe kennen will, zuvor die Buchstaben kennen [Prämisse 6]. Und so ist unsere schöne Theorie auf und davon. [Konklusion] – Und das allerdings recht plötzlich. (203c1–205e8)[8]

Das Argument sei so rekonstruiert:

1. <Elemente sind kein Gegenstand von Wissen.>
2. Es gibt Buchstaben.
3. Buchstaben sind Elemente (von Silben).
4. Silben sind Verknüpfungen, d. h. komplexe Gegenstände.
5. Verknüpfungen sind Gegenstände von Wissen.
6. Wenn Silben Gegenstände von Wissen sind, dann sind auch ihre Elemente, die Buchstaben, Gegenstände von Wissen.

---

7. Also ist es nicht der Fall, dass für jedes Element gilt, dass es kein möglicher Gegenstand von Wissen ist. Mit anderen Worten: Einige Elemente komplexer Dinge sind Gegenstände von Wissen.

7 Übersetzung, mit geringfügigen Modifikationen: Ernst Heitsch: *Überlegungen Platons im Theaetet*, Stuttgart 1988, S. 173–176.

8 Ebd., S. 176 f.

In formaler Darstellung:

- Ex: x ist ein Element
- Wx: x ist Gegenstand von Wissen
- Bx: x ist ein Buchstabe (Phonem), d. h. ein Element einer Silbe
- Vx: x ist eine Verknüpfung
- Sx: x ist eine Silbe einer Sprache

(1)	$\forall x\, (Ex \supset \neg Wx)$	ZA	
(2)	$\exists x(Bx)$	Ann.	
(3)	$\forall x\, (Bx \supset Ex)$	Ann.	
(4)	$\forall x\, (Sx \supset Vx)$	Ann.	
(5)	$\forall x\, (Vx \supset Wx)$	Ann.	
(6)	$\forall x\, (Sx \supset Wx) \supset \forall x\, (Bx \supset Wx)$	Ann.	
(7)	$\forall x\, (Bx \supset \neg Wx)$	1, 3, PKS	
(8)	$Ba \supset \neg Wa$	7, $\forall$-Bes.	
(9)	$\forall x\, (Sx \supset Wx)$	4, 5, PKS	
(10)	$\forall x\, (Bx \supset Wx)$	6, 9, MP	
(11)	$Ba \supset Wa$	10, $\forall$-Bes.	
(12)	Ba	2, $\exists$-Einf.	
(13)	Wa	11, 12, MP	
(14)	$\neg Wa$	8, 12, MP	
(15)	$\neg\forall x\, (Ex \supset \neg Wx)$	1, 13, 14, RAA	q.e.d.

Die Annahmen (3) und (4) werden im Text des Theaitet zuvor genannt (202e). Annahme (5) ergibt sich aus dem Textstück 201d4–202c5. Die erste Annahme wird in dem oben zitierten Text auf das Beispiel der Silben und Buchstaben angewandt, ist in der Rekonstruktion aber in ihrer generellen Form einzuführen, da Sokrates diese generelle Annahme mit Hilfe des Modells der Sprache prüfen möchte.[9]

---

9 Zum weiteren Verlauf des Dialoges vgl. Jörg Hardy: *Platons Theorie des Wissens im Theaitet*, Göttingen 2001, S. 206–216.

Musterlösungen

Musterlösungen zu Kapitel 2

1

Die Konklusion eines logisch gültigen Arguments kann falsch sein, wenn mindestens eine der Prämissen falsch ist. So hat das folgende logisch gültige Argument sowohl eine falsche Prämisse als auch eine falsche Konklusion:

1. Im Jahr 2010 wurde Brasilien Fußball-Weltmeister. [falsch, Fußball-Weltmeister wurde Spanien]
2. Wenn im Jahr 2010 Brasilien Fußball-Weltmeister wurde, dann wurde damals eine südamerikanische Mannschaft Fußball-Weltmeister.

---

3. Also: Im Jahr 2010 wurde eine südamerikanische Mannschaft Fußball-Weltmeister. [falsch]

2

Ja, das ist möglich. (Unmöglich ist nur der umgekehrte Fall, dass die Prämissen eines logisch gültigen Arguments wahr sind und die Konklusion falsch ist.) Das folgende logisch gültige Beispiel-Argument illustriert dies; es hat die logische Form des Modus ponens:

1. Wenn Berlin in Frankreich liegt, dann ist Berlin die deutsche Hauptstadt.
2. Berlin liegt in Frankreich.

---

3. Also: Berlin ist die deutsche Hauptstadt.

3

Das Argument ist eine Variante des Fehlschlusses der Verneinung des Antezedens. Es hat die folgende Argumentform:

- B: Josef ist bekifft.
- K: Josef kann sich konzentrieren.

wenn B, dann nicht K
nicht B

K

Dazu ein Gegenbeispiel mit wahren Prämissen und falscher Konklusion:

1. Wenn der Bundespräsident kleiner als 1,20 m ist, dann ist er nicht größer als 3 m.
2. Der Bundespräsident ist nicht kleiner als 1,20 m.

---

3. Also: Der Bundespräsident ist größer als 3 m.

Musterlösungen zu Kapitel 3

Aufgabe 1

A	B	A	⊃	B	A	B
W	W	W	W	W	W	W
W	F	W	F	F	W	F
F	W	F	W	W	F	W
F	F	F	W	F	F	F

Nur in der ersten Zeile sind beide Prämissen wahr. Da dort auch die Konklusion *B* wahr ist, enthält die Wahrheitstafel keine Zeile mit ausschließlich wahren Prämissen und falscher Konklusion. Die Argumentform ist logisch gültig. Ihr Name ist *Modus (ponendo) ponens.*

Aufgabe 2

A	B	A	⊃	B	¬	B	¬	A
W	W	W	W	W	F	W	F	W
W	F	W	F	F	W	F	F	W
F	W	F	W	W	F	W	W	F
F	F	F	W	F	W	F	W	F

Beide Prämissen sind nur in der vierten Zeile wahr, in der auch die Konklusion $\neg A$ wahr ist. Die Argumentform ist daher logisch gültig. Sie trägt den Namen *Modus (tollendo) tollens.*

Aufgabe 3

A	B	A	⊃	B	B	A
W	W	W	W	W	W	W
W	F	W	F	F	F	W
F	W	F	W	W	W	F
F	F	F	W	F	F	F

Die Wahrheitstafel enthält eine Zeile mit ausschließlich wahren Prämissen und falscher Konklusion: In der dritten Zeile sind beide Prämissen wahr, wohingegen die Konklusion falsch ist. Die Argumentform ist daher *nicht* logisch gültig – es handelt sich um den *Fehlschluss der Bejahung des Konsequens.*

Aufgabe 4

A	A	¬	¬	A
W	W	W	F	W
F	F	F	W	F

Der Hauptoperator der Konklusion ¬¬*A* ist die vordere, linke Negation. Da die Negation den Wahrheitswert jeweils umkehrt, heben sich zwei Negationen auf. Die logischen Formen *A* und ¬¬*A* haben daher denselben Wahrheitswert und sind logisch äquivalent. Folglich ist auch der Schluss von *A* auf ¬¬*A* logisch gültig. Die Argumentform hat den Namen *Negations-Einführung.* (Ebenfalls logisch gültig ist der umgekehrte Schluss von ¬¬*A* auf *A*, die *Negations-Beseitigung.*)

Aufgabe 5

A	B	A	A	∨	B
W	W	W	W	W	W
W	F	W	W	W	F
F	W	F		–	
F	F	F		–	

Da die Prämisse *A* in der dritten und vierten Zeile falsch ist, muss man diese nicht weiter ausfüllen. In der ersten und zweiten Zeile ist die Konklusion *A* ∨ *B* wahr. Also enthält die Wahrheitstafel keine Zeile mit ausschließlich wahren Prämissen und falscher Konklusion – die Argumentform ist logisch gültig. Sie trägt den Namen *Disjunktions-Einführung.*

Aufgabe 6

A	B	A	∨	B	¬	(¬	A	&	¬	B)
W	W	W	W	W	W	F	W	F	F	W
W	F	W	W	F	W	F	W	F	W	F
F	W	F	W	W	W	W	F	F	F	W
F	F	F	F	F				–		

Die Argumentform ist logisch gültig. Es handelt sich um eine Variante der *De Morgan'schen Gesetze.* (Die Prämisse und die Konklusion sind darüber hinaus logisch äquivalent.)

Aufgabe 7

A	B	¬	(A	⊃	B)	A	&	¬	B
W	W	F	W	W	W			–	
W	F	W	W	F	F	W	W	W	F
F	W	F	F	W	W			–	
F	F	F	F	W	F			–	

Die Prämisse ist nur in der zweiten Zeile wahr, in der auch die Konklusion wahr ist – die Argumentform ist logisch gültig. Ihr Name ist *Konditional-Ersetzung*.

Aufgabe 8

In der Musterlösung füllen wir zuerst die Spalte der zweiten Prämisse ¬*C* aus. Sie ist in vier der acht Zeilen falsch, die wir im Weiteren ignorieren. Im nächsten Schritt bearbeiten wir die Konklusion ¬*A*: Sie ist in der sechsten und achten Zeile wahr, die wir ebenfalls nicht vollständig ausfüllen. In der ersten Prämisse *(A & B)* ⊃ *C* müssen wir nur noch die zweite und vierte Zeile beachten:

A	B	C	(A	&	B)	⊃	C	¬	C	¬	A
W	W	W			–			F	W	–	
W	W	F	W	W	W	F	F	W	F	F	W
W	F	W			–			F	W	–	
W	F	F	W	F	F	W	F	W	F	F	W
F	W	W			–			F	W	–	
F	W	F			–			W	F	W	F
F	F	W			–			F	W	–	
F	F	F			–			W	F	W	F

In der vierten Zeile sind beide Prämissen wahr, während die Konklusion falsch ist. Die Argumentform ist also *nicht* logisch gültig.

Aufgabe 9

A	B	(A	≡	B)	≡	[(A	⊃	B)	&	(B	⊃	A)]
W	W		W		W		W		W		W	
W	F		F		W		F		F		W	
F	W		F		W		W		F		F	
F	F		W		W		W		W		W	

Die logische Form *(A ≡ B) ≡ [(A ⊃ B) & (B ⊃ A)]* ist logisch wahr, weil sie unter dem Hauptoperator, dem rechten Bikonditional, in jeder Zeile wahr ist. Die Formen *A ≡ B* und *(A ⊃ B) & (B ⊃ A)* sind logisch äquivalent.

Musterlösungen zu Kapitel 4

Aufgabe 1

a) *Die Fußballmannschaften von Bayern München und Inter Mailand bilden zwei Gruppen, die zueinander in einer gemeinsamen Beziehung stehen. Der Satz drückt daher nur eine Einzelaussage aus:*
A: Bayern München und Inter Mailand spielen gegeneinander.

b) *Der Satz ist mehrdeutig. Solange wir nicht wissen, unter welchen Umständen er geäußert wird, bieten sich uns zwei Lösungsmöglichkeiten an: Wollte der Sprecher sagen, dass die beiden Mannschaften aufeinander treffen, so wäre b) genauso wie a) zu formalisieren. Wollte der Sprecher hingegen mitteilen, dass die Mannschaften jeweils gegen irgendwelche anderen Gegner spielen, so wären zwei Einzelaussagen zu unterscheiden:*
erste Lösung: siehe a)
zweite Lösung: B & M
- B: Bayern München spielt morgen Abend.
- M: Inter Mailand spielt morgen Abend.

c) P & S
- P: Philosophen sind Intellektuelle.
- S: Soziologen sind Intellektuelle.

d) *Der Satz lässt sich nicht in zwei sinnvolle Einzelaussagen zerlegen. („Beate ist seit einem Jahr ein Paar." „Fred ist seit einem Jahr ein Paar.") Folglich drückt der Satz nur eine Einzelaussage aus:*
A: Beate und Fred sind seit einem Jahr ein Paar.

e) B & F
- B: Beate ist ganz nett.
- F: Fred ist ganz nett.

f) A: Der erste Bundeskanzler nach dem Zweiten Weltkrieg war CDU-Mitglied.

g) S & H
- S: Sepp sitzt im Wirtshaus „Zum röhrenden Hirschen".
- H: Hans sitzt im Wirtshaus „Zum röhrenden Hirschen".

h) A & B
- A: Fritz ist blond.
- B: Fritz ist blauäugig.

i) A & B & C & D
- A: Peter ist schön.
- B: Peter ist schlau.
- C: Paul ist schön.
- D: Paul ist schlau.

j) *Die Männer, die zugleich stark und intelligent sind, bilden eine Gruppe. Daher drückt j) nur eine Einzelaussage aus:*
A: Starke und zugleich intelligente Männer sind selten.

Aufgabe 2

a) A & B & C & D
  - A: Sepp liebt die Beatles.
  - B: Sepp liebt die Rolling Stones.
  - C: Trude liebt die Beatles.
  - D: Trude liebt die Rolling Stones.

b) ¬Z & ¬G
  - Z: Für einen Ausflug aufs Oktoberfest habe ich Zeit.
  - G: Für einen Ausflug aufs Oktoberfest habe ich genug Geld.

c) V & (¬T ⊃ G)
  - V: Henrike ist schon sehr verärgert.
  - T: Henrikes Freund taucht bald auf.
  - G: Henrike geht wieder nach Hause.

d) ¬(S & T)
  - S: Sepp kommt.
  - T: Trude kommt.

e) B & K
  - B: Herr Huber empfiehlt mir den Bordeaux vom Vorjahr.
  - K: Herr Huber ist der beste Kenner französischer Weine.

f) *Der gesamte Satz drückt nur eine Aussage aus, denn der Nebensatz ist ein restriktiver Relativsatz, der die im Hauptsatz genannte Firma spezifiziert:*
  A: Die Firma, der ich immer noch Geld schulde, schickte mir eine Mahnung.

g) *Der gesamte Satz drückt nur eine Aussage aus, denn der Nebensatz ist ein restriktiver Relativsatz. Ohne den Nebensatz wäre der Hauptsatz nicht verständlich.*
  A: Goethe reiste ins Land, wo die Zitronen blühn.

h) *Der Hauptsatz ist für sich verständlich. Der explikative Relativsatz liefert eine zusätzliche Information über Italiens Flora.*
  I & Z
  - I: Goethe reiste nach Italien.
  - Z: In Italien blühn die Zitronen.

i) ¬(S ∨ B)
  - S: Schiller war bisexuell.
  - B: Schiller war blauäugig.

j) ¬G & ¬S
  - G: Goethe war Jäger.
  - S: Schiller war Jäger.

Aufgabe 3

a) *Das Wort „erst" dreht gewissermaßen den Sinn des Satzes um und macht den Wenn-Teil zum Konsequens:*
   G ⊃ F
   - F: Du hast eine Freundin.
   - G: Du wirst glücklich.

b) *Auch das Wort „nur" macht den Wenn-Teil zum Konsequens:*
   F ⊃ (P ∨ K)
   - F: Friedrich tanzt.
   - P: Petra tanzt mit Friedrich.
   - K: Friedrichs Kumpel tanzen mit ihm.

c) U ⊃ (G & ¬A)
   - U: Andreas fährt in den Urlaub.
   - G: Andreas fühlt sich gesund.
   - A: Der Arzt äußert Bedenken gegen Andreas' Reise.

d) *Der Satz nennt drei notwendige Bedingungen des Scheinerwerbs.*
   S ⊃ (R & Ü & K)
   - S: Du bekommst den Schein.
   - R: Du bist regelmäßig anwesend.
   - Ü: Du bearbeitest alle Übungsblätter.
   - K: Du bestehst die Klausur.

e) S ≡ (R & Ü & K)

f) W ⊃ D
   - W: Du nimmst an der Wahl zum Deutschen Bundestag teil.
   - D: Du hast die deutsche Staatsbürgerschaft.

Musterlösungen zu Kapitel 5

Aufgabe 1

(1)	A & (B ⊃ C)	Ann.	
(2)	B	Ann.	
(3)	A	1, &-Bes.	
(4)	B ⊃ C	1, &-Bes.	
(5)	C	2, 4, MP	
(6)	A & C	3, 5, &-Einf.	q.e.d.

In der ersten Prämisse ist *(B ⊃ C)* bloß eine Teilformel, auf die der Modus ponens nicht angewendet werden darf. Es wäre daher unzulässig, die Konklusion allein durch einen Modus-ponens-Schluss abzuleiten.

Aufgabe 2

(1)	$N \supset (M \,\&\, C)$	Ann.	
(2)	$G \supset \neg K$	Ann.	
(3)	$V \supset K$	Ann.	
(4)	$(M \,\&\, C) \supset G$	Ann.	
(5)	$N \supset G$	1, 4, KS	
(6)	$N \supset \neg K$	2, 5, KS	
(7)	$\neg K \supset \neg V$	3, KP	
(8)	$N \supset \neg V$	6, 7, KS	q.e.d.

Aufgabe 3

(1)	$\neg B \supset \neg E$	Ann.	
(2)	E	Ann.	
(3)	$B \supset (M \vee W)$	Ann.	
(4)	$\neg M$	Ann.	
(5)	$W \supset G$	Ann.	
(6)	B	1, 2, MT	
(7)	$M \vee W$	3, 6, MP	
(8)	W	4, 7, DS	
(9)	G	5, 8, MP	q.e.d.

Aufgabe 4

(1)	W	Ann.	
(2)	$W \supset (Z \vee E)$	Ann.	
(3)	$Z \supset \neg W$	Ann.	
(4)	$E \equiv A$	Ann.	
(5)	$Z \vee E$	1, 2, MP	
(6)	$\neg Z$	1, 3, MT	
(7)	E	5, 6, DS	
(8)	$(E \supset A) \,\&\, (A \supset E)$	4, ≡-Bes.	
(9)	$E \supset A$	8, &-Bes.	
(10)	A	7, 9, MP	q.e.d.

Aufgabe 5

(1)	$\neg A \supset (T \equiv \neg W)$	Ann.	
(2)	$\neg A \,\&\, \neg W$	Ann.	
(3)	$\neg A$	2, &-Bes.	
(4)	$\neg W$	2, &-Bes.	
(5)	$T \equiv \neg W$	1, 3, MP	
(6)	$(T \supset \neg W) \,\&\, (\neg W \supset T)$	5, ≡-Bes.	
(7)	$\neg W \supset T$	6, &-Bes.	
(8)	T	4, 7, MP	q.e.d.

Aufgabe 6

(1)	$A \supset V$	Ann.
(2)	$\neg A \supset F$	Ann.
(3)	$F \supset G$	Ann.
(4)	$A \supset \neg G$	Ann.
(5)	$F \supset \neg V$	Ann.
(6)	$G \supset \neg A$	4, KP
(7)	$G \supset F$	2, 6, KS
(8)	$G \supset \neg V$	5, 7, KS
(9)	$\neg V \supset \neg A$	1, KP
(10)	$\neg V \supset F$	2, 9, KS
(11)	$\neg V \supset G$	3, 10, KS
(12)	$G \equiv \neg V$	8, 11, ≡-Einf. q.e.d.

Aufgabe 7

(1)	$K \supset (S \vee N)$	Ann.
(2)	$\neg S \;\&\; \neg N$	Ann.
(3)	$\neg(\neg\neg S \vee \neg\neg N)$	2, DM
[(4)	$\neg(S \vee \neg\neg N)$	3, ¬-Bes.]
[(5)	$\neg(S \vee N)$	4, ¬-Bes.]
(6)	$\neg K$	1, 5, MT q.e.d.

Da die De Morgan'schen Gesetze Äquivalenzregeln sind, dürfen sie auch auf Teilformeln angewendet werden, z. B. auf das Hinterglied von (1):

(1)	$K \supset (S \vee N)$	Ann.
(2)	$\neg S \;\&\; \neg N$	Ann.
(3)	$K \supset \neg(\neg S \;\&\; \neg N)$	1, DM
[(4)	$\neg\neg(\neg S \;\&\; \neg N)$	2, ¬-Einf.]
(5)	$\neg K$	3, 4, MT q.e.d.

Aufgabe 8

(1)	$(A \;\&\; B) \supset C$	Ann.
(2)	$\neg C$	Ann.
(3)	A	Ann.
(4)	$\neg(A \;\&\; B)$	1, 2, MT
(5)	$\neg A \vee \neg B$	4, DM
[(6)	$\neg\neg A$	3, ¬-Einf.]
(7)	$\neg B$	5, 6, DS q.e.d.

Aufgabe 9

(1)	¬(A ⊃ B)	Ann.
(2)	C ⊃ B	Ann.
(3)	A & ¬B	1, ⊃-Ers.
(4)	¬B	3, &-Bes.
(5)	¬C	2, 4, MT
(6)	¬[A ⊃ (B ∨ C)] ∨ ¬C	5, ∨-Einf. q.e.d.

Aufgabe 10

Die implizite dritte Prämisse lautet: „Wenn Agentin Aki vergiftet wurde, dann ist sie nicht erschossen worden."

- J: Agentin Aki wurde von James Bond ermordet.
- B: Agentin Aki wurde von Ernst Stavro Blofeld ermordet.
- E: Agentin Aki wurde erschossen.
- V: Agentin Aki wurde vergiftet.

(1)	(J ∨ B) ⊃ E	Ann.
(2)	V	Ann.
(3)	V ⊃ ¬E	Ann.
(4)	¬E	2, 3, MP
(5)	¬(J ∨ B)	1, 4, MT
(6)	¬J & ¬B	5, DM q.e.d.

Musterlösungen zu Kapitel 6

Aufgabe 1

1	(1)	A ⊃ B	Ann.
2	(2)	B ⊃ C	ZA
1, 2	(3)	A ⊃ C	1, 2, KS
1	(4)	(B ⊃ C) ⊃ (A ⊃ C)	2, 3, ⊃-Einf. q.e.d.

Aufgabe 2

1	(1)	(A ∨ B) ⊃ C	Ann.
2	(2)	(C ∨ D) ⊃ E	Ann.
3	(3)	A	ZA
3	(4)	A ∨ B	3, ∨-Einf.
1, 3	(5)	C	1, 4, MP
1, 3	(6)	C ∨ D	5, ∨-Einf.
1, 2, 3	(7)	E	2, 6, MP
1, 2	(8)	A ⊃ E	3, 7, ⊃-Einf. q.e.d.

Aufgabe 3

1	(1)	A ⊃ (B ⊃ C)	Ann.
2	(2)	C ⊃ (B ⊃ D)	Ann.
3	(3)	A	ZA
4	(4)	B	ZA
1, 3	(5)	B ⊃ C	1, 3, MP
1, 3, 4	(6)	C	4, 5, MP
1, 2, 3, 4	(7)	B ⊃ D	2, 6, MP
1, 2, 3, 4	(8)	D	4, 7, MP
1, 2, 3	(9)	B ⊃ D	4, 8, ⊃-Einf.
1, 2	(10)	A ⊃ (B ⊃ D)	3, 9, ⊃-Einf. q.e.d.

Die Versuchung ist groß, schon nach Zeile (7) mit bloß einer Konditional-Einführung auf die Konklusion zu schließen. Wir müssen aber mit zwei Konditional-Einführungen beide Zusatzannahmen aufgeben.

Aufgabe 4

(1)	A ∨ A	Ann.
(2)	¬A	ZA
(3)	A	1, 2, DS
(4)	¬¬A	2, 3, RAA
[(5)	A	4, ¬-Bes.] q.e.d.

Sie könnten schon unter die dritte Zeile ein Kreuz setzen.

Aufgabe 5

Der Beweis lässt sich indirekt oder direkt führen.

(1)	(A ∨ B) ⊃ (C & D)	Ann.
(2)	¬C	Ann.
(3)	¬¬B	ZA
[(4)	B	3, ¬-Bes.]
(5)	A ∨ B	4, ∨-Einf.
(6)	C & D	1, 5, MP
(7)	C	6, &-Bes.
(8)	¬¬¬B	2, 3, 7, RAA
[(9)	¬B	8, ¬-Bes.] q.e.d.

(1)	(A ∨ B) ⊃ (C & D)	Ann.
(2)	¬C	Ann.
(3)	¬C ∨ ¬D	2, ∨-Einf.
(4)	¬(C & D)	3, DM
(5)	¬(A ∨ B)	1, 4, MT
(6)	¬A & ¬B	5, DM
(7)	¬B	6, &-Bes. q.e.d.

Aufgabe 6

(1)	A ⊃ B	Ann.
(2)	A	Ann.
(3)	¬(C ⊃ B)	ZA
(4)	B	1, 2, MP
(5)	C & ¬B	3, ⊃-Ers.
(6)	¬B	5, &-Bes.
	X	

Aufgabe 7

(1)	A ⊃ C	Ann.
(2)	B ⊃ C	Ann.
(3)	¬[(A ∨ B) ⊃ C]	ZA
(4)	(A ∨ B) & ¬C	3, ⊃-Ers.
(5)	A ∨ B	4, &-Bes.
(6)	¬C	4, &-Bes.
(7)	¬A	1, 6, MT
(8)	B	5, 7, DS
(9)	C	2, 8, MP
	X	

Aufgabe 8

Etwas einfacher ist der indirekte Beweis. Darunter zeigen wir den direkten Beweis.

(1)	D ⊃ (G ∨ ¬B)	Ann.
(2)	F	Ann.
(3)	F ⊃ ¬G	Ann.
(4)	V	Ann.
(5)	V ⊃ B	Ann.
(6)	¬¬D	ZA
(7)	G ∨ ¬B	1, 6, MP
(8)	¬G	2, 3, MP
(9)	¬B	7, 8, DS
(10)	B	4, 5, MP
	X	

(1)	D ⊃ (G ∨ ¬B)	Ann.
(2)	F	Ann.
(3)	F ⊃ ¬G	Ann.
(4)	V	Ann.
(5)	V ⊃ B	Ann.
(6)	¬G	2, 3, MP
(7)	B	4, 5, MP
(8)	¬G & B	6, 7, &-Einf.
(9)	¬(G ∨ ¬B)	8, DM
(10)	¬D	1, 9, MT q.e.d.

Aufgabe 9

T ⊃ (¬L ⊃ U)
U ⊃ (W & M)
¬Z ⊃ (M ⊃ I)
N ⊃ T
I ⊃ B

(¬Z & ¬L) ⊃ (N ⊃ B)

Bedingter Beweis:

1	(1)	T ⊃ (¬L ⊃ U)	Ann.	
2	(2)	U ⊃ (W & M)	Ann.	
3	(3)	¬Z ⊃ (M ⊃ I)	Ann.	
4	(4)	N ⊃ T	Ann.	
5	(5)	I ⊃ B	Ann.	
6	(6)	(¬Z & ¬L)	ZA	
7	(7)	N	ZA	
6	(8)	¬Z	6, &-Bes.	
6	(9)	¬L	6, &-Bes.	
4, 7	(10)	T	4, 7, MP	
1, 4, 7	(11)	¬L ⊃ U	1, 10, MP	
1, 4, 6, 7	(12)	U	9, 11, MP	
1, 2, 4, 6, 7	(13)	W & M	2, 12, MP	
1, 2, 4, 6, 7	(14)	M	13, &-Bes.	
3, 6	(15)	M ⊃ I	3, 8, MP	
1, 2, 3, 4, 6, 7	(16)	I	14, 15, MP	
1, 2, 3, 4, 5, 6, 7	(17)	B	5, 16, MP	
1, 2, 3, 4, 5, 6	(18)	N ⊃ B	7, 17, ⊃-Einf.	
1, 2, 3, 4, 5	(19)	(¬Z & ¬L) ⊃ (N ⊃ B)	6, 18, ⊃-Einf.	q.e.d.

Indirekter Beweis:

(1)	T ⊃ (¬L ⊃ U)	Ann.
(2)	U ⊃ (W & M)	Ann.
(3)	¬Z ⊃ (M ⊃ I)	Ann.
(4)	N ⊃ T	Ann.
(5)	I ⊃ B	Ann.
(6)	¬[(¬Z & ¬L) ⊃ (N ⊃ B)]	ZA
(7)	(¬Z & ¬L) & ¬(N ⊃ B)	6, ⊃-Ers.
(8)	¬Z & ¬L	7, &-Bes.
(9)	¬Z	8, &-Bes.
(10)	¬L	8, &-Bes.
(11)	¬(N ⊃ B)	7, &-Bes.
(12)	N & ¬B	11, ⊃-Ers.
(13)	N	12, &-Bes.
(14)	¬B	12, &-Bes.
(15)	T	4, 13, MP
(16)	¬L ⊃ U	1, 15, MP
(17)	U	10, 16, MP

(18)	W & M	2, 17, MP
(19)	M	18, &-Bes.
(20)	M ⊃ I	3, 9, MP
(21)	I	19, 20, MP
(22)	B	5, 21, MP
(23)	(¬Z & ¬L) ⊃ (N ⊃ B)	6, 14, 22, RAA q.e.d.

Aufgabe 10

- A: Der Determinismus ist wahr.
- B: *P* (Proposition, die den Zustand der Welt zum Zeitpunkt *T* ausdrückt) folgt aus der Konjunktion von P_0 (Proposition, die den Zustand der Welt zu einem Zeitpunkt vor *R*'s Geburt ausdrückt) und *L* (Konjunktion aller Gesetze der Physik).
- C: Wenn *R* zum Zeitpunkt *T* seine Hand gehoben hätte, dann wäre *P* falsch.
- D: *R* kann zum Zeitpunkt *T* seine Hand heben.
- E: *R* kann *P* falsch machen.
- F: *R* kann die Konjunktion von P_0 und *L* falsch machen.
- G: *R* kann *L* falsch machen.

1	(1)	A ⊃ B	Ann.
2	(2)	C	Ann.
3	(3)	C ⊃ (D ⊃ E)	Ann.
4	(4)	(E & B) ⊃ F	Ann.
5	(5)	F ⊃ G	Ann.
6	(6)	¬G	Ann.
7	(7)	A	ZA
2, 3	(8)	D ⊃ E	2, 3, MP
5, 6	(9)	¬F	5, 6, MT
4, 5, 6	(10)	¬(E & B)	4, 9, MT
4, 5, 6	(11)	¬E ∨ ¬B	10, DM
1, 7	(12)	B	1, 7, MP
1, 4, 5, 6, 7	(13)	¬E	11, 12, DS
1, 2, 3, 4, 5, 6, 7	(14)	¬D	8, 13, MT
1, 2, 3, 4, 5, 6	(15)	A ⊃ ¬D	7, 14, ⊃-Einf. q.e.d.

Aufgabe 11

Der Text lässt mindestens zwei gute Lösungen zu. Die erste ist etwas genauer:

1. <Die Welt hat keinen Anfang in der Zeit.>
2. Wenn die Welt keinen Anfang in der Zeit hat, dann ist bis zu jedem gegebenen Zeitpunkte eine Ewigkeit abgelaufen.
3. Wenn bis zu jedem gegebenen Zeitpunkte eine Ewigkeit abgelaufen ist, dann ist eine unendliche Reihe aufeinander folgender Zustände der Dinge in der Welt verflossen.
4. Wenn eine unendliche Reihe aufeinander folgender Zustände der Dinge in der Welt verflossen ist, dann kann diese Reihe durch sukzessive Synthesis niemals vollendet sein.
5. Wenn eine unendliche Reihe aufeinander folgender Zustände der Dinge in der Welt durch sukzessive Synthesis niemals vollendet sein kann, dann ist keine unendliche Reihe aufeinander folgender Zustände der Dinge in der Welt verflossen.

---

6. Also: Die Welt hat einen Anfang in der Zeit.

- A: Die Welt hat einen Anfang in der Zeit.
- E: Bis zu jedem gegebenen Zeitpunkte ist eine Ewigkeit abgelaufen.
- U: Eine unendliche Reihe aufeinander folgender Zustände der Dinge in der Welt ist verflossen.
- V: Eine unendliche Reihe aufeinander folgender Zustände der Dinge in der Welt kann durch sukzessive Synthesis vollendet sein.

(1)	$\neg A$	ZA
(2)	$\neg A \supset E$	Ann.
(3)	$E \supset U$	Ann.
(4)	$U \supset \neg V$	Ann.
(5)	$\neg V \supset \neg U$	Ann.
(6)	E	1, 2, MP
(7)	U	3, 6, MP
(8)	$\neg V$	4, 7, MP
(9)	$\neg U$	5, 8, MP
(10)	$\neg\neg A$	1, 7, 9, RAA
(11)	A	10, ¬-Bes. q.e.d.

Die zweite Lösung ignoriert den Nebensatz „so ist bis zu jedem gegebenen Zeitpunkte eine Ewigkeit abgelaufen“ und fasst die obige zweite und dritte Prämisse zusammen: „Wenn die Welt keinen Anfang in der Zeit hat, dann ist eine unendliche Reihe aufeinander folgender Zustände der Dinge in der Welt verflossen.“

(1)	$\neg A$	ZA
(2)	$\neg A \supset U$	Ann.
(3)	$U \supset \neg V$	Ann.
(4)	$\neg V \supset \neg U$	Ann.
(5)	U	1, 2, MP
(6)	$\neg V$	3, 5, MP
(7)	$\neg U$	4, 6, MP
	X	

Das Argument ist allem Anschein nach logisch gültig. Es ist allerdings nicht sicher, ob Kant dieses Argument für logisch gültig hält. An einer anderen Stelle behauptet er, die Annahme um des Arguments willen „Die Welt hat keinen Anfang in der Zeit" enthalte eine innere Verneinung (vgl. B 531 f.). Wie schon im vierten Kapitel erwähnt, ist es aber in sehr seltenen Fällen problematisch, die innere Verneinung schlicht durch die Negation zu formalisieren. Kant würde zwar den Schluss auf die Verneinung der Annahme um des Arguments willen akzeptieren: „Es ist nicht der Fall, dass die Welt keinen Anfang in der Zeit hat." Aber er würde es vermutlich ablehnen, die beiden Verneinungen zu beseitigen und auf die Thesis zu schließen: „Die Welt hat einen Anfang in der Zeit."

Musterlösungen zu Kapitel 7

Aufgabe 1

(1)	$A \supset C$	Ann.
(2)	$B \supset D$	Ann.
(3)	$A \lor B$	Ann.

(4)	A	3	(4)	B	3
(5)	C	1, 4, MP	(5)	D	2, 4, MP
(6)	$C \lor D$	5, ∨-Einf.	(6)	$C \lor D$	5, ∨-Einf.
	q.e.d.			q.e.d.	

Aufgabe 2

(1)	$A \supset C$	Ann.
(2)	$B \supset D$	Ann.
(3)	$\neg C \lor \neg D$	Ann.

(4)	$\neg C$	3	(4)	$\neg D$	3
(5)	$\neg A$	1, 4, MT	(5)	$\neg B$	2, 4, MT
(6)	$\neg A \lor \neg B$	5, ∨-Einf.	(6)	$\neg A \lor \neg B$	5, ∨-Einf.
	q.e.d.			q.e.d.	

Aufgabe 3

(1)	$(A \& B) \lor (C \& D)$	Ann.
(2)	$\neg B$	Ann.

(3)	$A \& B$	1	(3)	$C \& D$	1
(4)	B	3, &-Bes.	(4)	C	3, &-Bes.
	X			q.e.d.	

Aufgabe 4

(1)	A & (B ∨ C)	Ann.
(2)	A	1, &-Bes.
(3)	B ∨ C	1, &-Bes.

(4)	B	3	(4)	C	3
(5)	A & B	2, 4, &-Einf.	(5)	A & C	2, 4, &-Einf.
(6)	(A & B) ∨ (A & C)	5, ∨-Einf.	(6)	(A & B) ∨ (A & C)	5, ∨-Einf.
	q.e.d.			q.e.d.	

Aufgabe 5

(1)	(A & B) ∨ (A & C)	Ann.

(2)	A & B	1	(2)	A & C	1
(3)	A	2, &-Bes.	(3)	A	2, &-Bes.
(4)	B	2, &-Bes.	(4)	C	2, &-Bes.
(5)	B ∨ C	4, ∨-Einf.	(5)	B ∨ C	4, ∨-Einf.
(6)	A & (B ∨ C)	3, 5, &-Einf.	(6)	A & (B ∨ C)	3, 5, &-Einf.
	q.e.d.			q.e.d.	

Aufgabe 6

(1)	A ⊃ B	Ann.
(2)	C ⊃ D	Ann.
(3)	¬(B ∨ D)	Ann.
(4)	¬¬(A ∨ C)	ZA
(5)	A ∨ C	4, ¬-Bes.
(6)	¬B & ¬D	3, DM
(7)	¬B	6, &-Bes.
(8)	¬D	6, &-Bes.

(9)	A	5	(9)	C	5
(10)	B	1, 9, MP	(10)	D	2, 9, MP
	X			X	

Aufgabe 7

- F: Die Aussagen der Psychoanalyse sind falsifizierbar.
- S: Die Psychoanalyse ist eine seriöse Wissenschaft.
- W: Die psychoanalytischen Deutungen lassen sich durch das beobachtbare Verhalten der Patienten prinzipiell widerlegen.

(1)	$F \vee \neg S$	Ann.
(2)	$F \supset W$	Ann.

(3)	F	1	(3)	$\neg S$	1
(4)	W	2, 3, MP	(4)	$W \vee \neg S$	3, ∨-Einf.
(5)	$W \vee \neg S$	4, ∨-Einf.		q.e.d.	
	q.e.d.				

Aufgabe 8

Zu ergänzen sind die beiden Prämissen:
Die Angeklagte des Hexengerichts ertrinkt oder wird an Land gespült.
Wenn die Angeklagte des Hexengerichts verbrannt wird, dann überlebt sie ihr Verfahren nicht.

- E: Die Angeklagte des Hexengerichts ertrinkt.
- L: Die Angeklagte des Hexengerichts wird an Land gespült.
- Ü: Die Angeklagte des Hexengerichts überlebt ihr Verfahren.
- T: Die Rettung der Angeklagten des Hexengerichts gilt als sicheres Zeichen dafür, dass sie mit dem Teufel im Bunde steht, der seine Geliebte vor dem Tode bewahrt hat.
- S: Die Angeklagte des Hexengerichts wird umgehend auf dem Scheiterhaufen verbrannt.

(1)	$E \vee L$	Ann.
(2)	$E \supset \neg Ü$	Ann.
(3)	$L \supset T$	Ann.
(4)	$T \supset S$	Ann.
(5)	$S \supset \neg Ü$	Ann.
(6)	$L \supset S$	3, 4, KS
(7)	$L \supset \neg Ü$	5, 6, KS

(8)	E	1	(8)	L	1
(9)	$\neg Ü$	2, 8, MP	(9)	$\neg Ü$	7, 8, MP
	q.e.d.			q.e.d.	

Musterlösungen zu Kapitel 8

a) $\forall x(Gx \supset \neg Kx)$
b) $\neg\exists x(Sx \,\&\, Hx)$ oder $\forall x(Sx \supset \neg Hx)$
c) $\neg\exists x(Gx)$ oder $\forall x(\neg Gx)$
d) $\exists x(Tx \,\&\, \neg Hx)$
e) $\forall x(Tx \supset \neg Hx)$
f) $\neg\exists x(Sx \,\&\, Rx)$ oder $\forall x(Sx \supset \neg Rx)$
g) $\forall x(Kxp)$
h) $\forall x(Szx)$
i) $\exists x(Lgx)$
j) $\exists x(\neg Lxg)$
k) $\neg\exists x(Lxg)$ oder $\forall x(\neg Lxg)$
l) $\forall x(Px \supset Lax) \,\&\, \forall x(Px \supset Lxa)$ oder $\forall x[Px \supset (Lax \,\&\, Lxa)]$
m) $\forall x[(Ax \,\&\, Sx) \supset Rx]$
n) $\forall x[Mx \supset (Sx \vee Rx)]$
o) Drei Lösungen sind möglich:
1. $\forall x(Rx \supset Vx) \,\&\, \forall x(Rx \supset Bx) \,\&\, \forall x(Ax \supset Vx) \,\&\, \forall x(Ax \supset Bx)$
2. $\forall x[(Rx \vee Ax) \supset (Vx \,\&\, Bx)]$
3. $\forall x[Rx \supset (Vx \,\&\, Bx)] \,\&\, \forall x[Ax \supset (Vx \,\&\, Bx)]$
p) $\forall x(Sx \supset Mx) \,\&\, \forall x(Rx \supset Mx)$ oder $\forall x[(Sx \vee Rx) \supset Mx]$

Musterlösungen zu Kapitel 10

Aufgabe 1

(1)	$\forall x(Fx \supset Gx)$	Ann.	
(2)	Fa	Ann.	
(3)	$Fa \supset Ga$	1, $\forall$-Bes.	
(4)	Ga	2, 3, MP	q.e.d.

Aufgabe 2

(1)	$\forall x[(Fx \vee Gx) \supset Hx]$	Ann.	
(2)	$\forall x(Kx \supset \neg Hx)$	Ann.	
(3)	Km	Ann.	
(4)	$(Fm \vee Gm) \supset Hm$	1, $\forall$-Bes.	
(5)	$Km \supset \neg Hm$	2, $\forall$-Bes.	
(6)	$\neg Hm$	3, 5, MP	
(7)	$\neg(Fm \vee Gm)$	4, 6, MT	
(8)	$\neg Fm \,\&\, \neg Gm$	7, DM	
(9)	$\neg Gm$	8, &-Bes.	q.e.d.

Aufgabe 3

(1)	$\forall x(Fx \supset Gx)$	Ann.
(2)	$\forall x(\neg Gx)$	Ann.
(3)	$Fa \supset Ga$	1, ∀-Bes.
(4)	$\neg Ga$	2, ∀-Bes.
(5)	$\neg Fa$	3, 4, MT
(6)	$\forall x(\neg Fx)$	5, ∀-Einf. q.e.d.

Aufgabe 4

a) Tristan liebt Isolde. Also gibt es jemanden, der Isolde liebt.

(1)	Lti	Ann.
(2)	$\exists x(Lxi)$	1, ∃-Einf. q.e.d.

b) Tristan liebt Isolde. Also gibt es jemanden, den Tristan liebt.

(1)	Lti	Ann.
(2)	$\exists x(Ltx)$	1, ∃-Einf. q.e.d.

c) Tristan liebt Isolde. Also liebt jemand jemanden.

(1)	Lti	Ann.
(2)	$\exists x(Ltx)$	1, ∃-Einf.
(3)	$\exists y \exists x(Lyx)$	2, ∃-Einf. q.e.d.

d) Isolde liebt König Marke nicht. Also lieben nicht alle König Marke. (= Also wird König Marke nicht von allen geliebt).

(1)	$\neg Lim$	Ann.
(2)	$\exists x(\neg Lxm)$	1, ∃-Einf.
(3)	$\neg \forall x \neg(\neg Lxm)$	2, QT
[(4)	$\neg \forall x(Lxm)$	3, ¬-Bes.] q.e.d.

e) König Marke liebt alle. Also gibt es jemanden, der Isolde liebt.

(1)	$\forall x(Lmx)$	Ann.
(2)	Lmi	1, ∀-Bes.
(3)	$\exists x(Lxi)$	2, ∃-Einf. q.e.d.

Aufgabe 5

(1)	$\forall x[Fx \supset (Gx \lor Hx)]$	Ann.	
(2)	$\forall x(Gx \supset Ix)$	Ann.	
(3)	$\exists x(Fx \,\&\, \neg Ix)$	Ann.	
(4)	$Fa \supset (Ga \lor Ha)$	1, $\forall$-Bes.	
(5)	$Ga \supset Ia$	2, $\forall$-Bes.	
(6)	$Fa \,\&\, \neg Ia$	3, $\exists$-Bes.	
(7)	Fa	6, &-Bes.	
(8)	$Ga \lor Ha$	4, 7, MP	
(9)	$\neg Ia$	6, &-Bes.	
(10)	$\neg Ga$	5, 9, MT	
(11)	Ha	8, 10, DS	
(12)	$Fa \,\&\, Ha$	7, 11, &-Einf.	
(13)	$\exists x(Fx \,\&\, Hx)$	12, $\exists$-Einf.	q.e.d.

Aufgabe 6

(1)	$\forall x(Mx \supset \neg Sx)$	Ann.	
(2)	$\neg\exists x\neg(Mx \supset \neg Sx)$	1, QT	
(3)	$\neg\exists x(Mx \,\&\, \neg\neg Sx)$	2, $\supset$-Ers.	
[(4)	$\neg\exists x(Mx \,\&\, Sx)$	3, $\neg$-Bes.]	q.e.d.

(1)	$\neg\exists x(Mx \,\&\, Sx)$	Ann.	
(2)	$\neg\neg\forall x\neg(Mx \,\&\, Sx)$	1, QT	
[(3)	$\forall x\neg(Mx \,\&\, Sx)$	2, $\neg$-Bes.]	
(4)	$\neg\forall x(Mx \supset \neg Sx)$	ZA	
(5)	$\neg\neg\exists x\neg(Mx \supset \neg Sx)$	4, QT	
[(6)	$\exists x\neg(Mx \supset \neg Sx)$	5, $\neg$-Bes.]	
(7)	$\neg(Ma \supset \neg Sa)$	6, $\exists$-Bes.	
(8)	$Ma \,\&\, \neg\neg Sa$	7, $\supset$-Ers.	
(9)	Ma	8, &-Bes.	
(10)	$\neg\neg Sa$	8, &-Bes.	
(11)	$\neg(Ma \,\&\, Sa)$	3, $\forall$-Bes.	
(12)	$\neg Ma \lor \neg Sa$	11, DM	
(13)	$\neg Ma$	10, 12, DS	
(14)	$\neg\neg\forall x(Mx \supset \neg Sx)$	4, 9, 13, RAA	
[(15)	$\forall x(Mx \supset \neg Sx)$	14, $\neg$-Bes.]	q.e.d.

Aufgabe 7

- Kx: x ist ein Kunstwerk
- Sx: x ist schön
- w: Wien

(1)	$\forall x(Kx \supset Sx)$	Ann.	
(2)	$\neg Sw$	Ann.	
(3)	$Kw \supset Sw$	1, ∀-Bes.	
(4)	$\neg Kw$	2, 3, MT	q.e.d.

Aufgabe 8

(1)	$\forall x(Kx \supset Sx)$	Ann.
(2)	$\neg Kw$	Ann.
(3)	$Kw \supset Sw$	1, ∀-Bes.

Das Argument ist nicht logisch gültig; der Schluss von (2) und (3) auf die Konklusion $\neg Sw$ wäre ein Fehlschluss der Verneinung des Antezedens.

Aufgabe 9

- Ex: x erhält in den Berliner Opernhäusern den ermäßigten Eintrittspreis
- Sx: x ist ein Studierender
- Vx: x hat das 30. Lebensjahr vollendet
- u: Udo

(1)	$\forall x[(Sx \,\&\, \neg Vx) \supset Ex]$	Ann.	
(2)	$\neg Eu \,\&\, Su$	Ann.	
(3)	$(Su \,\&\, \neg Vu) \supset Eu$	1, ∀-Bes.	
(4)	$\neg Eu$	2, &-Bes.	
(5)	$\neg(Su \,\&\, \neg Vu)$	3, 4, MT	
(6)	$\neg Su \lor Vu$	5, DM	
(7)	Su	2, &-Bes.	
(8)	Vu	6, 7, DS	q.e.d.

Aufgabe 10

Es wäre hier unnötig kompliziert, die Allquantoren zu beseitigen und am Ende den Allquantor wieder einzuführen. Stattdessen arbeiten wir mit dem Prädikatenlogischen Kettenschluss:

(1)	$\forall x[\neg(Hx \lor Ix) \supset \neg Gx]$	Ann.	
(2)	$\forall x(Fx \supset Gx)$	Ann.	
(3)	$\forall x[(Hx \lor Ix) \supset Bx]$	Ann.	
(4)	$\forall x[Gx \supset (Hx \lor Ix)]$	1, KP	
(5)	$\forall x[Fx \supset (Hx \lor Ix)]$	2, 4, PKS	
(6)	$\forall x(Fx \supset Bx)$	3, 5, PKS	q.e.d.

Aufgabe 11

(1) $\forall x(Fx) \lor \forall x(Gx)$ Ann.

(2)	$\forall x(Fx)$	1	(2)	$\forall x(Gx)$	1
(3)	Fa	2, $\forall$-Bes.	(3)	Ga	2, $\forall$-Bes.
(4)	$Fa \lor Ga$	3, $\lor$-Einf.	(4)	$Fa \lor Ga$	3, $\lor$-Einf.
(5)	$\forall x(Fx \lor Gx)$	4, $\forall$-Einf.	(5)	$\forall x(Fx \lor Gx)$	4, $\forall$-Einf.
	q.e.d.			q.e.d.	

Aufgabe 12

(1) $\exists x(Fx \lor Gx)$ Ann.
(2) $Fa \lor Ga$ 1, $\exists$-Bes.

(3)	Fa	2	(3)	Ga	2
(4)	$\exists x(Fx)$	3, $\exists$-Einf.	(4)	$\exists x(Gx)$	3, $\exists$-Einf.
(5)	$\exists x(Fx) \lor \exists x(Gx)$	4, $\lor$-Einf.	(5)	$\exists x(Fx) \lor \exists x(Gx)$	4, $\lor$-Einf.
	q.e.d.			q.e.d.	

Aufgabe 13

(1) $\exists x(Fx) \lor \exists x(Gx)$ Ann.

(2)	$\exists x(Fx)$	1	(2)	$\exists x(Gx)$	1
(3)	Fa	2, $\exists$-Bes.	(3)	Ga	2, $\exists$-Bes.
(4)	$Fa \lor Ga$	3, $\lor$-Einf.	(4)	$Fa \lor Ga$	3, $\lor$-Einf.
(5)	$\exists x(Fx \lor Gx)$	4, $\exists$-Einf.	(5)	$\exists x(Fx \lor Gx)$	4, $\exists$-Einf.
	q.e.d.			q.e.d.	

Wir dürfen (aber müssen nicht) in beiden Existenzquantor-Beseitigungen denselben Namensbuchstaben *a* einsetzen, weil sich diese Schlüsse in unterschiedlichen Zweigen befinden. Wäre in einem der Zweige eine weitere Existenzquantor-Beseitigung, müssten wir dabei einen neuen Namensbuchstaben verwenden.

Aufgabe 14

- Fx: x ist vollständig durch seine formale oder syntaktische Struktur definiert
- Sx: x hat semantische Inhalte
- Cx: x ist ein Computerprogramm
- Gx: x ist ein Geist

(1)	$\forall x(Fx \supset \neg Sx)$	Ann.	
(2)	$\forall x(Cx \supset Fx)$	Ann.	
(3)	$\forall x(Gx \supset Sx)$	Ann.	
(4)	$\forall x(Cx \supset \neg Sx)$	1, 2, PKS	
(5)	$\forall x(\neg Sx \supset \neg Gx)$	3, KP	
(6)	$\forall x(Cx \supset \neg Gx)$	4, 5, PKS	q.e.d.

Aufgabe 15

- Ax: x verursacht einen akuten Schmerz
- Kx: x ist von kurzer Dauer
- Lx: x verursacht lang dauernden Schmerz
- Mx: x verursacht milden Schmerz
- Px: x ist ein körperliches Leid
- Ex: x ist erträglich

Am einfachsten ist ein indirekter Beweis:

(1)	$\forall x(Ax \supset Kx)$	Ann.
(2)	$\forall x(Lx \supset Mx)$	Ann.
(3)	$\forall x(Kx \supset Ex)$	Ann.
(4)	$\forall x(Mx \supset Ex)$	Ann.
(5)	$\forall x[Px \supset (Ax \vee Lx)]$	Ann.
(6)	$\neg\forall x(Px \supset Ex)$	ZA
(7)	$\forall x(Ax \supset Ex)$	1, 3, PKS
(8)	$\forall x(Lx \supset Ex)$	2, 4, PKS
(9)	$Aa \supset Ea$	7, ∀-Bes.
(10)	$La \supset Ea$	8, ∀-Bes.
(11)	$Pa \supset (Aa \vee La)$	5, ∀-Bes.
(12)	$\exists x\neg(Px \supset Ex)$	6, QT
(13)	$\neg(Pa \supset Ea)$	12, ∃-Bes.
(14)	$Pa \;\&\; \neg Ea$	13, ⊃-Ers.
(15)	Pa	14, &-Bes.
(16)	$\neg Ea$	14, &-Bes.
(17)	$Aa \vee La$	11, 15, MP
(18)	$\neg Aa$	9, 16, MT
(19)	La	17, 18, DS
(20)	$\neg La$	10, 16,MT
	X	

Ein direkter Beweis ist nicht möglich. Wir können jedoch mit Hilfe eines bedingten verzweigten Beweises *Pa ⊃ Ea* ableiten, um am Ende per Allquantor-Einführung auf die Konklusion *∀x(Px ⊃ Ex)* zu schließen. Zu diesem Zweck führen wir das Vorderglied *Pa* als Zusatzannahme ein und leiten anschließend in beiden Zweigen das Hinterglied *Ea* ab:

(1)	$\forall x(Ax \supset Kx)$	Ann.
(2)	$\forall x(Lx \supset Mx)$	Ann.
(3)	$\forall x(Kx \supset Ex)$	Ann.
(4)	$\forall x(Mx \supset Ex)$	Ann.
(5)	$\forall x[Px \supset (Ax \vee Lx)]$	Ann.
(6)	Pa	ZA
(7)	$\forall x(Ax \supset Ex)$	1, 3, PKS
(8)	$\forall x(Lx \supset Ex)$	2, 4, PKS
(9)	$Aa \supset Ea$	7, ∀-Bes.
(10)	$La \supset Ea$	8, ∀-Bes.
(11)	$Pa \supset (Aa \vee La)$	5, ∀-Bes.
(12)	$Aa \vee La$	6, 11, MP

(13)	Aa	12	(13)	La	12
(14)	Ea	9, 13, MP	(14)	Ea	10, 13, MP
(15)	$Pa \supset Ea$	6, 14, ⊃-Einf.	(15)	$Pa \supset Ea$	6, 14, ⊃-Einf.
(16)	$\forall x(Px \supset Ex)$	15, ∀-Einf.	(16)	$\forall x(Px \supset Ex)$	15, ∀-Einf.
	q.e.d.			q.e.d.	

Lehrbücher zur Logik und Argumentationstheorie

Beckermann, Ansgar: *Einführung in die Logik*, Berlin / New York 2003

Brun, Georg / Hirsch Hadorn, Gertrude: *Textanalyse in den Wissenschaften. Inhalte und Argumente analysieren und verstehen*, Zürich 2009

Bucher, Theodor: *Einführung in die angewandte Logik*, Berlin / New York 1998

Detel, Wolfgang: *Grundkurs Philosophie,* Band I: *Logik*, Stuttgart 2007

Haack, Susan: *Philosophy of Logics*, Cambridge 1978

Hoyningen-Huene, Paul: *Formale Logik. Eine philosophische Einführung*, Stuttgart 1998

Jacquette, Dale: *Symbolic Logic*, Wadsworth Publishing 2000

Löffler, Winfried: *Einführung in die Logik*, Stuttgart 2008

Priest, Graham: *Logic. A Very Short Introduction*, Oxford / New York 2000

– *Einführung in die nicht-klassische Logik*, Paderborn 2008

Read, Stephen: *Philosophie der Logik. Eine Einführung*, Reinbek bei Hamburg 1997

Rosenberg, Jay F.: *Philosophieren. Ein Handbuch für Anfänger*, Frankfurt/M. 2006

Rosenkranz, Sven: *Einführung in die Logik*, Stuttgart 2006

Salmon, Wesley: *Logik*, Stuttgart 1983

Tetens, Holm: *Philosophisches Argumentieren. Eine Einführung*, München 2004

Tugendhat, Ernst / Wolf, Ursula: *Logisch-semantische Propädeutik*, Stuttgart 1983

Wessel, Horst: *Logik*, Berlin 1999

Zegarelli, Mark: *Logik für Dummies*, Weinheim 2008

Verzeichnis der Symbole, Wahrheitstafeln und Regeln

Symbole

Symbol	*logischer Operator*	*logischer Ausdruck*
¬	Negation	nicht
&	Konjunktion	und
∨	Disjunktion	oder
⊃	Konditional	wenn – dann
≡	Bikonditional	genau dann – wenn
∀	Allquantor	alle(s) für jeden Gegenstand gilt
∃	Existenzquantor	einige(s) für mindestens einen Gegenstand gilt

Wahrheitstafeln

Wahrheitstafel der Negation:

α	$\neg\alpha$
W	F
F	W

Wahrheitstafel der Konjunktion:

α	β	$\alpha \& \beta$
W	W	W
W	F	F
F	W	F
F	F	F

Wahrheitstafel der Disjunktion:

α	β	$\alpha \vee \beta$
W	W	W
W	F	W
F	W	W
F	F	F

Wahrheitstafel des Konditionals:

α	β	$\alpha \supset \beta$
W	W	W
W	F	F
F	W	W
F	F	W

Wahrheitstafel des Bikonditionals:

α	β	$\alpha \equiv \beta$
W	W	W
W	F	F
F	W	F
F	F	W

Aussagenlogische Schlussregeln

Die mit einem hochgestellten ^{T} gekennzeichneten Äquivalenzregeln sind auch auf Teilformeln anwendbar. Die mit einem hochgestellten ^{S} markierten Schlussregeln können stillschweigend vorgenommen werden.

Modus ponens (MP)

$\alpha \supset \beta$
α
———
β

Modus tollens (MT)

$\alpha \supset \beta$
$\neg\beta$
———
$\neg\alpha$

Kettenschluss (KS)

$\alpha \supset \beta$
$\beta \supset \gamma$
———
$\alpha \supset \gamma$

Kontraposition (KP)^{T}

$\alpha \supset \beta$
———
$\neg\beta \supset \neg\alpha$

Negations-Beseitigung (¬-Bes.) $^{T\,S}$

$\neg\neg\alpha$
———
α

Negations-Einführung (¬-Einf.) $^{T\,S}$

α
———
$\neg\neg\alpha$

Konjunktions-Beseitigung (&-Bes.)

$\alpha \,\&\, \beta$ ——— α

$\alpha \,\&\, \beta$ ——— β

Konjunktions-Einführung (&-Einf.)

α
β
———
$\alpha \,\&\, \beta$

Disjunktiver Syllogismus (DS)

$\alpha \vee \beta$
$\neg\alpha$
———
β

$\alpha \vee \beta$
$\neg\beta$
———
α

Disjunktions-Einführung (∨-Einf.)

α
———
$\alpha \vee \beta$

α
———
$\beta \vee \alpha$

Bikonditional-Beseitigung (≡-Bes.)^{T}

$$\frac{\alpha \equiv \beta}{(\alpha \supset \beta) \,\&\, (\beta \supset \alpha)}$$

Bikonditional-Einführung (≡-Einf.)

$$\frac{\begin{array}{l}\alpha \supset \beta \\ \beta \supset \alpha\end{array}}{\alpha \equiv \beta}$$

De Morgan'sche Gesetze (DM)^{T}

$$\frac{\alpha \vee \beta}{\neg(\alpha \,\&\, \beta)} \qquad \frac{\neg(\neg\alpha \,\&\, \neg\beta)}{\neg\alpha \vee \neg\beta} \qquad \frac{\alpha \,\&\, \beta}{\neg(\alpha \vee \beta)} \qquad \frac{\neg(\neg\alpha \vee \neg\beta)}{\neg\alpha \,\&\, \neg\beta}$$

Konditional-Ersetzung (⊃-Ers.)^{T}

$$\frac{\neg(\alpha \supset \beta)}{\alpha \,\&\, \neg\beta}$$

Kommutation (KM)$^{T\ S}$

$$\frac{\alpha \,\&\, \beta}{\beta \,\&\, \alpha} \qquad \frac{\alpha \vee \beta}{\beta \vee \alpha} \qquad \frac{\alpha \equiv \beta}{\beta \equiv \alpha}$$

Konditional-Einführung (⊃-Einf.)

$$\frac{x, \alpha \vdash \beta}{x \vdash \alpha \supset \beta}$$

Reductio ad absurdum (RAA)

$$\frac{x, \alpha \vdash \beta, \neg\beta}{x \vdash \neg\alpha}$$

Prädikatenlogische Schlussregeln

Quantorentausch (QT)^{T}

$$\frac{\forall x(\alpha)}{\neg\exists x\neg(\alpha)} \qquad \frac{\exists x(\alpha)}{\neg\forall x\neg(\alpha)}$$

Allquantor-Beseitigung (∀-Bes.)

$$\frac{\forall x(\alpha)}{\alpha[x/@]}$$

α[x/@] ist eine Formel, in der jedes Vorkommnis der Variable *x* durch einen beliebigen Namensbuchstaben @ ersetzt wurde.

Existenzquantor-Beseitigung (∃-Bes.)

$$\frac{\exists x(\alpha)}{\alpha[x/@]}$$

Voraussetzungen der Existenzquantor-Beseitigung:
1. @ kommt *nicht* in den Annahmen vor.
2. @ kommt *nicht* in der Konklusion vor.
3. Bei mehrfacher Anwendung der Existenzquantor-Beseitigung innerhalb eines Beweises oder Zweiges ist für @ jedes Mal ein neuer Namensbuchstaben einzusetzen.

Existenzquantor-Einführung (∃-Einf.)

$$\frac{\alpha}{\exists x(\alpha[@/x])}$$

α[@/x] ist eine Teilformel, in der jedes Vorkommnis eines beliebigen Namensbuchstabens @ durch eine Variable *x* ersetzt wurde.

Allquantor-Einführung (∀-Einf.)

$$\frac{\alpha}{\forall x(\alpha[@/x])}$$

Voraussetzungen der Allquantor-Einführung:
1. @ kommt nicht in den Annahmen vor.
2. @ kommt nicht in der Konklusion vor.
3. Die Zeile, auf die Sie die Allquantor-Einführung anwenden, enthält keinen Namensbuchstaben, den Sie zuvor durch eine Existenzquantor-Beseitigung abgeleitet haben.

Prädikatenlogischer Kettenschluss (PKS)

$$\frac{\begin{array}{c}\forall x(\alpha \supset \beta)\\ \forall x(\beta \supset \gamma)\end{array}}{\forall x(\alpha \supset \gamma)}$$

Verzweigungsregeln

$\alpha \vee \beta$	$\alpha \supset \beta$	$\neg(\alpha \,\&\, \beta)$	$\alpha \equiv \beta$	$\neg(\alpha \equiv \beta)$
α / β	$\neg\alpha$ / β	$\neg\alpha$ / $\neg\beta$	α, β / $\neg\alpha, \neg\beta$	$\alpha, \neg\beta$ / $\neg\alpha, \beta$

Register

Allquantor 154, 163 f., 166, 169 f., 175, 178 f., 182, 187 f. 190–193, 215, 244, 249
Allquantor-Beseitigung 179, 181 f., 251 f.
Allquantor-Einführung 187–191, 215, 246, 252
Allaussage 94, 154, 163, 165–169, 171 f., 176–178, 192 f.
Antezedens 47 f., 67 f., 71–73, 77, 93–95, 108, 207 f., 223, 244
Äquivalenz, logische 79
Äquivalenzregel 110, 118, 193, 231, 250
Argumentationstheorie 10, 248
Argumentfeindschaft → Misologie
Aristoteles 18, 29, 37, 60, 192 f.
Aussagebuchstabe 41, 55–58, 70–75, 85, 92 f., 99, 104, 106, 112, 114, 116 f., 119, 139, 151, 153, 169–171, 181, 186
Aussagenlogik 10, 40, 55, 67, 82, 104, 107, 141, 151 f., 153–155, 166, 177, 190, 193, 196
Autonomie, gedankliche 23

Baumkalkül 10 f., 48, 143, 145–149, 179
Bedingung, hinreichende 93 f., 103, 169
Bedingung, notwendige 93, 96, 103, 129, 142, 169, 229
Bedingungsaussage 38, 45, 65–67, 72, 77, 93, 98, 109, 169, 171, 209
Begriffsanalyse 19 f., 22 f., 25 f.
Begründung 28 f., 50, 216, 218 f.
Beweis, direkter 135, 246
Beweis, indirekter 135, 246
Beweis, verzweigter 146
Beweisspalte, linke 130 f., 135
Beziehung 17, 22–24, 37–39, 45, 67, 83, 85, 87, 90, 96, 115 f., 152, 154 f., 157, 159, 161 f., 174, 194, 210, 227
Bikonditional 56 f., 69 f., 80, 90, 95, 122 f., 125, 128, 168, 226, 249–251
Bikonditional-Beseitigung 122 f., 134, 251
Bikonditional-Einführung 123, 128
Bindungsbereich 163, 166, 170, 175
Bivalenzprinzip → Zweiwertigkeitsprinzip

Davidson, Donald 35 f.
De Morgan, Augustus 124
De Morgan'sche Gesetze 80, 124, 225, 231, 251
Disjunktion 56–58, 70, 74 f., 78, 88 f., 121 f., 124 f., 143–146, 168, 173, 249
Disjunktiver Syylogismus → Syllogismus
Disjunktions-Einführung 121 f., 225, 250
Dramaturgie, logische 203

Eigenschaft 15, 17, 21, 34, 37, 83–90, 116, 136, 152, 154–157, 159, 162 f., 166, 168, 172, 174, 178, 180, 187, 208, 219
Einwand 31 f., 135, 216
Epikur 136, 200
Extension, extensionaler Kontext 51
Existenzquantor 154, 164 f., 171, 174 f., 178–182, 185–188, 192, 249
Existenzquantor-Beseitigung 179, 182–184, 187–190, 245, 251 f.
Existenzquantor-Einführung 183, 185 f., 188, 252

Fehlschluss, intensionaler 48, 51 f.
Folgerung, Folgebeziehung 21, 23, 29, 38 f., 41, 45, 64, 107, 199 f.
Form(el), aussagenlogische 41, 55, 56–59, 152, 170 f., 197
Form(el), logische 10, 39–42, 44 f., 51, 58, 77–79, 81, 87 f., 90 f., 93, 164, 168, 223, 226
Form(el), prädikatenlogische 41, 152 f., 161–176, 178
Formalisierung, aussagenlogische 40, 42, 52–56, 81–101
Formalisierung, prädikatenlogische 155–175, 194
Formationsregel 56 f., 103
Frage, philosophische 14–19, 21, 26
Frege, Gottlob 55, 60, 82, 153

Gegenbeispiel 47 f., 52, 64, 68, 110, 118, 183, 216, 219, 223
Gentzen, Manfred 103 f.
Gesetz, logisches 42, 44, 48, 73, 103
Gültigkeit, formale 39, 44 f.
Gültigkeit, logische 39, 48, 51, 62, 64, 66, 68, 107, 134, 153

Hume, David 29, 100
Hypothese 15, 213

Implikation 21, 23 f., 38, 56
Intension, intensionaler Kontext 52, 82

Jaśkowski, Stanisław 103

Kalkül des natürlichen Schließens 10 f., 48, 80, 99, 139 f., 143 f., 155, 165, 168
Kalkül des natürlichen Schließens, aussagenlogischer 103–128
Kalkül des natürlichen Schließens, prädikatenlogischer 179–201
Kant, Immanuel 29, 62, 84 f., 142, 204, 213, 238
Kennzeichnungen 156 f.
Kettenschluss 75 f., 109, 111, 115, 189 f., 192–194, 244, 250, 252
Kommutation 69, 125 f., 167, 251
Konditional 56 f., 65, 67, 70–73, 75, 78, 93, 95, 104, 108 f., 122 f., 125 f., 129, 131, 166 f., 169, 171, 187, 192, 249 f.
Konditional-Einführung 128–132, 135, 139, 143, 179, 192, 233, 251
Konditional-Ersetzung 125, 185, 226, 251
Konflikt 25–27
Konjunktion 33, 56–58, 69 f., 74, 84 f., 87 f., 118 f., 124, 126 f., 140 f., 167–173, 178, 186 f., 236, 249
Konjunktions-Beseitigung 118 f., 126 f., 129, 250
Konjunktions-Einführung 118 f., 126 f., 129, 250
Konsequens 47 f., 65, 67, 71–73, 77, 93 f., 96, 105, 208, 224, 228 f.
Konsistenz 33
Kontradiktion → Widerspruch, kontradiktorischer
Kontraposition 73, 109–112, 115, 119, 126, 193 f., 250
Kontrarität → Widerspruch, konträrer
Kontravalenz 89 f.
Kritik 31 f., 67, 132 f., 142, 213

Laktanz 136, 138
Leib-Seele-Problem 21, 33
Locke, John 97 f., 127
Logik, formale 9 f., 32, 37, 41

Meisterargumente 10 f., 203
Methodenlehre 9 f.
Misologie 213
Modus ponens 115, 117–119, 121 f., 126, 134, 178, 223, 229, 250
Modus tollens 44, 48, 108–111, 113, 115, 118–119, 123, 129, 250

Name 40, 73, 75, 85, 152 f., 155–162, 189, 220, 224 f.
Namensbuchstabe 153 f., 161, 178–191, 194, 245, 251 f.
Negation 56 f., 63, 70, 72–74, 91 f., 108 f., 111–114, 117, 124, 132, 135, 144 f., 164 f., 167 f., 179 f., 182, 184, 192, 225, 238, 249
Negations-Beseitigung 111–115, 117–119, 225, 250
Negations-Einführung 112, 115, 117–119, 225, 250

Ockham, Wilhelm von 124
Operator, logischer 56, 89, 154, 249

Perspektive, philosophische 15
Phänomen 10, 14–16, 18 f., 35
Philon von Megara 66 f.
Philosophie der Logik 10, 13, 20, 59, 248
Platon 18, 26, 29, 101, 113, 156 f. 177–179, 203–221
Prädikat, einstelliges 159–162, 194 f.
Prädikat, mehrstelliges 159–161
Prädikatenlogik 9 f., 40, 55, 94, 151 f., 154 f., 176 f., 190, 193, 196
Prädikatenlogischer Kettenschluss → Kettenschluss
Prädikatsbuchstabe 153, 161, 163–167, 169, 172–175, 192
Prämisse, implizite 98 f., 102, 117, 120 f., 128, 137, 142, 200
Proposition 140 f., 208, 236
Putnam, Hilary 115 f.

Quantor 154 f., 163, 165, 174–176, 180, 182, 184, 186, 188, 190
Quantorentausch 165, 171, 174, 179–181, 184 f., 251

Reductio ad absurdum 128, 130, 132, 134–136, 138, 142 f., 146, 179, 217, 251

Sachverhalt 13–18, 21 f., 26 f., 40, 45, 49–52, 65, 69, 82–84, 87, 93, 97, 127, 162, 200, 205, 209, 213 f., 216, 218 f.
Satz vom ausgeschlossenen Dritten 78
Satz vom ausgeschlossenen Widerspruch 37, 79
Schlussregel 11, 103–106, 108–110, 112, 115, 122, 125, 128, 132, 143, 151, 154 f., 165, 167, 178 f., 181 f., 186, 188–191, 193, 250 f.
Sein-Sollen-Fehlschluss 48, 50
Selbstverständlichkeiten 13–15, 34
Sextus Empiricus 66 f.
Syllogismus, disjunktiver 44, 48, 64, 120 f., 250

Tautologie 77
Terminus, singulärer 155

Variable 55, 153–155, 159–161, 163 f., 166, 170, 174 f., 178, 181–191, 251 f.
Variable, gebundene 181 f.
Verneinung 30, 33, 44, 47 f. 63, 68, 79, 92, 95, 108, 116, 166, 223, 238, 244
Verneinung, äußere 91, 164, 166 f.
Verneinung, innere 91, 164 f., 167, 238
Verteidigung 31
Verzweigungsregel 146–148, 252

Wahrheit, logische 45, 59, 77 f., 155
Wahrheitsbedingung 60, 62 f., 65, 68, 70
Wahrheitstafel 10, 48, 59–81, 88–90, 99, 106 f., 143, 145, 151, 155, 224 f., 249–252
Wahrheitstransfer 10, 23, 38 f., 45
Wahrheitswert 51 f., 59–63, 66–69, 71–80, 90, 153, 225
Widerspruch 30 f., 33, 37, 78 f., 132–135, 138, 142–147, 164–167, 184
Widerspruch, kontradiktorischer 164–167
Widerspruch, konträrer 30
Wiedererinnerung 101 f., 203–205, 207–213
Willensfreiheit 25, 34 f.
Willensschwäche 35–37
Wissen, ausdrückliches 17
Wissen, stillschweigendes 17

Zuordnungsliste 82, 85, 91, 102, 161, 174
Zusammenhang 19, 21–25, 50 f., 65–67, 98–100, 127 f., 152, 176
Zusatzannahme 128–135, 137, 139, 141, 146, 192, 233, 246
Zweig 143–147, 183, 245 f., 252
Zweiwertigkeitsprinzip 13, 60